जल प्रलय में भीगते ज्वालामुखी

मोहन राकेश

के पात्र

लक्ष्मी शर्मा

TRUE SIGN
PUBLISHING HOUSE

प्रकाशक : ट्रू साइन पब्लिशिंग हाउस
पताः जी-3, एचडीबी आर्केड, दूरसंचार नगर,
गुलमोहर भोपाल, मध्य प्रदेश-462039 भारत
ईमेल : truesignbooks@gmail.com
वेबसाइट : www.truesign.in

जल-प्रलय में भीगते ज्वालामुखी
मोहन राकेश के पात्र

लेखिका: लक्ष्मी शर्मा

ISBN: 978-93-7201-372-6

संस्करण: 2026

दीदी मनोरमा शर्मा
और जीजाजी
नारायण शर्मा के लिए,
जिन्होंने मुझे
पुत्रीवत् स्नेह दिया।

सादर स्मरणांजलि

बरसों से अटकी पड़ी ये किताब शायद अटकी ही रह जाती। किन्तु ये वर्ष मोहन राकेश जन्म-शताब्दी-वर्ष के रूप में आया तो एक स्कॉलर, जिसने स्नातकोत्तर और एमफ़िल के लघु शोध-प्रबंध और पीएचडी का शोध-प्रबंध मोहन राकेश के साहित्य-पात्रों पर लिखा हो उसका, अर्थात मेरा कर्तव्य बनता था इसे लिखने के लिए।

अपने प्रिय लेखक और साहित्य-लेखन में परोक्ष मार्गदर्शक-गुरु मोहन राकेश के जन्म-शताब्दी-वर्ष में ये किताब उनके प्रति मेरी साभार आदरांजलि है।

सकृतज्ञ प्रणाम गुरुदेव, आपके साहित्य में पात्र-संरचना का अध्ययन करते हुए छात्र के साथ साहित्यकार के रूप में भी मुझे आपसे बहुत मार्गदर्शन और प्रेरणा मिली है।

आभार ट्रू साइन पब्लिकेशन के शिव गणेश प्रजापति जी का जिन्होंने इस पुस्तक के लिए धैर्य से प्रतीक्षा की और आभार रंगविज्ञ-साहित्यकार मित्र विजय पंडित जी का जिन्होंने लगातार याद दिलाया कि पुस्तक राकेश जी के जन्म-शताब्दी वर्ष में पूरी करनी ही है।

-लक्ष्मी शर्मा

9-7-2025, गुरुपूर्णिमा

जयपुर

अनुक्रम

1

किस खाँचे में ढलते हैं ये पात्र

क. अथ

कृति में पात्र वह माध्यम होता है जो पाठक को लेखक से, उसके विचार एवं अभीष्ट से संवेदनाजन्य रूप से जोड़ता है। पात्र के द्वारा ही पाठक कथा के मूल मर्म को पकड़ पाता है, लेखक के समसामयिक परिवेश, तत्कालीन परिवेश एवं तत्कालीन जीवन-यथार्थ के अनुभव से रुबरु होता है।

चरित्र-संरचना लेखक के जीवन-बोध एवं रचना-कौशल के विकास के साथ-साथ अपना रूप विकसित करती जाती है इसीलिए एक लेखक की रचना में न केवल चरित्र-वैविध्य मिलता है बल्कि उनके रचाव में भी क्रमिक परिवर्तन नज़र आता है, साथ ही पात्रों की संरचना को साहित्य-विधा की अपनी संरचना भी गढ़ती है और विधा की अपेक्षा के अनुरूप शक्ल देती है।

जब लेखक कृति को कलात्मक वक्रता प्रदान करने के लिए चरित्र-सृष्टि की कल्पना करता है तब वह पात्र उसकी अपनी ज़िन्दगी के अनुभव से उठी कल्पना के निवेश से ही आता है। ज़िन्दगी का देखा-भोगा यथार्थ लेखक की कल्पना में जितनी गहराई, ईमानदारी और संवेदनशीलता के साथ उभरता है, पात्र उतना ही जीवन्त बनता है। चरित्र का घटना और परिवेश के साथ जितना द्वन्द्वात्मक सम्बन्ध होता है, कृति में उतनी ही वैविध्यमयी वक्रता होती है। चरित्र, घटना और परिवेश के बीच अगर यह द्वन्द्वात्मकता न हो तो कथा की कथात्मकता उतनी ही कलाहीन होगी।

मोहन राकेश, जो कि स्वातंत्र्योत्तर हिन्दी-साहित्य के ख्यातनाम लेखक हैं, ने अनेक विधाओं में रचना-कर्म किया है और सभी विधाओं में अपनी वैचारिकता एवं शिल्प-प्रयोग की दृष्टि से महत्त्वपूर्ण योगदान दिया है। विशेषकर नाटक के क्षेत्र में राकेश ने अपनी अलग पहचान स्थापित की है।

राकेश ने छियासठ कहानियाँ, तीन उपन्यास- अंधेरे बन्द कमरे', 'अन्तराल' और 'न आने वाला कल' लिखे हैं। उनकी नाट्य-रचनाओं में नाटक 'आषाढ़ का एक दिन', लहरों के राजहंस' तथा आधे अधूरे' के अलावा एक अपूर्ण नाटक भी लिखा है जिसे उनके मित्र-लेखक कमलेश्वर ने पूरा किया और जो 'पैर तले की जमीन' शीर्षक प्रकाशित हुआ है। मोहन राकेश एकांकी संकलन 'अंडे के छिलके' में एक बीज नाटक 'शायद' और एक पार्श्व नाटक 'छतरियां के अलावा तीन अन्य एकांकी भी लिखे हैं। राकेश की अपूर्ण, अप्रकाशित रचनाओं, नाट्यरूपान्तर तथा अनुवाद-कार्य आदि को इस किताब में सम्मिलित नहीं किया गया है।

रचनाकार अपनी रचना में कुछ पात्रों की संयोजना इस प्रकार करता है कि उनके अभिनयादि से नाट्य का कार्य-व्यापार इच्छित फलागम को प्राप्त होता है। पात्र और कथानक का संयोग कोई आकस्मिक मित्रता नहीं, घनिष्ठ रासायनिक योग के समान है जिसमें लेखक की वैचारिकता, युगीन प्रवृत्ति, समाज एवं परिवेश-सापेक्षता का मिश्रण होता है। पात्र ओर कथानक का अस्तित्व अन्योनाश्रितहै।

पात्र-सृष्टि की अवधारणा एवं भिन्नता में उपरोक्त सभी तथ्य कारक होते हैं। सामाजिक-सांस्कृतिक भिन्नता भारतीय पात्र को पाश्चात्य पात्र से भिन्न करती है वहीं हमारी पारम्परिक पात्र-योजना की मूल अवधारणा में भी समय के साथ परिवर्तन आया है।

1. धर्म की जड़ सदा हरी - संस्कृत काव्य-शास्त्र

हमारी साहित्य-परम्परा प्राचीनतम एवं सुदृढ़ है। संस्कृत नाट्य परम्परा में पात्रों की विशद् शास्त्रसम्मत अवधारणा दी गई है जिसमें नायक-नायिका के वयस, स्वभाव, कुल एवं पद के अनुसार भेदाभेद का वर्णन है, लेकिन समय के साथ हमारे साहित्य-पात्रों में सर्वांगीण परिवर्तन आ गया।

वर्तमान पात्र-सृष्टि, जो नाटक के साथ कहानी, उपन्यास एवं एकांकी आदि विधाओं के अभीष्ट-फलागम में सहयोगी की भी भूमिका निभाती हैं, में भी समय-समय पर परिवर्तन नज़र आता है। पारम्परिक संस्कृत और पाश्चात्य काव्याचार्यो ने पात्रों एवं पात्र-योजना का अनेक विभिन्नताओं के आधार पर वर्गीकरण किया है।

भव्यता एवं लोकमंगल-सापेक्ष आदर्श ने जहाँ पारम्परिक पात्र-सृष्टि को सुन्दर और सर्वप्रिय बनाया वहीं यह उसकी सीमा भी बन गए। शास्त्र का यह कठोर बन्धन ही वह मूल कारण है जिसकी वजह से शास्त्रीय नाटककारों ने व्यक्तित्व-विशिष्ट पात्रों के सृजन करने और उन्हें उनकी भाषा देने का गंभीर प्रयत्न नहीं किया। जहाँ तक चरित्र-निर्माण का संबंध

है, गुण की दृष्टि से विभिन्न पात्रों में बहुत अन्तर है किन्तु सुन्दरतम नाटक भी प्रकारों का चित्रण करते हैं, व्यक्तियों का नहीं।

डॉ. कीथ इस प्रवृति को इस प्रकार व्याख्यायित करते हैं- "नाटक-रचना में मौलिक उद्भावना का अभाव इस बात का पक्का प्रमाण है कि शास्त्र ने नाटककारों को अभिभूत कर दिया था।

2. हिम्मत-ए-मर्दा, मदद-ए-ख़ुदा - पाश्चात्य काव्यशास्त्र

पारम्परिक आदर्शों एवं साहित्य में नायक को महत्त्व देने व लोककल्याणकारी भाव रखने की समानता के साथ ही भारतीय पात्र-सिद्धान्तों से पाश्चात्य नाट्याचार्यो वैभिन्न्य भी रखते हैं। वे पात्र को अधिक महत्त्व देते हैं तथा कई बार तो वे पात्र या चरित्र को दृष्टि में रखते हुए नाटक की सृष्टि करते थे। अनावश्यक भीड़ से बचने की प्रवृत्ति और पात्र के निजत्व की रक्षा पाश्चात्य पात्र-सृष्टि में महत्त्व रखती है। नाटक के पात्रों की विश्वसनीयता और स्थिति के अनुकूल गुणों से युक्त चित्रित करना पाश्चात्य नाट्यशास्त्रियों का प्रमुख ध्येय रहा है।

पाश्चात्य विद्वान उसे अतिकुलीन न मानकर एक भद्रपुरुष मानता है जो प्रमादवश विपत्ति में पड़ता हैऔर स्वयं की कुशलता से उससे निकलता है। अरस्तू ने कहा है- "त्रासदी का पात्र पूर्णत: सदाचारी न हो क्योंकि ऐसे पात्र का पतन दर्शकों में दया तथा करुणा का उद्रेक नहीं कर सकता।" अरस्तू के अनुसार नायक के दो ही भेद हो सकते हैं- अच्छा या बुरा और त्रासदी का नायक ही आदर्श होता है। यहाँ प्रकार नायिका की अवधारणा भी मात्र श्रृंगारिकता हेतु न होकर उसकी अस्मि के साथ रचित है।

यहाँ पात्र-औचित्य एवं उसके चरित्र-निर्माण पर ही पूरा ध्यान दिया गया है। बर्नाड शॉ ने एक स्थान पर कहा है- "कथानक की रचना से मुझे घृणा है, मैं तो कुछेक पात्रों की सृष्टि करता हूँ।" वे इस बारे में इतने सजग रहते थे कि पात्र-योजना में एक पात्र आदर्श दर्शक के रूप में रखा जाता था जो दर्शकों की सम्भावित शंकाओं को सामने रखकर प्रश्न करता जाता था। कई बार तो रंगमंचीय पात्र को ध्यान में रखते हुए भी नाटककार नाटक की सृष्टि करते थे। शैक्सपीयर ने भी हेल्मेट की सृष्टि बबेंज के लिए की थी।

समय के साथ पाश्चात्य पात्र-सृष्टि की अवधारणा में भी परिवर्तन आना ही था। इब्सन, मार्क्स, फ्रायड आदि विचारकों के प्रभावस्वरूप पाश्चात्य कथा-साहित्य पात्र चरित्र हुए और श्रेष्ठ तथा कुलीन का स्थान असामान्य तथा आम मानव ने ले लिया। अहं, कुंठा, हीनता-बोध-जन्य पलायनवादिता आदि प्रवृतियाँ पाश्चात्य कथा-पात्रों में ही पहले उभरी,

फिर हिन्दी-साहित्य में आई। इस अन्तर के बारे में कोलिन विल्सन ने कहा- "प्राचीन नायक ईश्वर का भक्त होता था, आज का नायक ईश्वर बनाने का उद्देश्य रखता है।"

लेकिन कुछ मत-वैषम्य भी दोनों साहित्यों की पात्र-गत अवधारणा में स्पष्ट है, और महत्त्वपूर्ण भी। भारतीय साहित्य का पात्र अनिवार्य रूप से भद्र व कुलीन होता है जबकि अरस्तू ने माना कि भद्रता किसी भी वर्ग में पाई जा सकती है। इसी प्रकार भारतीय नायक अनिंद्य है जबकि पाश्चात्य नाटक मानवीय कमियों के साथ रचित है। इसके अतिरिक्त अरस्तू ने वर्गगत और सामान्य के साथ चरित्र में व्यक्ति-वैशिष्ट्य को भी महत्वपूर्ण स्थान दिया है जिसका कोई संकेत भारतीय नाट्यशास्त्र में उपलब्ध नहीं। पाश्चात्य नाट्यकार जहाँ एक निर्देशक के रूप में नज़र आता है, भारतीय नाट्यकार एक रिंग मास्टर की तरह सब अपने हाथ में रखता है, और वही इसकी पात्रगत सीमाओं का कारण बनता है।

प्रथम विश्वयुद्ध के बाद से भारतीय एवं पाश्चात्य पात्र-सृष्टि की अवधारणाओं में कोई अन्तर नहीं रह गया क्योंकि दुनिया एक बड़े पड़ोस में बदल चुकी थी और जीवन-संघर्ष में कुंठित हो रहे वैश्विक मानव, उसकी अस्मि संबंधी छटपटाहटें और दुखों के सरोकार भी एक हो गए थे। अब सारे दर्शन वैश्विक दर्शन थे, सारे प्रतिमान और सारे पात्र भी।

3. महाजनो येन गतः स पन्था: - पारम्परिक हिंदी-साहित्य के पात्र

अ. बीजसंस्कार- हिंदी साहित्य में गद्य-विधा का आरम्भ उन्नीसवीं सदी के उत्तरार्ध से माना जाता है। इस काल के पात्रों में चारित्रिक विकास का अभाव नजर आता है जो बीसवीं सदी की चौथाई तक तक इसी प्रकार रहा। भारतेन्दु-युग के पहले ही हिन्दी में मौलिक गद्य रचना आरम्भ हो गयी थी, 'रानी केतकी की कहानी', 'गुलाब-चमेली का किस्सा', आदि कहानियाँ और 'इन्दर सभा' जैसे नाटक इस युग में लिखे गए। इन रचनाओं पर पारसी रंगमंच व बंगाली रचनाओं का प्रभाव है। चमत्कार, विस्मय, अतिनाटकीयता, सौजन्य एवं आदर्शवाद जैसी अतियों के साथ ये सभी पात्र वर्गीकरण की दृष्टि से एक आयामी वर्ग पात्र हैं।एकांकी इस युग तक प्रचलन में नहीं आई थी, हिन्दी-एकांकी के उद्भव का श्रेय भारतेन्दु हरिश्चंद्र को जाता है।

आ. बीजांकुर- भारतेन्दु बाबू हरिश्चंद्र से आधुनिक हिंदी-साहित्य का विधिवत् आरम्भ माना जाता है। भारतेंदु हिन्दी-साहित्य के वह क्रान्तिचेता साहित्यकार हैं जिन्होंने हिन्दी गद्य की प्रत्येक विधा में अपना अविस्मरणीय योग देकर इसे समुन्नत किया। हालांकि विवेच्य समय का साहित्य अपने पूर्ववती साहित्य की तुलना में अधिक विकसित नहीं था फिर भी सामयिक राष्ट्रीय परिस्थितियों के प्रभाव से इन पात्रों के सन्देश बदल गए। ये पात्र वर्ग होते

हुए भी देशहित में अंग्रेजों के विरूद्ध तथा नवजागरण पर बोलने लगे, आर्य समाज का प्रभाव इन्हें रूढ़ि-मुक्त दृष्टि-विकास देने लगा।

भारतेन्दु के पात्रों का विधान संस्कृत-साहित्य की तरह ही होते हुए भी पात्रों के चुनाव और उनके चरित्र-चित्रण की दृष्टि से भारतेन्दु ने परिधि को अधिक विस्तृत किया। इनकी रचनाओं में चापलूस, पंडे, धनलोभी, लुच्चे, कुंजड़े, राजा, कर्मचारी तथा वनिता दास सभी हैं। भारतेन्दु से प्रभावित होकर अनेक साहित्य-सेवी लेखन कार्य में प्रवृत हुए जिनमें प्रतापनारायण मिश्र (महारानी पद्मावती) बालकृष्ण भट्ट (वेणुसंहार) राधाचरण गोस्वामी आदि नाटककार प्रसिद्ध हुए। नाटक की ही एक अन्य महत्वपूर्ण विधा एकांकी का प्रादुर्भाव भारतेन्दु ने हिन्दी-साहित्य में किया जो साहित्य के लिए बड़ी परिघटना थी।

आरम्भिक काल में इसमें मौलिकता का अभाव और बंगला एवं पाश्चात्य प्रभाव प्रचुर मात्रा में पाया जाता है, हिन्दी-एकांकी का वास्तविक आरम्भ छायावादोत्तर काल में ही होता है। भारतेन्दु हरिशचन्द्र ने इस युग में भी 'जय-विजय', 'विषस्य विषमौषधम्' इत्यादि अनेक एकांकियों की रचना की एवं उनके समकालीन लेखकों ने उन्हें इस क्षेत्र में सहयोग दिया। कार्तिकप्रसाद खत्री (रेल का विकट खेल) श्रीनिवासदास (तृप्ता-संवरण) आदि इनमें प्रमुख हैं, जो भारतेन्दु की शास्त्रीय मर्यादा से अलग नहीं हैं।

एकांकी के विकास के साथ एक नई विधा कथा-साहित्य (उपन्यास, कहानी) का विकास भी इस युग में हुआ जो कि पूर्णत: पाठ्य-विधा है। अंग्रेजी-साहित्य से बंगला का प्रभाव लेकर हिन्दी में आई इस विधा में शास्त्रीय अनुशासन के बन्धन नहीं थे लेकिन पूर्ववर्ती साहित्य संस्कार के प्रभाव से ये पात्र भी नाटक-एकांकी के आदर्शवादी पात्र बंगाली भावुकता का मुलम्मा चढ़ाए नज़र आते हैं। इस युग में 'ग्यारह वर्ष का समय' (आचार्य रामचन्द्र शुक्ल), 'दुलाईवाली' (बंगमहिला), 'निन्यानवें का फेर (मैथिलीशरण गुप्त) आदि कहानियाँ लिखी गई, जिसमें मात्र 'उसने कहा था' (चन्द्रधर शर्मा 'गुलेरी') का लहनासिंह ही 'वर्ग' की सीमा लाँघने को उत्सुक पात्र है, जो इस युग का महत्त्वपूर्ण चरित्र कहा जा सकता है।

इस युग के उपन्यास-साहित्य के पात्रों पर एक तरफ जहाँ संस्कृत-साहित्य के आदर्शवाद का प्रभाव है, वहीं दूसरी तरफ पारसी रंगमंच की चमत्कारिक शैली के साथ तिलिस्मी और जासूसी कथा-पात्र भी इस युग में रचे गए, जिनमें 'चन्द्रकान्ता' (बाबू देवकीनन्द खत्री), सिरकटी लाश (गोपालदास गहमरी) आदि इसी कोटि की रचनाएँ हैं। साथ ही कतिपय सामाजिक उपन्यासों की रचना भी इस युग में हुई।

पात्र-योजना में कोई महान परिवर्तन न आने के बावजूद बदलाव की एक सुगबुगाहट सी इस युग के पात्रों में नज़र आती है। कहीं मनोवैज्ञानिकता का हल्का सा प्रभाव (नील

देवी का पागल पात्र) तो कहीं झलकता यथार्थवाद (प्रेमयोगी के पात्र) इसका उदाहरण हैं। आम आदमी का नायक-पद पर प्रवेश 'उसने कहा था' के लहना सिंह से माना जाता है जो परम्परागत ढाँचे को तोड़कर एक नवीन सम्भावना जगाता है। यह महत्त्वपूर्ण पात्र आने वाले युग में पात्र-विकास की राह का दिग्दर्शक बना।

इ. सिंहासन खाली करो कि जनता आती है

बीसवीं शती, जब विज्ञान ने मानव जीवन में हल्लाबोल शैली में प्रवेश किया, जहाँ कई आविष्कार सहयोगी सिद्ध हुए, वहीं रासायनिक हथियारों के रूप में मानव-अस्मिता के भंजक भी सिद्ध हुए और इनकी भयावहता से डरे मानव को अपनी हस्ती भी हाथ से जाती नज़र आने लगी। वह अस्मि-भय में टूटने, बिखरने लगा। ऐसे में मानव-अस्तित्व के पक्षधर दर्शनों जैसे- मनोविज्ञान आदि ने उसे सहारा दिया और अनेक कोणों से जाँचा, उसके संकुल निजत्व को परखा। तो मनुष्य के साथ उसके साहित्य और पात्रों में अन्तर आना ही था क्योंकि साहित्य समाज का दर्पण है और पात्र उस दर्पण में दीखती समाज-छवि। साथ ही उपन्यास और कहानी जैसी विधाओं के हिन्दी-साहित्य में प्रवेश करने के कारण भी पारम्परिक पात्र सृष्टि की अवधारणा में काफी परिवर्तन आया। आधुनिक कृतियों में कथा-वस्तु को अधिक महत्त्व न देकर कथ्य में पात्रों के अंतरपटों के उद्घाटन द्वारा व्यक्ति व उसके जीवनानुभुवों को महत्त्व दिया गया। इस युग में कई परम्परागत नॉर्म्स टूटे हैं और मनोविज्ञान ने रचनाकारों को नई दृष्टि से विचार करने के दिशा-निर्देश प्रदान किए हैं। वर्गीय धारणाएँ खंडित हुई और मानव-चरित्र के विश्लेषण के मूलाधार भी बदल गए।

मनुष्य के सरल, सुरक्षित चल रहे जीवन में साहित्य के प्रमुख विषय उसकी पहचान का जनक भगवान, उसकी पहचान की प्रतिष्ठा, उसका राज्य और आदर्श-सम्पन्न समाज, मानव सुरक्षा की गारन्टी समाज होते थे। जबकि आधुनिक पात्र-योजना का नायक आम, कमजोर, द्वन्द्वग्रस्त तथा अकेला मानव हो गया। नायिका का स्वरूप भी शास्त्रीय, शृंगारिक, त्यागमयी अबला नारी की छवि से मुक्त होकर, स्वतंत्र, आत्मनिर्भर, आधुनिक सबला होने को प्रयत्नशील नारी के स्वरूप में बदल गया जो केवल प्रेयसी न होकर स्वतंत्र हस्ती होने लगी थी। उसके नेत्र केवल आँसू भर लाने अथवा लाज से झुकाने के लिए न होकर तमतमाने भी लगे हैं। वह आँचल जो उसकी लाज को समेटे रहता था, हवा में सरसराकर मुग्ध कर देता था, उसने अपनी निजता की प्रतिष्ठा हेतु कमर में कस लिया। अब नारी आत्मदया नहीं अपितु आत्मावलोकन करती थी। उसका वायवीय रूप अब शारीरिक हो उठा जो कि स्वच्छंद और फलस्वरूप कुंठित भी था।

कृति में पात्रों की अनावश्यक भीड़ के स्थान पर कम पात्रों के द्वारा पात्र-योजना का आरम्भ हुआ और चरित्र का उद्घाटन प्रमुख अभीष्ट हो गया। इसका लाभ यह हुआ कि अति विस्तार से मुक्त होकर प्रवाहमय हो गई। जहाँ पारम्परिक स्वरूप में पात्र की बाह्य रूपरेखा और आदर्श प्रमुख थे, वहीं समसामयिक पात्र-सृष्टि में बाहरी आडम्बर से अधिक व्यक्ति के भाव-जगत तथा अन्तर्द्वन्द्वों को प्रमुखता मिली। पात्रों में प्रतीकात्मकता द्वारा विशेष जीवन-सन्दर्भ को प्रस्तुत करने तथा मिथकीय पात्रों के नव्य-सन्दर्भों में प्रयोग द्वारा भी पात्र-सृष्टि को सशक्त एवं सार्थक अवधारणा मिली है।

तात्पर्य यह कि जिस भी प्रकार लेखक स्वयं एवं स्वयं के विचारों को सार्थक रूप से सम्प्रेषित कर सकता था वैसी पात्र-सृष्टि निःसंकोच करने लगा। 'एक कंठ विषपायी' गीति-नाट्य में पात्र तो भगवान शिव हैं किन्तु उनके प्रतीक द्वारा लेखक ने वर्तमान व्यवस्था में निहित विरोधाभास व अभिजात्य में कुंठित हो रहे युवा के त्रास व कुंठा को दर्शाया है। धर्मवीर भारती के प्रयोगात्मक उपन्यास 'सूरज का सातवाँ घोड़ा' में लेखक की अन्य कृतियों के चरित्र भी नजर आते हैं जो कृति की प्रामाणिकता में वृद्धि करते हैं। समसामयिक पात्र-सृष्टि पूर्ववर्ती परम्परा से अधिक विश्वसनीय और यथार्थ है और यह महत्त्वपूर्ण उपलब्धि भी है, किन्तु अति आधुनिकता के मोह में कई बार मानसिक, सूक्ष्म सम्वेदनाओं पर इतना अधिक ध्यान दिया जाता था कि पात्र का बाह्य-जीवन शून्य एवं नगण्य हो जाता था। कुछ अति प्रयोगधर्मी उदाहरणों को छोड़ दें तो समसामयिक पात्र सृष्टि का स्वरूप पारम्परिक पात्र-सृष्टि की तुलना में बहुमुखी, सार्थक, विश्वसनीय और आधुनिक मानव जीवन के सत्य को उद्घटित करने में समर्थ है।

समय-परिवर्तन के साथ हमारी पारम्परिक पात्रगत अवधारणा में अंतर आया। बीसवीं शती के आरम्भ, जो हिन्दी के आधुनिक युग का सूत्रपात माना जाता है, से पात्र ने अपनी निजता का विकास करते हुए अपनी स्वतंत्र चिन्तना-शक्ति का उदघोष किया और अँगड़ाई लेकर राजसी चोले की दिव्य कारा से बाहर निकल गया। हालाँकि ये एक ही दिन में नहीं हो गया, बदलते परिप्रेक्ष्य में पात्र धीरे-धीरे परिवर्तित हुआ पात्र के विकास को हम निम्न सोपानों के द्वारा समझ सकते हैं-

ख. फैलि गई बेलि - भारतेन्दु-युग के पश्चात् देश और विश्व की स्थितियों में महत्त्वपूर्ण अंतर आए जो राजनीति, अर्थ व समाज सभी क्षेत्रों को प्रभावित करते हैं। प्रथम विश्व-युद्ध के पश्चातवर्ती प्रभावों- आर्थिक मन्दी, अस्तित्व-भय आदि ने जीवन व साहित्य के मूल्यों में भारी फेर-बदल कर दिया। मार्क्स का साम्यवाद तथा फ्रायड का मनोविज्ञान समष्टि से हटकर व्यष्टि-चिन्तन की बात करने लगा था। इधर देश में स्वतंत्रता-आन्दोलन

और उसके कारण भारत के प्रान्तों में बढ़ती एकता से हिन्दी की प्रतिष्ठा में भी वृद्धि हुई। इसका प्रभाव हमारे साहित्य पर भी पड़ा और अब साहित्य में जीवन की घटनाओं के स्थान पर जीवन की अनुभूतियों को स्थान मिलने लगा, जो अन्य कथा-तत्वों के साथ पात्र-संरचना पर विशेष रूप से परिलक्षित किया जा सकता है। विशेषकर कथा-साहित्य के पात्र वैचारिकता की दृष्टि से अधिक समृद्ध हुए।

हिन्दी कथा-साहित्य का यह युग दो लेखकों के नाम से जाना जाता है जिन्होंने साहित्य के साथ ही पात्र-विधा को भी परिष्कृत किया है, यद्यपि दोनों की विचार-दृष्टि में अंतर है। प्रेमचन्द्र के पात्र जहाँ समाज के सामान्य वर्ग से आए हैं और सामाजिक आदर्श को लेकर चलते हैं वहीं प्रसाद के पात्र उनके दार्शनिक, कवि-व्यक्तित्व के अनुरूप मानव के आभ्यंतर संदर्भो में जीने वाले, भावुक, दार्शनिक व रोमानी हैं। ये पात्र अपने चरित्र में द्वन्द्व को लेकर चलते हैं और इनकी सबसे बड़ी सफलता चरित्र-निर्माण में ही है। इस युग के नाट्य-पात्रों की व्यक्तित्व रेखाएँ स्पष्ट एवं पुष्ट हैं और बाह्याडंबर से मिली मुक्ति ने पात्र को अधिक सहज बना दिया है।

प्रसाद के एक नारी पात्र 'धुवस्वामिनी' से इस युग में पात्र-विकास को समझा जा सकता है। क्लीव पति के कुशासन और दुखों से विवश होकर यह स्त्री जो कदम उठाती है, वह एक स्वतंत्र नारी का दर्शन देता है। उनके समकालीन लेखकों ने भी प्रसाद के ही गुण-दोषों का अनुकरण किया है। पात्र सजीव हैं किन्तु उनमें आन्तरिक संघर्ष की भावना कम है। वे सशक्त होते हुए भी अति मानवीयता से ग्रस्त हैं, जैसे उग्र कृत 'ईसा' के एलाज़ार-शाबेल।

पाश्चात्य मनोविज्ञान के साथ चरित्र-चित्रण पद्धति का प्रभाव इन एकांकियों पर स्पष्ट दृष्टिगत होता है। शैशवावस्था होते हुए भी इस युग के एकांकी पात्रों ने मनोवैज्ञानिक विकास की एक बड़ी मंजिल पार की है। प्रसाद का 'एक घूँट' एकांकी इसका उदाहरण है।

इस युग में सर्वाधिक विकास कथा-साहित्य के पात्रों ने किया। बाहरी लेखकों-गोर्की, टॉलस्टॉय, हार्डी, बाल्जाक, गार्ल्सवर्दी आदि ने भारतीय लेखकों को प्रभावित किया, जिनमें फ्रांस का यथार्थवाद और टॉलस्टॉय का आदर्शोन्मुख यथार्थवाद इन पात्रों को चरित्र बनाने के प्रमुख तत्व थे।

इस काल के कथा-पात्रों का विकास दो धाराओं में दिखाई पड़ता है।

- कुसुमादपि कोमल- ऐतिहासिक सांस्कृतिक धरातल के रोमानी पात्र जो अन्तर्मुखी, संवेदनशील हैं। आचार्य चतुरसेन तथा जयशंकर प्रसाद के पात्रों का विकास इसी धारा में प्रवृत है।

- वज्रादपि कठोर- प्रेमचन्द के समाजोन्मुखी पात्रों की है- यह पहली बार हुआ जब भारत के दीन-हीन, आमजन, कृषक, सर्वहारा मानव को साहित्य में स्थान मिला जिनकी चेतना समय के साथ अधिक जागृत, अधिक विकसित होकर सामने आती हैं। प्रेमचन्द की आरम्भिक कहानी 'पंच परमेश्वर' के जुम्मन शेख और बाद की कहानी 'कफन' के घीसू के द्वारा इस परिर्वतन को समझ सकत हैं। पूर्ववर्ती आदर्श अब यथार्थोन्मुखी आदर्श में परिवर्तित होता गया और पात्र चरित्र में ढलते गए। विश्वम्भरनाथ कौशिक, वृन्दावनलाल वर्मा आदि के पात्रों में भी यह सामाजिकता नज़र आती हैं।

बदलते परिवेश- बीसवीं शती के चौथे दशक में हिन्दी-साहित्य में कई सारे विप्लवकारी परिवर्तन आए। सिग्मण्ड फ्रायड, वर्जिनीया वुल्फ, इब्सन जैसे लेखकों के प्रभाव ने साहित्य में उथल-पुथल की लहर ला दी। समस्त पूर्ववर्ती साहित्यगत मान्यताओं पर प्रश्नचिह्न लग गए। कथा की नई पद्धति ने औपचारिक कथानक व पारम्परिक चरित्र-चित्रण को अप्रासंगिक, अनावश्यक घोषित कर दिया। वर्जिनीया वुल्फ़ ने तो यहाँ तक कह दिया "कथा भले छिन्न-भिन्न हो जाए, कथानक ढह जाए, पात्रों का ध्वंस हो जाए।"

वस्तुत: द्वितीय विश्वयुद्ध ने मनुष्य में सामाजिकता के प्रति जिस अनास्था-भाव को जन्म दिया था, वो उसके पात्रों के माध्यम से साहित्य में उभरा। पात्र-योजना की शास्त्रीय शर्तें इस युग में समाप्त हो गईं, पात्र कम, व्यक्तिनिष्ठ और अन्तर्मुखी हो गए। प्रेमचन्द का बहिर्मुखी सामाजिक पात्र कहीं खोने लगा और खुद की समस्याओं के एकांत में विचरता पात्र सामने आने लगा। पात्र में प्रायोगिकता, प्रतीकात्मकता, आदि भी इसी युग की देन है। सेक्स, जो कि अब तक भारतीय साहित्य में गोपनीय संवाद-वर्जित विषय था, पात्रों के जीवन को प्रभावित करने लगा। महिमा-मण्डित नायक को सत्ताच्युत होना पड़ा और प्रसाद युगीन रोमान्स व भावावेश असामयिक सिद्ध हो गए।

हिन्दी-नाटकों में प्रसादोत्तर युग समस्या-नाटकों का माना जाता है। सुधार-युग के स्थूल आदर्श की प्रतिक्रिया में जीवन की बौद्धिक और मनोवैज्ञानिक व्याख्या करने वाले इन नाटकों में द्विधात्मक गुण वाले पात्र मुख्य हैं। इन पात्रों ने नैतिकता और रूढ़ परम्परा पर तीखा प्रहार किया है। विष्णु प्रभाकर, लक्ष्मीनारायण मिश्र, उदयशंकर भट्ट, वृन्दावनलाल वर्मा, हरिकृष्ण प्रेमी आदि के पात्र इसी श्रेणी के हैं। यौन-कुंठा, सामाजिक, आर्थिक, राजनैतिक समस्या प्रधान नाटक भी इस युग में लिखे गए, ये पात्र महज सामाजिकता का निर्वाह नहीं करतें अपितु गहन मानवीय अन्तर्संघर्ष इनमें दिखाई पड़ता है। अश्क के नाटक 'अंजो दीदी' की अंजो दीदी व नीलिमा तक सभी अपने समय की सामाजिक व्यवस्था के चक्र में उलझे हुए मानव के अन्तर्मन में बसने वाली पीड़ा के पात्र हैं।

इस युग के एकांकी-पात्रों में भी समयगत विकास दिखाई पड़ता है, एकांकी का वास्तविक विकास इसी युग में माना जाता है। इब्सन के पूर्ण प्रभाव से रचित इन यथातथ्यवादी एकांकियों के पात्र मनोवैज्ञानिकता के धरातल पर रचित हैं। डॉ. रामकुमार वर्मा, भुवनेश्वर, उपेन्द्रनाथ अश्क आदि इस युग के प्रमुख एकांकीकार हैं। संख्या की दृष्टि से पात्र-संख्या में जो मितव्ययिता इस एकांकी-युग में आई वह पाश्चात्य 'मोनोड्रामा' से प्रभावित है, जिसने पात्रात्मकता को नवीन परिभाषा दी। एकांकी में प्रतीकात्मक पात्र की अवधारणा का सूत्रपात इसी युग से माना जाता है, सेठ गोविन्ददास कृत 'उपक्रम' इसी श्रेणी का प्रयोगवादी एकांकी है।

इस युग में भी सर्वाधिक विकास कथा-साहित्य के पात्रों में हुआ है वस्तुतः हिन्दी में अज्ञेय, यशपाल, जैनेन्द्र और इलाचन्द्र जोशी जैसे दिग्गज एक साथ कथा-धारा में अवतीर्ण हुए यह इस युग की उपलब्धि है। फ्रायड के मनोविज्ञान ने अज्ञेय, इलाचन्द्र जोशी, तथा जैनेन्द्र के पात्रों को एक नवीन क्रान्तिकारी दृष्टि दी है। अब पात्र अपने भयों, विकारों, अहं, कुंठाओं और यौन जीवन की बात खुलकर करने लगा। यशपाल, जो कि मार्क्स के साम्यवाद से प्रभावित कथाकार थे, अपने समाज सापेक्ष पात्रों को एक नवीन सामाजिक अर्थवत्ता के साथ प्रस्तुत करते हैं। वे समाज में स्वयं की स्थिति के बदलाव के प्रति संघर्ष करते हैं जिनकी कुंठाएँ उन्हें यथार्थ बनाकर प्रस्तुत करती हैं। 'नदी के द्वीप' (अज्ञेय) की रेखा और 'झूठा सच' (यशपाल) की कुन्तल दोनों के विचार अलग हैं फिर भी निजी बोध में ये समान हैं और 'दिव्या' (यशपाल) तो सामाजिक लिंगभेद और वर्गभेद के चक्रों को तोड़ने वाली साहसी नारी है।

इस युग के उपन्यासकार ने पात्र के अन्तर्मन की गहराइयों में जाकर चित्रण किया है, विस्तार में नही। उसका प्रयत्न रहा है कि पाठक पात्र के क्रिया-कलाप में दिलचस्पी न लेकर उसके मूल प्रेरणा-बिन्दु में ले तथा उसकी कमजोरियों को भी सहज आत्मीय भाव से ग्रहण करे।

इस युग के कहानी-पात्र भी क्रान्तिकारी जीवन-दर्शन में विश्वास करते हैं, तथापि कुछ कहानी-पात्र फ्रायड के प्रभाव के कारण जटिल हो गये हैं। शहरीकरण, महँगाई और बेरोजगारी के बीच च्युत होते जीवन-मूल्यों का प्रभाव इन पात्रों की सृष्टि पर स्पष्ट दीखता है। एक तरफ जीवन समस्या तो दूसरी तरफ आन्तरिक द्वन्द्वों से जूझते ये पात्र यथार्थ से ओतप्रोत हैं। 'करवा का व्रत' (यशपाल) कहानी की नायिका पति के अत्याचार से क्षुब्ध होकर व्रत तोड़ देती है, यह तत्कालीन समाज में तथा साहित्य में विस्फोटक परिवर्तन का सूचक है।

ग. परिवेश के पंजों से नुचते मुखौटे (1947 से मोहन राकेश तक)- द्वितीय महासमरोत्तर वैश्चिक विचलन, परमाणु हथियारों के प्रयोग और भारतीय परिप्रेक्ष्य में आजादी के बाद देश की बदतर होती राजनैतिक, सामाजिक स्थिति ने मानव को हिलाकर रख दिया। अस्मि-बोध जन्य आत्म-संकुलता इस युग के मानव की प्रमुख समस्या बन गई, जिसका सीधा असर साहित्य के पात्रों पर पड़ा, और यह सब इस युग की पात्र-सृष्टि में अनिवार्य रूप से आया। साहित्य की सभी विधाओं के पात्रों में यह परिवर्तन स्पष्ट दिखाई पड़ता है।

नाटक- हिन्दी-नाटक का यह नवोन्मेष काल कहा जा सकता है। डॉ. लक्ष्मीनारायण लाल, नरेश मेहता, विष्णु प्रभाकर, लक्ष्मीकांत वर्मा तथा मोहन राकेश जैसी प्रौढ़ प्रतिभाओं ने एक साथ इस क्षेत्र में अपना सहयोग दिया। इन लेखकों ने नाटक को वैचारिकता के साथ ही पात्रगत विकास की ऊँचाइयाँ प्रदान की। शैली, शिल्प और वैचारिकता सभी दृष्टियों से विकसित इस विधा के पात्रों मे मनोवैज्ञानिक जटिलता, परम्परा-भन्जन व नवीन तर्कशीलता, जिसमें निर्मम आत्मविश्लेषण भी शामिल है, देखी जा सकती है।

डॉ. लक्ष्मीनारायण लाल के नाटकों में मानव-सम्बन्धों के मनोविज्ञान को दर्शाते पात्रों की आयोजना की गई है। पात्र-विकास के धरातल पर 'रातरानी' एक महत्त्वपूर्ण नाटक है जिसमें प्रत्येक पात्र को एक चरित्र तथा प्रत्येक चरित्र को एक भूमिका मिली है। पौराणिक पात्रों को आधुनिक संदर्भो में प्रस्तुत करना इस युग की महत्त्वपूर्ण उपलब्धि रही। धर्मवीर भारती लिखित गीति नाट्य 'अंधायुग' का 'धृतराष्ट्र' आत्म मोह में सबसे कटे व्यक्ति का प्रतीक है तो 'अश्वत्थामा' के माध्यम से उन्होंने मनुष्य की आदिम पशु-प्रवृति पर प्रकाश डाला है और 'प्रहरी' युद्ध में बेवजह शामिल लोगों की निरपेक्ष प्रवृति के द्योतक हैं।

शंकर शेष ने अपने नाटक 'अरे मायावी सरोवर' में शिल्प एवं वस्तु दोनों दृष्टि से प्रयोग किये हैं। नाटक की शास्त्रीय शैली का मखौल उड़ाते इस नाटक में पुरूष को उल्लू एवं स्त्री को गाय का मुखौटा लगा कर प्रस्तुत किया है जो मनुष्य जीवन की विसंगतियों को प्रकट करके उसकी व्याख्या करते हैं।

मोहन राकेश हिन्दी-साहित्य की सभी विधाओं में ख्याति प्राप्त लेखक हैं किन्तु नाटक-क्षेत्र में अपनी वैचारिक गहनता एवं शिल्प-प्रयोग की नव्यता के कारण शलाका पुरुष के रूप में प्रतिष्ठित हुए।

इस युग के नाट्य-पात्रों की संरचना में अत्यधिक प्रगति हुई, परिवेश-प्रभाव से सामाजिकता ही नहीं उनकी रूमानियत भी कम हो गई क्योंकि उनका आत्मबोध उन पर

हावी हो गया। अस्तित्ववादी चेतना के वाहक ये पात्र परम्परा-भन्जक हैं। भुवनेश्वर लिखित 'श्यामा : एक वैवाहिक विडम्बना' का पात्र मनोज मि. पुरी के सामने सहजता से कह पाता है- 'मैं आपकी पत्नी से प्रेम करता हूँ।'

एकांकी- पात्र-विकास की दृष्टि से पिछला युग अधिक प्रयोगात्मक था। इस दृष्टि से जितने महत्त्वपूर्ण सोपान पिछले युग में एकांकी ने पार किए, इस युग में भी यह विकास परम्परा जारी रही। डॉ. प्रभाकर माचवे, डॉ. लक्ष्मीनारायण लाल, विष्णु प्रभाकर, डॉ. रामकुमार वर्मा, उपेन्द्रनाथ अश्क तथा धर्मवीर भारती आदि इस युग के प्रमुख लेखक हैं जिन्होंने एकांकी-रचना में अपना योगदान दिया।

पौराणिक पात्रों का नवीन संदर्भो में प्रस्तुतिकरण इस युग की महत्त्वपूर्ण एकांकीगत उपलब्धि है। डॉ. माचवे लिखित 'पंचकन्या' क्रम के एकांकियों में लेखक में पाँच महासतियों को अविश्वसनीय देवोपम गुणों से निकालकर बुद्धिसंगत रूप में प्रस्तुत किया है। सीता, मन्दोदरी, द्रौपदी, अहल्या, तारा के चरित्रों के माध्यम से लेखक ने तलाक, अपहरण, प्रेम तथा अन्य नारी-समस्याओं पर प्रकाश डाला है।

इस युग में सामाजिक समस्याओं के वाहक एकांकी-पात्र भी बड़ी संख्या में रचे गए हैं। रोमान्स और भावुकता से मुक्त होता इस युग का पात्र बौद्धिक होकर बातें करता है। ये बौद्धिकता उस वैज्ञानिक दृष्टिकोण के कारण हुआ जो वैज्ञानिक आविष्कारों तथा महायुद्ध के कारण अभिवृद्धि पर था।

इस वर्ग के एकांकीकार अपने चित्रण में वैज्ञानिक कठोरता का पालन करते हैं, मनोविश्लेषणात्मक आधार पर रचित ये यथार्थवादी पात्र बर्नाड शॉ से प्रभावित हैं। ये लेखक सामाजिक विदूपताओं को केवल बौद्धिक रूप में ही नही छूते, बल्कि मीठे व्यंग्य का सम्मिश्रण भी करते हैं।

धर्मवीर भारती रचित 'नीली झील' शिल्पगत अति आधुनिकता में रचित एकांकी है, जापानी नव नाटक से प्रभावित पात्र आरम्भ में स्टेज पर आकर सर्वप्रथम अपना परिचय देते हैं और अंत में स्टेज से उतर कर दर्शकों के बीच चक्कर लगाते हैं। इस युग में एकांकी की रेडियो, ध्वनि, पार्श्व, बीज आदि प्रायोगिक विधाएँ भी प्रचलन में आईं जिनके अनुसार पात्रों का नवीन शिल्प में विकास हुआ।

पिछले युग की तुलना में इस युग के पात्रों का विकास मनोवैज्ञानिक होते हुए भी एकान्तिकता से सामाजिकता की ओर अभिमुख है, ये पात्र समाज में रहते हुए स्वयं की इयत्ता के प्रति चैतन्य हैं।

उपन्यास- "भविष्य में उपन्यास में कल्पना कम, सत्य अधिक होगा, चरित्र कल्पित न होंगे, व्यक्तियों के जीवन पर आधारित होंगे। भावी उपन्यास जीवन-चरित्र होगा चाहे किसी बड़े आदमी या छोटे आदमी का। उसकी छुटाई-बड़ाई का हमें आधार दिखाना है।" वर्षों पूर्व कहा प्रेमचन्द का यह वाक्य स्वातंत्र्योत्तर युग के उपन्यास-चरित्र पर पूरी तरह सच साबित हो गया। जहाँ नाटक एवं एकांकी के पात्र इस युग में भी एक सीमा तक आभ्यन्तरिक थे, उपन्यास के पात्र विकसित होकर सामाजिक चेतना में यथार्थवादी हो रहे थे। भावुक, संवेदनशील एकान्त से निकलकर जीवन-सत्य को बयान करते ये पात्र मार्क्स के सामाजिक वर्ग-प्रतिबद्ध प्रभाव से भी ऊपर उठकर समाज में सिर्फ स्वयं की निजता को खोजते हैं।

इस युग की नवीन प्रवृति आँचलिक कथा-विकास के साथ ही पारम्परिक सौष्ठव से अलग शुद्ध ग्रामीण चरित्र भी कथा-साहित्य में विकसित हुआ. पूर्ववर्ती आदर्शवाद, मार्क्सवाद एवं व्यक्तिवाद के बाद इस युग में जनवादी चरित्रों की अवधारणा नवीन प्रवृति है जिनमें जीवन के प्रति अनुराग, प्रेम और स्थायी विश्वशांति की कामना है। जनवाद के समर्थक नागार्जुन के 'बलचनमा' द्वारा इसका सूत्रपात माना जाता है जो 'गोदान' के होरी का ही अन्य रूप है।

रांगेय राघव, अमृतलाल नागर, फणीश्वरनाथ रेणु, नरेश मेहता, अमृत राय, धर्मवीर भारती, वृन्दावनलाल वर्मा, अज्ञेय, यशपाल, राजेन्द्र यादव, कमलेश्वर, निर्मल वर्मा से लेकर मोहन राकेश तक सभी ने मध्यमवर्गीय चरित्रों एवं सामान्य आम-जन का सृजन किया है। पूर्ववर्ती युग के मनोलोक में विचरते भद्र, रोमानी पात्र के स्थान पर साधारण मजदूर, किसानों की बात तो छोड़िये, असाधारण मानव तथा अपराध मनोवृति वाले चोर, जुआरी और व्यसनी मनुष्य का साधिकार प्रवेश हो गया।

रेणु लिखित 'परती परिकथा' के जित्तन, लुत्तो और राजरानी ऐसे ही पात्र हैं, ये पात्र व्यक्ति-चरित्र नहीं होकर अपनी-अपनी चारित्रिकता के साथ उभरते हैं। 'बूँद और समुद्र' की ताई को किसी मोहल्ले की रहस्यमयी कोठरी से उठाकर लेखक ने जिस रूप में प्रस्तुत किया है, वह अनुपम है।

मनोवैज्ञानिक कथा-धारा के लेखक इस युग में भी लेखन कर रहे थे किन्तु पात्रों की असामान्यता किसी हद तक समाप्त हो चुकी थी अब उनमें मनोवैज्ञानिक अवसाद है तो सामाजिक कारणों से, न कि मनोलोक के निजी रोमानी कारणों से।

इस युग के नगरीय पात्र अपने परिवेश में मुक्ति के लिए छटपटाते मानव-चित्र हैं। सेक्स-कुंठाओं में छटपटाते और असामान्य होते पात्रों की सर्जना भी इस युग के उपन्यासों में हुई है, राजेन्द्र यादव लिखित उपन्यास 'शह और मात' इसका सुन्दर उदाहरण है।

स्पष्ट है कि इस युग के औपन्यासिक पात्रों का विकास सामाजिक संदर्भों में पुष्ट व जुझारू होकर सामने आता है। मनोवैज्ञानिक दृष्टि से उलझनें इनमें भी हैं, पर यह दुनियादारी की उलझनों से दो-चार होते मानव का उलझाव है। इस सन्दर्भ में श्रीपत राय का यह कथन सटीक है- "आज के उपन्यास-शिल्प का मेरूदण्ड है चरित्र।"

कहानी- "पहले की कहानियों का पात्र इतने सामाजिक सम्बन्धों को एक साथ नहीं झेलता था, वह एक खाता-पीता सुविधाजनक प्राणी था, और तमाम सुविधाओं के साथ प्रेम करता था। किन्तु आज हमारी समस्त सामाजिक, सांस्कृतिक और रागात्मक चेतना के केन्द्र में अर्थ प्रधान है।" डॉ. इन्दुरश्मि के इस कथन से हम नई कहानी के पात्रों को समझ सकते हैं। इस युग के कहानी-पात्र पूर्ववर्ती पात्रों से अधिक विकसित होकर अधिक समाजोन्मुख और यथार्थ दिखाई पड़ते हैं। सदियों की गुलामी के बाद स्वतंत्र हुए देश की बदहाल अराजकताओं की स्थिति को ढोते मानव इन कहानियों के पात्र हैं। मशीनी होते रिश्तों, बासी होते सम्बन्धों और बेमायना होते परिचयों के मध्य स्वयं के अस्तित्व की रक्षा इनकी सबसे बड़ी समस्या है, लेकिन ये सामाजिक सम्बद्धता और संलग्नता भी बनाए हुए हैं। कमलेश्वर, राजेन्द्र यादव और मोहन राकेश ने सामाजिक संदर्भों में जीते पात्रों को लेकर कई सुन्दर कथा-रचनाएँ की हैं जिनमे 'नीली झील (कमलेश्वर)', 'प्रतीक्षा (राजेन्द्र यादव)' और 'जख्म (मोहन राकेश)' आदि हैं।

आँचलिक महक को संजोए, ठेठ धरती से उठे कहानी-पात्र भी इस युग में रचे गए हैं जो ग्रामीण होने के बावजूद अपनी इयत्ता की स्पष्ट छाप छोड़ते हैं। 'तीसरी कसम' का हीरामन ऐसा ही पात्र है जो संवेदनागत रूप में प्रभाव छोड़ता है। कमलेश्वर की कहानी 'राजा निरबंसिया' की नायिका हिन्दी कहानी की शहरी और ग्रामीण संस्कार क्रांन्ति की वह कड़ी है जो दोमुँहे पर भौंचक्की खड़ी है और दोनों का आकर्षण उसे खींचता है।

इस कहानी-युग की एक विशेषता है इसका कथ्य वैविध्य। जीवन के प्रत्येक पक्ष के साथ रचे गए ये पात्र विसंगति एवं परिवेश-बोध में छटपटाते हैं। छायावादी रोमान्स को अपने मन के अन्धेरे में समेट कर अस्तित्व के लिए परिवेश से जूझते पात्रों पर अर्नेस्ट हेमिंग्वे, काफ़्का, और एडगर एलन पो आदि पाश्चात्य लेखकों का प्रभाव भी दिखाई पड़ता है।

निर्मल वर्मा के कहानी-पात्रों की एकाकी अन्यमनस्कता, ज्ञानरंजन के पात्रों की विसंगत परिवेश में प्रतिक्रियावादी व्यंग्यात्मक तुर्शी, महेन्द्र भल्ला के 'एक पति के नोट्स' में आत्मनिर्वासन को झेलते पति की व्यथा, जिसके लिए डॉ. नगेन्द्र ने कहा है- "यह उसकी अपनी ही नियति नहीं है बल्कि आधुनिकता-बोध से सम्पृक्त प्रत्येक व्यक्ति की नियति है।" इस युग की प्रमुख धारा है। साथ ही दीन-हीन जीवन-संघर्ष रूपी काँटों के बीच खिली

कलिका सी धर्मवीर भारती की 'गुलकी बन्नो' भी है जो अंधेरे में किरण को ढूँढ़ने के प्रयास सी पात्र है।

पात्रात्मकता की दृष्टि से यह युग पूर्ववर्ती युग की अपेक्षा अधिक विविध और विश्वसनीय संत्रासों की कहानी कहता है जहाँ सामाजिक त्रासदी में अपने को खोजते पात्र हैं लेकिन उनमें निराशा गौण है।

इस युग में पात्र अपना विकास क्रमशः स्थूल से सूक्ष्म, कल्पना से विश्वसनीयता, आदर्श से यथार्थ और सरल से जटिल की तरफ करता हुआ समकालीन स्थिति तक आता है। उपन्यास और कहानी जैसी नव विधाएँ और उनके पात्र भी साहित्य में नव उपलब्धि है। शिल्पगत नवीन प्रयोग की बढती प्रवृति से भी पात्र की संरचनागत पारम्परिक अवधारणा बदल गई है। समसामयिक कथा-साहित्य में पात्र की संरचना न किसी पूर्वलक्ष्य, न ही आदर्श को लेकर होती है, बल्कि लेखक का जीवन-बोध, उसके आसपास पसरा परिवेश ओर परिवेश में घटित हो रहा यथार्थ पात्र की संरचना में महत्त्वपूर्ण कारक बन गया है।

4. आग, पानी और फूल से बने पुतले

साहित्य केवल व्यक्ति की निजी अनुभूतियों की सीमाओं में आबद्ध नहीं होता, वो समूची सामाजिक चेतना का अनुकरण होता है। सामाजिक आदर्श के क्षिप्र प्रवाहमय और नित्य नूतन स्वरूप को अधिकाधिक मूर्त एवं सघन रूप में दिखाना लेखक का सामाजिक कर्तव्य है। पात्र-निर्माण में उसे अपने अर्जित संस्कारों, युगीन मूल्यों एवं सांस्कृतिक अनुबन्धों में संघर्ष झेलना पड़ता है। साथ ही जीवन में स्थायी प्रभाव छोड़ जाने वाले व्यक्ति एवं घटनाएँ उसकी इस प्रक्रिया को प्रेरणा एवं गति देते हैं अतः इस भूमिका में लेखक को पात्र सृजन के लिए दृष्टा एवं सृष्टा दोनों रूपों में विशिष्टता आवश्यक है।

पात्र-निर्माण के पूर्व लेखक अपने मन में होने वाले विभिन्न विचारों का आकलन करता है फिर शब्दों द्वारा उन्हें स्वरूप प्रदान करता है। एक महत्त्वपूर्ण बात यह भी है कि इन चरित्रों के माध्यम से ही लेखक के वैयक्तिक जीवन को भी अभिव्यक्ति मिलती है।

पात्र-संरचना के मुख्य स्वरूप-निर्धारक अंग रचनाकार का युगीन परिवेश, लेखक का व्यक्तित्व और जीवन-दर्शन और रचना विशेष में निहित कथ्य होते हैं। पात्रों से लेकर चरित्र निर्माण की लम्बी श्रृंखला में लेखक की मौलिक वैचारिकता, व्यावहारिक उदारता और उर्वरता ही बद्ध खाँचों को विखंडित कर उसे मौलिक रूप प्रदान करती है। शब्दान्तर से यह रचनाकार का मनोवैज्ञानिक पक्ष है। कह सकते हैं कि लेखक रचना रुपी विश्व का ब्रह्म है उसे जैसा संसार रचना है वैसा ही परिवर्तित कर देता है। यही कारण है कि एक ही

पात्र भिन्न युगों में भिन्न लेखकों द्वारा भिन्न तरीके से प्रस्तुत किया जाता रहा है, चाहे वह राम हो, कृष्ण हो, चाणक्य हो, एण्टनी अथवा क्लियोपेट्रा हो।

कोई कितना भी बड़ा लेखक हो, पूर्ण निरपेक्ष रहकर अपने पात्रों की रचना नहीं कर पाता। निजी प्रतिभा, अध्यवसाय, ज्ञान, जीवन-दृष्टि, अनुभव एवं युग-चेतना के साथ उसके निजी विचार अनिवार्य रूप से उसकी पात्र-सृष्टि को प्रभावित करते हैं। प्रख्यात पश्चिमी मनोविश्लेषक जुंग निजी प्रभाव को स्पष्ट करते हुए कहते हैं "कलाकार का व्यक्तित्व दुहरा होता है अथवा यों कहिये कि उसमें परस्पर विरोधी गुणों का समन्वय होता है, एक तरफ वह मानव व्यक्ति है, दूसरी तरफ अव्यक्तिगत सृजन-प्रक्रिया है।" जैनेन्द्र जी ने भी अपने उपन्यास 'सुनीता' की प्रस्तावना में स्वीकार किया है- "मुझे भी अपने पात्रों के पीछे छुपा मानें।"

वस्तुत: संरचनात्मकता के पक्ष में लेखक का परदे के पीछे रहना ही उचित है, पात्र का अपना निजी व सहज विकास व पात्र की स्वतंत्र सत्ता को अक्षुण्ण बनाए रखना भी आत्यंतिक रूप से आवश्यक है। इलाचन्द्र जोशी ने इस तथ्य को स्वीकारते हुए कहा है- "यदि किसी दिन यह प्रमाणित हो जाए कि मेरे सभी प्रमुख कथापात्रों के विचार मेरे अपने ही विचार हैं तो उस दिन मेरी कहानी-कला की सबसे बड़ी असफलता सिद्ध हो जाएगी।"

स्पष्ट है कि कथ्य एवं घटना के अनुरूप पात्र-निर्मिती कथा-कृति का अनिवार्य अंग है क्योंकि यहाँ ये दोनों अन्योन्याश्रित हैं। कथा का स्वरूप पात्रों के व्यक्तित्व से ही निर्मित होता है फिर भी पात्र उसी प्रकार के हो सकते हैं जैसा उन्हें कथानक बना दे और कथानक का संयोग कोई आकस्मिक यांत्रिक मित्रता नहीं, घनिष्ठ रासायनिक योगिक के समान है।

पात्र-संरचना में लेखक का कथानक के अनुरूप पात्र-संयोजन ही नहीं अपितु उसका निजी बोध, परिवेश, जीवन-दर्शन, ज्ञान, अनुभव, अभ्यास, प्रतिभा, सांस्कृतिक दृष्टि व सामाजिक परिस्थितियाँ भी प्रबल रूप से कारक होती हैं। इनमें भी लेखक की स्वतंत्र दृष्टि-चेतना अत्यधिक संभावनाशील होती है, विशेषकर आधुनिक सन्दर्भो में, क्योंकि इसी के रहते अनेकानेक मौलिक दिशाओं में पात्र-सृष्टि नवीनतम प्रयोगों के साथ अंकुरित एवं विकसित होती रहती है। परिवर्तित होते मूल्यों से भी पात्र-संरचना का स्वरूप महत्त्वपूर्ण रूप से प्रभावित होता है। पारम्परिक साहित्य के पात्रों व आधुनिक पात्रों के अन्तर से इसे स्पष्ट समझा जा सकता है।

जहाँ पारम्परिक पात्र में समाज-सापेक्षता प्रमुख होती है और वह पूर्व-निर्धारित नियमों से बँधे होते हैं वहीं आधुनिक पात्रों की संरचनात्मकता में इन सब के स्थान पर परिवेश एवं परिवेश में पसरी उसकी नियति को प्रभावित करने वाली घटनाएँ प्रमुख होती हैं जो पात्र-मन

में बसी इच्छाओं से छेड़छाड़ करती हैं, उसके बोध को उकसाती हैं और इन सबसे वह अपने प्रयत्नों के स्तर स्तर पर भी प्रभावित होता है। आधुनिक पात्र-संरचना में पात्रत्व के प्रमुख घटक हैं- पात्र का परिवेश, परिवेशगत घटनाएँ, उनके बीच पात्र की इच्छाएँ, उससे उत्पन्न बोध एवं उनसे प्रभावित उसके प्रयत्न।

जिस तरह मानव-चरित्र की दिशा और गति कभी पूर्णतया निर्धारित नहीं होती, एक ही पात्र या चरित्र के व्यापारों की प्राय: प्रत्येक स्तर पर अनेक संभावनाएँ रहती हैं। जिस प्रकार साहित्य में घटना और उसके परिणाम में एकरूपता की कल्पना असंभव है, उसी प्रकार एक ही पात्र अनेक लेखकों द्वारा लिखा गया होने के पश्चात भी उसके चरित्र में संगति देखना असंगत है क्योंकि किसी भी लेखक की स्वतंत्र दृष्टि एवं चेतना को सीमा में नहीं बाँधा जा सकता है। पात्र स्वयं लेखक की कथा एवं प्रतिभा का मुखापेक्षी होता है। उसे अपने विकास के चरम बिन्दु को छूने के लिए लेखक की अवधारणा-क्षमता की प्रतीक्षा करनी ही पड़ती है। ऐसा इसलिए कि प्रत्येक लेखक का दृष्टिकोण भिन्न होता है, उसके लेखकीय व्यक्तित्व के कारक बिन्दु उसके संवेग, अनुभव, स्मृतियों और बिम्बों से बने होते हैं जो उसके पात्रों के रूप में चरित्र बनकर स्वरूप लेते हैं। लेखक द्वारा सृजित होने के पश्चात ये पात्र जहाँ स्वयं के चरित्र का विकास करते हैं वहाँ लेखक के अवचेतन में उक्त सभी वस्तुएँ सक्रिय होती हैं।

आधुनिक पात्र जिन घटकों से निर्मित होता है, वह पात्र की अन्तर्संरचना सम्बन्धी घटक हैं। क्योंकि पात्र सिर्फ लेखक की आज्ञा पर ही चलने वाला नहीं है, उसकी अपनी इयत्ता, बोध एवं तदजन्य प्रयत्नादि होते हैं जो कृति को प्रभावित करते हैं।

2

उद्दाम सपने, टूटती नींदें और सूखती नदी

क. उद्दाम सपने उर्फ इच्छाओं का विस्फोट

किसी भी कृति का निर्माण लेखक सुनियोजित ढंग से करता है। अपने विचार को वह कथ्य का रूप देता है, उसकी पात्र-संरचना को लेकर लेखक जिस मानसिक प्रक्रिया से गुजरता है उसमें सर्वाधिक महत्त्वपूर्ण बात होती है कि उसकी पात्र को अपने विचार व कथानक के हिसाब से यानि कहीं न कहीं स्वयं की इच्छा से चलाने की कामना। इसी कामना से वह कथारंभ भी करता है लेकिन पात्र धीरे-धीरे अपनी निजता की इच्छा का उन्मेष करता चलता है। कहीं-कहीं पर तो पात्र इतना स्वतंत्र चरित्र विकसित कर लेता है कि स्वयं लेखक उसके इच्छा-उन्मेष को देखकर चकित रह जाता है।

हिन्दी कथा-साहित्य में इस दृष्टि से अमृतलाल नागर लिखित 'अमृत और विष' महत्त्वपूर्ण उपन्यास माना जाता है, जिसे पात्र-संरचना की दृष्टि से लेखक ने समानान्तर चलाया है। उपन्यास में अरविन्द नामक सूत्रधार पात्र पाठकों को अपने जीवन-संघर्षो से दो-चार कराते हुए एक उपन्यास की रचना करता है। आरम्भ में इसके पात्र जिन्हें वह शुद्ध औपन्यासिक बंधुआ के रूप में प्रस्तुत करना चाहता है, कुछ ही समय पश्चात अपनी निजी इच्छा से स्वयं की इयत्ता को आकार देने लगते हैं। यद्यपि अरविन्द (सूत्रधार) की परिवर्तित होती सामाजिक, राजनैतिक व सांस्कृतिक परिस्थितियाँ परोक्ष रूप से इसका कारण रहीं कि उपन्यास में पात्र आदर्श रूप में उभरें, लेकिन उसके निजी जीवन की सुप्त इच्छाओं ने पात्रों की आकांक्षाओं को स्पष्ट रूप से प्रभावित किया।

रमेश नामक ब्राह्मण नायक का 'रानी' नामक ठाकुर नायिका से प्रेम-विवाह प्रसंग, जो तत्कालीन समाज में हेय, किन्तु आदर्शवादी, क्रान्तिकारी नवपोध के बुद्धिजीवियों में स्वीकृत था, लिखने के पश्चात् लेखक अरविन्द ने आत्म-स्वीकृति में लिखा भी है- "कथा का जो सूत्र लेकर मेरा उपन्यास आगे बढ़ा था, वह चुक गया। ऊपरी तौर पर न सोचकर

भी मेरा सृजन-क्रीडारत अन्तर्मन अनिवार्य औपन्यासिक तार में नायक को बाँध चुका, उसे नायिका मिल गई। अन्तर्जातीय विवाह और वह भी विधवा-विवाह, दो क्रान्तिकारी पहलू सामने आ गये।" स्पष्ट है अपनी जीवन-स्थिति में पात्र की इच्छाएँ समाज एवं लेखक-सापेक्ष भी होती हैं और स्वयं भी विकसित होती हैं तथा अनिवार्य रूप से कृति को एवं स्वयं उसे प्रभावित करती हैं।

ख. टूटती नींदें उर्फ़ पराजय-बोध

लेखक का स्वअर्जित ज्ञान, उसकी प्रतिभा, उसका निजी जीवन-दर्शन व दृष्टि सब उसके पात्र में यथावत् आए, ये लेखक की मंशा नहीं रहती, न ही वह इसके लिए योजनाबद्ध लेखन करता है। किन्तु किसी श्रेष्ठ कृति में पात्र बोध की दृष्टि से विकास न पाए यह असंभव सा है। पात्र के निजी विकास में लेखक का निजी बोध परोक्ष रूप से अवश्य आता है। जो देखा जाए तो पात्र की इच्छा के उन्मेष से भी पूर्व उसका बोध उसके पात्रत्व का घटक है। युगीन परिस्थितियाँ और समकालीन परिवेश पात्र के बोध को प्रभावित करने वाले प्रबल कारक होते हैं। यही कारण है कि एक ही पात्र भिन्न-भिन्न युग में भिन्न-भिन्न बोध के साथ सृजित होता रहा है। वेदव्यास रचित 'महाभारत' का दुर्योधन अपनी इच्छाओं की अपूर्णता एवं अधिकारों से वंचित होने के बोध से दुखी था पर गिरीश अग्रवाल रचित एकांकी 'महाभारत की एक साँझ' के दुर्योधन के वंचना-बोध को समसामयिक आधुनिक मानव के वंचना-बोध से जोड़कर लेखक ने अविस्मरणीय बना दिया। बदलती परिस्थितियों में यथार्थ-बोध से भी पात्र-संरचना में विश्वसनीयता की अभिवृद्धि हुई है, इससे भारी-भरकम आदर्श को त्याग कर पात्र स्व-विश्लेषणवादी व पराजय स्वीकारने वाले हुए हैं। अपने परिवेश के प्रति प्रबल बोध, जो अप्रत्यक्ष रूप से लेखक का होता है, भी पात्र को प्रभावित करता है। यथास्थिति में अपनी इच्छाओं की अपूर्णता का बोध पात्र को कुंठित करता है, असहयोगी परिवेश की विसंगतियों का बोध पात्र को कुंठित एवं अहंवादी बना देता है, उसके प्रयत्नों को अवश्यम्भावी रूप से प्रभावित करता है और उसके व्यक्तित्व में द्वन्द्वात्मकता उत्पन्न करता है।

ग. सूखती नदी के झुंझलाते प्रयत्न

इच्छा एवं बोध किसी भी पात्र की अन्तर्संरचना में महत्त्वपूर्ण घटक हो सकते हैं लेकिन पात्रगत स्व प्रयत्न भी उसके विकास में उतना ही महत्त्वपूर्ण है। लेखक आरम्भ तो करता है कथानक के तय स्थानानुसार, किन्तु कई बार थोड़े ही समय पश्चात् पात्र उसके हाथ से निकल परिस्थिति के अनुसार स्वयं के प्रयत्नों या प्रयत्न-शैथिल्य से अलग ही रूपाकार

धारण कर लेता है। अमृत और विष का एक समानान्तर पात्र 'लच्छू', जो लेखक 'अरविन्द' द्वारा व्यक्त रूप से नापसंद किया गया, अपने प्रयत्नों द्वारा उपन्यास में काफी महत्त्वपूर्ण स्थान पा लेता है। जिसके लिए अरविन्द कहता है- "कैसे आ जाते हैं ये चरित्र? कैसे सोवियत संघ पहुँच गया ये लच्छू? अगर मैं प्लॉट गढ़ने बैठता तो निश्चय ही लच्छू जैसे हीन चरित्र के बजाय रमेश को ही भेजता। मगर इस बार कथा-सूत्र मेरे हाथ में कहाँ है।"

लच्छू वस्तुतः अपने युग के युवक चरित्रानुसार महत्त्वाकांक्षी और येन-केन-प्रकारेण सफलता पाने के आकांक्षी युवा का चरित्र है। अपनी परिस्थितियों से जूझकर लेखक स्वयं के दमित अनुभव, फलित-अफलित व युग की परिस्थतिजन्य प्रयासों को जाने-अनजाने पात्र में समंजित करता है जो उसके पात्र प्रयत्न के रूप में उभरता है। लेकिन समसामयिक साहित्य-धारा में जबकि अपनी यथास्थिति में मनुष्य अपनी इच्छाओं की अपूर्णता-बोध से गुजर कर निराश, उदास एवं अनमना हो उठा है, उसका साहित्य-पात्र भी अपनी स्थितियों के असहयोगी बोध से व्याकुल हो कर प्रयत्न-शैथिल्य एवं प्रयत्न-असमंजन का शिकार हो उठा है। प्रयत्न के प्रति उदासीनता अथवा अनमना प्रयत्न सामयिक पात्र के बोध से उपजा महत्त्वपूर्ण घटक है।

स्पष्ट है कि कि पात्र-संरचना में पात्रगत लेखक की इच्छा, बोध एवं प्रयत्न तो आत्यंतिक रूप से महत्त्वपूर्ण होते ही हैं किन्तु साथ ही पृष्ठों पर उतरने के पश्चात पात्र की अपनी निजता भी महत्त्वपूर्ण होती है और अपने बोध व इच्छा में प्रबल होकर कई बार तो वह लेखक की पूर्व योजना से इतर स्वरूप धारण कर लेता है।

पात्र की इस विकसित संरचना, उसकी इच्छा, तदजन्य बोध व प्रयत्नों की संगति-विसंगति में लेखक की सामयिक जीवन स्थितियाँ और उनमें घट रही घटनाएँ विशेष महत्त्व रखती हैं।

घ. रुक गए राह में हादसा देखकर

कृति में गति और संघर्ष का आधार प्रत्येक चरित्र के अन्दर है और जब वह उसे बाह्य जीवन में चरितार्थ करता है, तो विभिन्न परिस्थितियाँ इस प्रकार उत्पन्न होती हैं कि उनके लिए किसी एक पात्र को उत्तरदायी नहीं ठहराया जा सकता, न किसी एक दृष्टिकोण से उनके चरित्र पर निर्णय दिया जा सकता है। रचनाकार का उद्देश्य पाप और पुण्य की परिभाषा प्रस्तुत करना उतना नहीं, जितना उस विडम्बना को स्पष्ट करना है।

युग एवं समाज में घटित घटनाएँ भिन्न-भिन्न रूपों में मनुष्य के जीवन को प्रभावित करती हैं। विविध मानवीय गुणावगुण किसी घटना विशेष के आधार पर निर्मित एवं विकसित

होते हैं लेखक कृति विशेष में पात्रों के आधार पर यही सिद्ध करता है। किसी एक परिस्थिति में प्रत्येक मनुष्य की प्रतिक्रियात्मक संभावनाएँ भिन्न होती हैं, यही समाजशास्त्रीय नियम पात्र पर भी लागू होता है। बदलते परिवेश में होते परिवर्तन कृति, चरित्र और पात्र में सदैव नूतन संभावनाएँ आविर्भूत करते रहते हैं।

सुप्रसिद्ध पाश्चात्य साहित्य-चिंतक विलियम आर्कर एक स्थान पर कहते हैं- 'चरित्र एक प्रकार से बौद्धिक, भावुक एवं हताश आदतों का सम्मिश्रण होता है।' पर ये आदतें सभी पात्रों में एकसमान रूप से विकसित नहीं होती, परिवेश के साथ घटना उसमें महत्त्वपूर्ण घटक होती है। कह सकते हैं कि घटना जिसे 'संघर्ष' भी कहते हैं, पात्र-विकास के लिए अनिवार्य तत्व होता है। यह संघर्ष 'पात्र का समाज' के साथ हो सकता है, 'पात्र का पात्र' के साथ हो सकता है, 'पात्र का प्रकृति' से हो सकता है तथा 'पात्र का स्वयं से' हो सकता है।

पूर्व पीठिका से देखें तो असत् पर सत् की विजय वाले आख्यानों में भी खल चरित्र द्वारा अमांगलिक घटना या व्यवहार के कारण नायक में शौर्य एवं उत्साह का विकास होता है और अंत में वह निश्चित सफलता के सोपान पर स्थापित होता है। तो यह एक घटना ही है जिसके कारण पात्र अपना निश्चित, सीधा-सच्चा, सजा-धजा सुरक्षित स्वरूप त्याग कर भिन्न घात-प्रतिघातों के मध्य से गुजरता हुआ, अनेक विपदाओं का सामना करता हुआ नायक के पद को प्राप्त करता है। यह स्थिति 'मनुष्य से मनुष्य के संघर्ष' की स्थिति है, लेकिन युगानुसार पात्र-सरंचना में अनेक संघर्ष के आयाम जुड़ते चले गए।

उत्तर सुधारवादी युग में पात्र चैतन्य होता गया, बल्कि व्यक्तिवादी हो गया जिसे प्रभावित करने वाली घटनाएँ उसे सीधे समाज के साथ संघर्ष को बाध्य करने लगीं। 'नदी के द्वीप' की रेखा के जीवन में प्रणयहीन वैवाहिक-जीवन, समलिंगी पति और स्वार्थी मित्र के साथ गुजारे जीवन-चक्र ने उसे एक नवीन व्यक्तिवादी दृष्टि दी जो समाज की कथित मर्यादा को नहीं मानती। इस सब के पश्चात् भी वह अविवाहित माँ बनने का साहस नहीं जुटा पाई। इस से तत्कालीन साहित्य व समाज में स्त्री की सीमा भी स्पष्ट होती है।

आधुनिक युग में यह संघर्ष रूप बदल कर मनुष्य के स्वयं-संघर्ष से जुड़ कर विकसित हुआ है। पात्र जिन घटनाओं से सर्वाधिक प्रभावित होता है, वे उसके परिवेश की घटनाएँ ही अधिक होती हैं जिन्हें वह वैयक्तिक रूप में ग्रहण करता है। कमलेश्वर की कहानी 'नीली झील' का पात्र अपनी कोमल भावनाओं के कारण पर्यावरण एवं पक्षियों से जुड़ता है और स्वयं के साहूकार से लड़कर संत में परिवर्तित हो जाता है।

'लहरों के राजहंस' का नंद अपनी मर्म-व्यथा का मूल स्त्रोत पाने को विचलन का शिकार होता है लेकिन 'अपनी ही क्लांति से मृत मृग-शावक' देखने के प्रसंग से इस पात्र

का अन्तर्द्वन्द्व पूरी उभर कर स्पष्ट हो जाता है। यही कारण है कि नाटक के आरंभ में पात्र-परिचय दिया जाता है, चरित्र-परिचय नहीं। पर इस पात्र के माध्यम से जब नाटक की घटनाएँ घटती हैं या वो स्वयं घटनाओं से प्रभावित होकर विकसित होता है तो चरित्र बन जाता है।

परोक्ष रूप से लेखक के जीवन की घटित स्मृतियाँ कृति में पात्र को प्रभावित करती हैं, तो प्रत्यक्षत: समाजगत, परिवेशगत एवं वैचारिक द्वन्द्व-जन्य घटना भी पात्र को प्रभावित करती है। एक ही कृति में निहित अन्य चरित्र भी पात्र को प्रभावित करते हैं और पात्र कृति की अन्तर्घटनाओं से ही सर्वाधिक प्रभावित होता है हालांकि लेखकीय प्रयास के बिना वह कहीं संभव नही होता। मोहन राकेश के प्राय: सभी पात्रों के जीवन में प्रणय बस आते-आते रह जाता है। चाहे पात्र एवं घटना प्रत्येक कृति में भिन्न हो, पर मोहन राकेश के दुखद दाम्पत्य की घटनाएँ इनमें प्रतिभाषित होती हैं। चाहे कहानी एक और ज़िन्दगी हो, नाटक आधे अधूरे हो अथवा उपन्यास अंतराल, अंधेरे बंद कमरे हो।

आधुनिक संदर्भ में आचार्य धनंजय का यह कथन पूर्णतया सत्य नहीं मान सकते कि 'कठिन से कठिन परिस्थिति में भी जिस पात्र के चित्त में अस्थिरता ना आवे वही नायक हो सकता है।' अपितु यहाँ अरस्तू को उद्धृत करना अधिक समीचीन होगा कि 'चरित्र कार्य-व्यापार का सहायक बन कर आता है। त्रासदी मनुष्यों की नहीं, कार्य-व्यापार एवं जीवन की अनुकृति है।' आंगिक, वाचिक, अनुभावादि बाह्य लक्षण लेखक अपने द्वारा पात्र में सृजित कर सकता है पर पात्र में विकसित गुणावगुण अथवा चरित्र-विकास उसे घटना के माध्यम से ही प्राप्त होता है।

जब हम साहित्य में ईश्वर का सिंहासनापन्न होना, मनुष्य की आध्यात्मिक मृत्यु, महानता से स्खलन, व्यक्ति की संत्रस्त दशा, हताशा, एकाकीपन, घोरस्वार्थी क्षणवादिता, एकांतिक व्यक्तिवादिता आदि बातें करते-सुनते हैं, साहित्य में शास्त्रीयता की मृत्यु पर अतीतजीवी विलाप करते हैं तो हमें बदलते विश्व 'सिनेरियो' पर भी नज़र डालनी चाहिये जिसके परिवेश में घटती घटनाएँ समाज से साहित्यकारों के चिंतन में और उनकी पात्र-परिकल्पना में आई हैं। समय के साथ-साथ संघर्ष और घटना की परिकल्पना और इनके चित्रण का रूप भी आज बदल गया है। बाह्य परिस्थितियों से मानव और नियति का संघर्ष अब उतना महत्त्वपूर्ण नहीं रहा है क्योंकि मानव स्वयं सदैव एक तनाव की स्थिति में रहता है और वह तनाव ही संघर्ष है। अब व्यक्ति 'मानव बनाम परिस्थिति' विरोध का कोई अर्थ नहीं रह गया क्योंकि मानव स्वयं ही एक परिस्थिति हो गया। बाह्य घटना का इतना महत्त्व नहीं रहा क्योंकि जिस प्रकार संघर्ष भीतर ही भीतर उभरता और निर्वापित होता रहता है उसी प्रकार भीतर ही भीतर घटना भी घटित होती रहती है और रह सकती है।

घटनाएँ जो परिवेश में घटती हैं, परिवेश से तात्पर्य जो जीवन के आसपास हो, जिसमें पात्र रह रहा हो। इस परिवेश को विस्तृत करें तो सारी दुनिया और सिकोड़ें तो घर की चौखट में कैद कर सकते हैं। परिवेश की प्रवृतियों, क्रान्तियों-आक्रान्तियों एवं प्रभावों से लेखक जो प्रभाव लेता है वह पात्र में अवश्यम्भावी रूप से आता है। पात्र एवं परिवेश का पारस्परिक सम्बन्ध एवं तज्जन्य प्रभाव चरित्र-विकास का में महत्वपूर्ण कारक है।

च. फ़ज़ा में गर्द, माहौल में कुदूरत है

परिवेश ऐतिहासिक, सामाजिक, राजनैतिक, आर्थिक एवं सांस्कृतिक व गतिविधियों स्थितियों से निर्मित वातावरण हैं जिसमें मानसिक विचार भी परिवेश के निर्माण में सहायक होते हैं और जिसमें व्यक्ति अपने-आप को देख पाता है। यह परिवेश समाज की तरह कथा-कृति का भी अनिवार्य अंग है क्योंकि जीवन की ही तरह कथा भी जीवित होती है, जिसमें लेखक अपने पात्रों का सृजन एवं विकास करता है। प्रत्येक लेखक का समकालीन परिवेश उसकी कथा में आता है चाहे वह सायास हो अथवा अनायास। पात्र का परिवेश के प्रति बोध, राग-विराग, द्वन्द्व सभी प्रत्यक्ष या परोक्ष समकालीन युग-धारा से अनुभूत होते हैं।

राष्ट्रीय, सामाजिक, आर्थिक, राजनैतिक एवं सांस्कृतिक परिवेश जो कि मोटे तौर पर बाह्य परिवेश है, वह समाज को, एक पूरी पीढ़ी, पूरे युग को प्रभावित करता है, से पात्र भी अनिवार्य रूप से प्रभावित होता है। साथ ही पात्र का नितांत निजी, आभ्यंतरिक भी इन सब से विचलित-प्रभावित होता है क्योंकि समाज की ही सूक्ष्मतर इकाई-परिवार और व्यक्ति है।

लेकिन यहाँ यह भी महत्वपूर्ण है कि भिन्न-भिन्न युगों में एक ही परिवेश में कई पात्र एक साथ गढ़े जाते हैं पर उनमें से अपनी परिवेशगत विसंगति से जूझकर स्थिति बदलने को सन्नद्ध कुछेक पात्र ही निजी इयत्ता स्थापित कर पाते हैं, परिवेश से पूरी समग्रता से जुड़कर अपनी एक विशिष्ट जगह बना पाते हैं और आधुनिक चेतना का वाहक बनकर उभरते हैं। ज्यादातर पात्र महज अपने परिवेश एवं स्थिति के 'कमेंटेटर' बनकर रह जाते हैं। यह अंतर लेखक की निजी चेतना, बोध एवं संवेदना की अन्तर्दृष्टि का होता है।

कवि दुष्यंत कुमार के गीति नाट्य 'एक कंठ विषपायी' में शिव मिथकीय पात्र होकर भी आधुनिक संवेदना का वाहक वह आम आदमी है जो अपनी समस्त प्रखर बुद्धिमता के बाद भी व्यक्तित्व-विचलन का शिकार हो जाता है, क्योंकि वह एक आम आदमी है और तथाकथित समर्थ एवं सत्ताशक्ति पूजक परिवेश के श्रीमंत जनों की कूटनीति उसे दमित कर देना चाहती है। यहाँ मोटे तौर पर देखें तो व्यक्तिगत द्वन्द्व दिखाई देता है लेकिन मूलतः यह

व्यवस्था और व्यक्ति के बीच परिवेश का द्वन्द्व है। आधुनिक मानव अपने परिवेश में पहले से कहीं अधिक जूझता और तीन स्तरों पर विश्रृंखलित दिखाई देता है-

पहला, उसे जो इतिहास से मिला है वह खंडित सत्य है।

दूसरा, उसे जो वर्तमान से मिला है और संक्रमणशील, अपूर्ण और अधिक समय तक पूर्वाग्रहों से ओतप्रोत वर्तमान है।

तीसरा, आज का मानव अनिश्चय की स्थिति में है।

यही स्थिति आधुनिक साहित्य में पात्र की विडम्बना है। जिस परिवेश में वह साँस लेता है उसमें अतीत की हताश कर देने वाली गरिम-गूँजें उसे आक्रांत करती हैं, दोगला और छद्म आदर्शों वाला छूँछा वर्तमान विचलित करता है और भविष्यहीन भविष्य अवसाद में ढकेल देता है। आधुनिक मानव की तरह आधुनिक पात्र को भी ये समझ नहीं आता कि वह क्या करे क्योंकि परिवेश से कट कर कोई रह नहीं सकता और साम्प्रत, विशेषकर भारतीय, तथाकथित आदर्शवादी, परिवेश उसे निवृत्ति का मार्ग दिखाकर उसके व्यक्तित्व को कर्मफल और भाग्य के नाम पर हड़काता रहता है। ऐसे में जीवन-मूल्य, लक्ष्य, अस्तित्व, नैतिकता और सत्य को पाने की तलाश में पात्र अपने परिवेश से लगातार जूझता रहता है और बदले में आत्मनिर्वासन ही पाता है और दूसरी तरफ आदर्शों की मृग मरीचिका में भटक कर आत्म-प्रवंचना के दुख से कुंठित होता है।

पात्र और परिवेश में सदा द्वन्द्वात्मकता ही हो यह अनिवार्य नहीं, कई बार पात्र अपने ही परिवेश में स्वयं को इस प्रकार ढाल कर समंजित हो जाता है कि परिवेश से अलग कर देखा जाना संभव नहीं होता। यहाँ लेखकीय चैतन्य और पात्र का निजी विकास दोनों कार्य करते हैं। लेखकीय-चैतन्य से तात्पर्य उसके निजी आदर्श भी हो सकते हैं। जैसे आदर्शवादी कृति के पात्र अपनी समस्त विसंगतियों के बावजूद उस परिवेश में रम कर अन्ततः सब ठीक कर लेते हैं। विश्वयुद्ध के पूर्ववर्ती साहित्य में इस प्रकार के पात्र अधिक दिखाई पड़ते हैं। इसके पश्चात तो जो स्थितियाँ बनी उसमें इस दिवास्वप्नी की गुंजाइश नगण्य ही रह गई और धीरे-धीरे यह खत्म होता चला गया क्योंकि परिवेश से धर्म और ईश्वर ही गायब हो गया। जो पात्र निजी विकास करते हुए परिवेश में रम कर वैसे ही हो जाते हैं, जैसे 'अमृत और विष' का लक्ष्मीनारायण खन्ना, तो यह भी परिवेश की बेईमान सच्चाइयों में व्यक्ति के बेईमान होते चले जाने की स्थिति है कि साम्प्रत परिस्थिति में पात्र लगातार जूझता है और आदर्श की गुंजाइश न देखकर आम मानव की तरह भ्रष्ट हो जाता है।

राजेन्द्र यादव लिखित कहानी 'अभिमन्यु की आत्महत्या' के मुख्य पात्र की विचलित स्थिति उसके परिवेश के कारण ही है। मोहन राकेश के सभी पात्र इसी परिवेश में अपनी इच्छाओं की अपूर्णता से वंचना-बोध से भरते हैं, प्रयत्न-असमंजन के शिकार होते हैं फिर भी परिवेश से जुड़े हैं। वस्तुत: वे इसी परिवेश से स्वयं की इयत्ता को ढूँढ निकालना चाहते हैं। क्योंकि ढले या मुक्ति के लिए छटपटाए, अपने परिवेश को उसे भोगना ही पड़ेगा। विद्रोह, परिवर्तन या स्वीकृति तो उसकी निजी चेतना है।

छ. कुसूरवार हूँ इतना कि चश्मदीद था मैं

अपने पहले ही नाटक से चर्चा में आए मदनमोहन गुगलानी उर्फ मोहन राकेश (1925-1972), जिनका ये जन्म-शताब्दी वर्ष है, आधुनिक स्वातंत्र्योत्तर कथा-धारा के वह साहित्यकार हैं जो अपने साहित्य के कथ्य व शिल्प को लेकर जितने चर्चित हुए उससे अधिक प्रख्यात अपनी नवीन प्रयोगधर्मी पात्र-सृष्टि को लेकर रहे।

मोहन राकेश ने जिस समय साहित्य-क्षेत्र में पर्दापण किया वो वह समय था जब साहित्यकारों ने समस्त पूर्वाग्रहों से नाता तोड़ कर अपना सम्बन्ध सिर्फ मानव से जोड़ा था। राकेश ने कहानी-लेखन से आरंभ किया और 'आषाढ़ का एक दिन' नाटक के प्रकाशन के साथ ही चर्चा में आ गए।

अस्मि-बोध में संकुल मानव की सर्जना को प्रमुखता से रचित करने वाले राकेश परिवेश-प्रतिबद्ध लेखक हैं। कहा जाए कि राकेश के साहित्य का कथ्य किसी मानव विशेष का न होकर सामयिक परिवेश का है, परिवेश में गहराते मानव के आकुल मन का है तो गलत नहीं होगा। राकेश के साहित्य में परिवेश की सूक्ष्म से सूक्ष्म स्थितियों का अंकन है और निरूपित स्थितियों का सीधा सम्बन्ध यथार्थ से है जो उनके समय और परिवेश का यथार्थ है।

राकेश ने जीवन के नित्य, सामयिक और आधुनिक बोध से जुड़े प्रश्नों को अपने साहित्य का कथ्य बनाया है और कथ्य में नवीनता हेतु उन्होंने परम्परागत मिथक-कथाओं को भी कथा-रूप में लिया है। लेकिन जो तथ्य राकेश को अन्य लेखकों से सर्वाधिक अलग और महत्त्वपूर्ण बनाता है, वह है उनकी लीक से हटकर और चौंका देने की हद तक प्रयोगात्मक पात्र-सृष्टि।

ज. किरदारों का कीमियागर

अपने प्रथम दो नाटकों 'आषाढ़ का एक दिन' और 'लहरों के राजहंस' में उन्होंने परम्परागत पात्र-योजना द्वारा बहुश्रुत कथा में आधुनिक और नवीन अर्थवत्ता भर दी है।

दोनों ही नाटकों में नायक-नायिका, प्रतिहारी, विदूषक, खलनायक आदि परम्परागत पात्र हैं लेकिन मुख्य पात्र अपनी समसामयिक संवेदना में जीवन के आधुनिक प्रश्नों के वाहक चरित्र बन गए हैं। इस के लिए राकेश आधुनिक शिल्प अपनाते हुए 'नंद' के बोध को तीव्रता से दर्शाने हेतु 'श्यामांग' की कल्पना करते हैं। 'कालिदास' के चरित्र को सम्पूर्ण परिप्रेक्ष्य में प्रस्तुत करने के लिए 'विलोम' जैसे परम्परा से हटकर खलनायक की सृष्टि, जो असफल कालिदास ही है, करते हैं। लेखन के उत्तरार्ध में रचित नाटक 'आधे अधूरे' की पात्र-सृष्टि का नयापन अपनी अर्थवत्ता में हिन्दी नाट्य-साहित्य में मील का पत्थर बन कर खड़ा है कि उन्होंने एक ही पात्र द्वारा चार पुरुष प्रवृतियों को कलात्मकता के साथ प्रस्तुत किया है। व्यक्तियों के 'नामकरण' के स्थान पर 'नम्बरीकरण' भी यही इंगित करता है कि वे व्यक्ति की ही नहीं अपितु जीवन-प्रवृति की नस पकड़ते हैं।

नाटकों की ही भाँति आपके एकांकी भी अपनी विशेष पात्र-सृष्टि के लिए चर्चित रहे हैं, उन्होंने जहाँ पार्श्व एकांकी 'छतरियाँ'' में जीवन की घातक परिस्थितियों को ध्वनि बनाकर उसमें जूझते मानव के संत्रास को प्रस्तुत किया है वहीं बीज नाटक 'शायद' में एक-दूसरे से बुरी तरह ऊबे दम्पत्ति के दाम्पत्य-बोध को संवादहीन संवादों के द्वारा प्रस्तुत किया है।

राकेश के अधिकांश पात्र आधुनिक नगरीय बोध में जीते मानुष हैं जिन्हें वे पात्रों और स्थितियों को ब्योरे के रूप में प्रस्तुत न करके कलात्मक उलझन के साथ प्रस्तुत करते हैं। उनके पात्र अपने परिवेश एवं समाज की विसंगतियों के भोक्ता एवं प्रस्तोता स्वयं ही हैं। 'अंधेरे बंद कमरे' उपन्यास का पात्र मधुसूदन कथा का नियामक भी है और वाहक भी।

उपन्यास 'न आने वाला कल' की शोभा और उपन्यास 'अन्तराल' के देव नामक पात्रों की अवधारणा इस सन्दर्भ में नवीन है कि वह उपन्यास में कहीं नहीं होकर भी कथा और एवं मुख्य पात्र को प्रभावित करते हैं। देव एक स्मृतिशेष पात्र है किन्तु इस पात्र ने जो उद्वेग 'श्यामा' के जीवन एवं उपन्यास में उत्पन्न किया है वह उपन्यास के अनिश्चय भरे अंत तक दिखाई पड़ता है। इसी तरह नाटक 'लहरों के राजहंस' में भिक्षु आनंद का चरित्र है। पात्रों का न होकर भी होना राकेश की पात्र-योजना का वह आयाम है जो परोक्ष पात्र की उपस्थिति को सम्प्रेषणीय बनाता है।

कहानी 'एक पंखयुक्त ट्रैज़ेडी' के मुख्य पात्र मानव न होकर मनुष्य की आदिम, बर्बर मनोवृति के प्रतीक दो मुर्गे हैं जो अपनी अहमन्यता के कारण लड़ते हैं और लाभ व्यवस्था को मिलता है।

पात्रों की अन्त:सृष्टि में वर्तमान की साम्प्रत स्थितियों में दम तोड़ती, घुटती उसकी मानव-चेतना को, उसके महानगरीय भगदड़ में पिसते स्वातंत्र्य को, अर्थ से प्रभावित होते

सम्बन्धों को और व्यवस्था में पिसती प्रतिभा को राकेश उसकी अप्राप्य इच्छाओं के साथ प्रस्तुत करते हैं। यह अप्राप्ति-बोध उसके अहं को, निजता को गहरे तक प्रभावित करता है और इस बोध में संकुल होकर वह अस्मि-पीड़ा से भरी उदासी में डूब जाता है।

राकेश के पात्रों का अस्तित्व-बोध आरम्भ से पलायनवादी रूप में नहीं दिखता। ये समाज से जुड़े पात्र हैं जो समाज में रह कर अपनी इयत्ता पाना चाहते हैं, जीना चाहते हैं, प्रयत्न भी करते हैं किन्तु परिवेश-विसंगति के चलते प्रयत्न-शैथिल्य का शिकार हो जाते हैं। इन पात्रों की अन्त:संरचना में जो द्वन्द्व है वह आधुनिकता एवं परम्परा, सत्य एवं तथ्य तथा यथार्थ एवं सम्वेदना के बीच भटकते मानव का द्वन्द्व है।

लेखक का निजी-बोध, व्यक्तिगत जीवन एवं समयगत वैचारिक विकास पात्रों की सृष्टि में महत्त्वपूर्ण कारक बनता है। मोहन राकेश की चिन्तना पर अस्तित्ववाद का जो प्रभाव है वह राकेश के पात्रों में अस्मि-बोध के रूप में दिखाई पड़ता है किन्तु उसे राकेश ने भारतीय समाज-संस्कारों के परिप्रेक्ष्य में प्रस्तुत किया है।

राकेश के जीवन का भोगा हुआ यथार्थ, वैवाहिक जीवन की त्रासदियाँ भीं उनके पात्रों में बार-बार कौंधती हैं। 'एक और ज़िन्दगी' कहानी के पात्र उनकी खुद की ज़िन्दगी के चित्र हैं तो 'न आने वाला कल' भी उनकी व्यावसायिक ज़िन्दगी के शिक्षण-काल के अनुभव व व्यक्तियों का चित्र है। राकेश के पात्रों की उदासी भी राकेश के व्यक्तित्व की झलक देती है, स्वयं राकेश ने एक स्थान पर स्वीकारा है-"मैं जानता हूँ कि कहीं भीतर से मैं सच ही एक उदास व्यक्ति हूँ, पिछले बीस वर्षों से मैंने जो-जो अपने आसपास होते देखा उसने मुझे अंदर से काफी उदास कर दिया।"

राकेश में आए वैचारिक विकास एवं दृष्टि-परिवर्तन उनके पात्रों में बड़ा परिवर्तन करती है, पात्र निरन्तर सामाजिकता से वैयक्तिकता की ओर बढ़ते हुए दिखाई देते हैं। नाटक 'आषाढ़ का एक दिन' की मल्लिका का एकनिष्ठ प्रेम समर्पण, 'लहरों के राजहंस' में अपने प्रेम-अधिकार पर हक की लड़ाई लड़ती स्त्री के जुझारूपन में बदल कर आधे-अधूरे तक आते-आते अपने निजी अस्तित्व को पाने के लिए घर एवं संतान तक छोड़ने को तत्पर स्त्री के आधुनिक खुलेपन, प्रेम को वह कपड़ों की तरह बदलने की आदी है, में बदल जाता है।

ये कभी नव्य प्रायोगिक भूमि पर प्रतीक-शिल्प में रचे आधुनिक, तो कभी यथार्थ को सपाट बयानी से प्रस्तुत करते पात्र आम आदमी की परिवेश-विसंगति के बोध को वहन करते पात्र हैं जो अपनी स्पृहाओं की अपूर्णता के कुंठा-बोध में छटपटाकर प्रयत्न-शैथिल्य से भर उठते हैं। परिवेश के प्रति उनका तीव्र बोध, आत्मविस्मृति की सीमा तक पहुँचती अस्मि-पीड़ा का विस्फोट क्रमश: सूक्ष्म व सृजनशील होकर सामयिक मानव की कुंठा, अहं व आत्म-संघर्ष को प्रस्तुत करता है।

3

कामनाओं के भंवर में डूबने की कामना

क. इच्छा जग उकसाया-

प्रत्येक मनुष्य में चैतन्य का स्तर भिन्न होता है। समसामयिक स्थितियों में मानव ने अपनी चेतना को पूर्ववती स्थितियों से भिन्न स्तर पर विकसित पाया है। उसे अपनी चेतना यथास्थिति में अवरुद्ध प्रतीत होती है और वो स्वतन्त्रता-हेतु छटपटाता है। मानव के यथाजीवन की यह अभिव्यक्ति समसामयिक साहित्य में और राकेश के पात्रों में सम्वेदनशील छटपटाहट के साथ प्रस्फुटित है। राकेश के पात्र वे मानव हैं जो अपने चैतन्य-बोध में प्रखर भी हैं और अपने परिवेश में घुटती चेतना से विचलित भी। राकेश के पात्रों में चेतना का प्रबल अहसास उनके चरित्र व कथानक दोनों को प्रभावित करता है और उसकी अभिव्यक्ति में आत्यंतिक प्रभाव उत्पन्न करता है।

1. मैं भी तो हूँ- चेतना मानव-जन्म के साथ ही विकास करना शुरु कर देने वाली सतत् प्रवाहित प्रक्रिया है। प्रख्यात मनोवैज्ञानिक सिग्मंड फ्रायड ने मानव मस्तिष्क के तीन स्तर माने हैं- चेतन, अचेतन और अवचेतन। मानव का प्रत्यक्ष व्यवहार एवं जो उसकी प्रतिक्रिया होती है वह 'चेतन मस्तिष्क' के कारण होती है। कुछ बातें जो वह कर के भूल जाता है, बात को 'अचेतन मस्तिष्क' में डाल दिये जाने के कारण होती है। कुछ कार्य मनुष्य अनचाहे व अनजाने करता है, वह उसके 'अवचेतन मस्तिक' के कारण है जहाँ उसके मन की गहनतम इच्छाएँ दफ़न पड़ी होती हैं। यदि मनुष्य की कोई नैसर्गिक कामना अपूर्ण रह जाए तो उसके अवचेतन में बैठकर उसके व्यक्तित्व को कुंठित कर देती है।

व्यक्ति की निजी चेतना के एहसास की अवधारणा व उसके स्वातंत्र्य की बात भारतीय सन्दर्भों में नवीन प्रवृत्ति है, यद्यपि चार्वाक जैसे आचार्य भी हमारे यहाँ हुए जिन्होंने 'यावत् जीवेत् सुखं जीवेत् ऋणं कृत्वा घृतं पिबेत् ' जैसे सुखवादी दर्शन की अवधारणा दी। मूलत: भारतीय चेतना व्यक्तिनिष्ठ न होकर समष्टिनिष्ठ ही रही। भारतीय चेतना में जीवन का परम

लक्ष्य मोक्ष रहा है और 'विराट' में 'स्व' की निजता का विसर्जन उसकी चेतना का प्रमुख आधार रहा है। समष्टि में दमित चेतना का एहसास मानव को जब तक शांतिपूर्वक जी रहा था तब तक हुआ भी नहीं। बदलते वैश्विक परिप्रेक्ष्य में मानव एवं साहित्य ने अपनी दबी-कुचली चेतना को जागृत कर स्वायत्तता एवं महत्त्व दिया।

राकेश के समस्त पात्र चैतन्य के स्तर पर अत्यधिक सम्वेदनशील पात्र हैं जिनकी चेतना की प्रखरता चरित्र-निर्माण का प्रमुख कारक है। राकेश के समस्त पात्र समसामयिक अस्थिर भारतीय परिवेश से जूझ रहे वो पात्र हैं जो इयत्ता-संघर्ष एवं अस्मि संकट में स्वयं की चेतना को बाधित पाकर अन्तर्मुखी हो उठे हैं, आत्म-संकुल उदासी से भर उठे हैं। वे परिवेश से असम्पृक्ति नहीं चाहते किन्तु परिवेश में दमित हो रही चेतना भी इन के पलायन का कारण बनती है।

2. हम हाल-ए-दिल सुनाएँगे- व्यक्ति की निजी चेतना एवं उसके स्वातंत्र्य की बात सर्वप्रथम सोफ़िस्टों ने की। एपीक्यूरस, कांट, हीगल, मिल, सार्त्र, हीडेगर और ज़ाज़ियस जैसे अन्य पश्चिमी विचारकों ने इस भावना का समर्थन किया और समाज के बनाए किसी भी अन्तिम सत्य को मानने से इन्कार करते हुए कहा- "सत्य है ही नहीं, और अगर कहीं है भी तो उसे नहीं जाना जा सकता, और अगर जान भी लिया जाए तो उसका संप्रेषण नहीं किया जा सकता।"

बदलते परिप्रेक्ष्य में अस्मि संकट में पड़े मानव की जागृत होती चेतना के कारण आए बदलाव की अभिव्यक्ति और सर्वप्रथम पाश्चात्य साहित्य में हुई।

अप्रत्याशित विकट परिस्थितियों, फ्रांस की रक्त क्रान्ति, दो विश्वयुद्ध, परमाणु बमों की दहशत, भारी विश्वव्यापी मंदी तथा भारत में दासता-जन्य और भी बदतर स्थितियों ने मानव को तो स्व-चैतन्य दिया ही साथ ही विश्व के इतने सारे आधुनिक मसीहा मानव को उसके स्वयं के बारे में बताने खड़े हो जाएँ तो स्वाभाविक है कि मानव अपने बारे कटिबद्ध होगा और उसकी दमित चेतना प्रखर होकर अभिव्यक्ति-स्वातंत्र्य के लिए प्रयास करेगी।

यही बात साहित्य के पात्रों में भी प्रतिच्छाया के रुप में प्रकट हुई। ब्लादिमीर नॉबोकोव ने अपने उपन्यास 'लोलिता' में काम-कुंठित किशोरी की चेतना का जो विस्फोट किया वह अपने साथ ईश्वर, धर्म, समाज, पुण्य, चर्च एवं नरक जैसी बातों को उड़ा ले गया। आक्रोश, क्षोभ, व्यंग्य, कटुता, रीतापन, प्रतिक्रियावाद, मानसिक अवसाद, असुरक्षा व असामंजस्य आदि इसी दबी-कुचली चेतना के स्वतंत्र होकर अभिव्यक्त होने के संकेत हैं।

इस दमित चेतना की अभिव्यक्ति मुख्य रुप से दो बिन्दुओं में दीखती है- अहं एवं काम। जीवन के अन्य पहलुओं से जुड़ी चेतना जैसे- धर्म, अर्थ, राजनीति एवं संस्कृति आदि एकांतिक न होकर समूह-सापेक्ष हैं और मानव-अहं से जुड़ी होती हैं। इनके दमन से मानव के आभ्यंतरिक पर प्रभाव पड़ता है तो उसका अहं ही कुंठित होता है। अत: साहित्य के पात्रों में सर्वाधिक अभिव्यक्ति इन्हीं दो बिन्दुओं में हुई है।

1. अहं- पात्रों की अन्तर्संरचना में अहं-चेतना अत्यन्त प्रबल और स्व-चैतन्य के स्तर पर इतने प्रखर, जटिल एवं अन्तर्मुखी हैं कि उनकी चेतना पाठक को आलोड़ित कर सोचने को बाध्य कर देती है। इनमे गूँथा चेतना का रेशा दिखने में जितना महीन है संरचना में उतना ही मजबूत। कहीं-कहीं यह सघन होकर उलझा हुआ भी है क्योंकि राकेश ने जो लिखा वह सब जीवन की यथार्थ स्थिति का अंकन है। पात्रों की तीखे यथार्थ-बोध और दमित चेतना की अभिव्यक्ति उन्हें परिवेश से जुड़े रहने की अनिवार्यता के विरुद्ध प्रतिक्रिया करने को बाध्य करते हैं। ये पात्र अलग होने के इतने अभिलाषी नहीं हैं जितने परिवेश को अस्वीकारते हुए सार्थक बिन्दुओं की तलाश में बेचैन हैं। जीवन के प्रत्येक क्षेत्र में अपनी अहं-चेतना के कारण संघर्ष एवं परिवर्तन करते ये पात्र बार-बार चोट खाते हैं तो उनकी दमित चेतना सर्प की तरह फन उठा कर खड़ी हो जाती है।

ये अहं-चैतन्य व्यवस्था की असंगति, राजनैतिक दोगलेपन, सम्बन्धों के खोखलेपन व दुहरे-तिहरे चेहरों को लेकर अधिक है। स्वयं के वंचित होते अस्तित्व-बोध ने उन्हें इस बात का पूरा विश्वास दिला दिया है कि इस मरणासन्न ईश्वर की मृत्युगंधी दुनिया में और कुछ उनका हो या नहीं, उसका अहं उसका है। यह भावना तीव्रता में जितनी गहन है, दिखने में उतनी ही धुंधली। पात्र अपने अहं में इतने डूबे रहते हैं कि चाहकर भी इससे निकलकर सहज व लचीले नहीं हो पाते, वे निरन्तर उद्वेलित रहते हैं।

नाटक 'आधे अधूरे की' स्त्री की परेशानी यह है कि उसका अहं उसे पुरुष से छोटा नहीं पड़ने देता और फलस्वरूप उसकी किसी से नहीं निभती। उसे तलाश है ऐसे पुरुष की जो उसके अहं से भी बड़ा हो और ऐसा पुरुष उसे क्या किसी को भी नहीं मिल सकता। ऐसे में स्त्री का बार-बार चार पुरुषों में भटकाव, पति रूपी प्राणी को चिन्दी-चिन्दी होने की हद तक बिखेर देना, उसके आहत अहं से उपजी कुंठा है।

"स्त्री : इसलिए कह रही हूँ कि जब से मैंने उसे जाना है, मैंने हमेशा हर चीज़ के लिए उसे किसी न किसी का सहारा ढूँढते हुए पाया है...खासतौर से आपका।"

नाटक के अन्य पात्र भी अपनी यथास्थिति की विफलताओं से कुंठित होकर चोटिल अहं में डूबे हैं। बड़ी लड़की, जो कि अवचेतन में अपनी माँ के असफल दाम्पत्य का प्रभाव

लिए है, की गृहस्थी चौपट हो रही है। 'पुरुष एक' अपनी विकट पत्नी के कारण अहं के दमन का परिणाम व्यक्तित्व-विचलन एवं निकम्मेपन के रूप में भुगतता है। लड़का और छोटी लड़की घर के झन्झटों में स्वयं के व्यक्तित्व को अवरुद्ध पाकर और ज्यादा प्रतिक्रियावादी हो गए हैं।

नाटक 'लहरों के राजहंस' में सुन्दरी वो तेजस्वी पात्र है जो अपनी अहं-चेतना में इतनी आत्मकेन्द्रित है कि स्वीकृति के सिवा उसे कुछ भी स्वीकार नहीं, और इसकी विफलता के चलते वह कुंठित हो जाती है। मिथकीय पात्र के कलेवर में वह एक बुद्धिमती आधुनिकता है जो पति के रूप में एक दृढ़ और उसे समझने वाला पुरुष चाहती है, न कि उससे प्रभावित होकर जीने वाला प्राणी। अहं का यह सुंदर अंकन बहुत कम नारियों में मिलता है।

मांसलता और लौकिकता के आरोपों के बावजूद इस प्रखर और मुखर पात्र की रचना बदलते परिवेश में नारी की उस दमित चेतना की स्वतंत्र अभिव्यक्ति है जो पति-परमेश्वर की अवधारणा, शालीनता, मर्यादा जैसी बातों से सहमत नहीं है।

उपन्यास- 'अंधेरे बंद कमरे' की नीलिमा भी चेतना-सम्पन्न नारी है, बस वह राग से अधिक विराग में उलझी है, पर चाह कर भी हरबंस को छोड़ नहीं पाती, स्वायत्त नहीं हो पाती।

उपन्यास के अन्य पात्र भी अहं के जटिल धागों से बुने गए हैं। हरबंस अपने विकास में पत्नी के विकास को अकारण ही अहं का मुद्दा बनाए बैठा हैं और स्पष्ट रुप ये इस बात को मानना भी नहीं चाहता। मधुसूदन, जो कहने को सूत्रधार है, अपनी अहमन्यता के कारण पात्र बन जाता है।

उपन्यास 'न आने वाला कल' का मनोज भी मनुष्य की इसी दमित चेतना की अकर्मण्य अभिव्यक्ति है जो अस्तित्व एवं परिवेश के बीच अपने अहं के कारण सबसे कटे द्वीप सा खड़ा है- "कुछ था जिससे मैं छुटकारा पाना चाहता था उस कुछ का दबाव शोभा के साथ रहते हुए भी था, अब भी है। वह कुछ क्या था?" यह कुछ था उसका 'इकलठोरा' अहं। उसके जीवन में आई नारियों का व्यक्तित्व भी उसके अहं को कुंठित करता है और प्रिंसिपल का अफ़सराना व्यवहार भी।

"मेरा अहं, डायरी में लिखे ये शब्द मन में कसक जाते। क्या इस अहं को लेकर कभी भी किसी पुरुष के साथ एक स्वाभाविक संबंध स्थापित नहीं कर सकती थी।" ये स्वीकारोक्ति 'अंतराल' की प्रमुख नारी पात्र श्यामा की है जो राकेश की सृजनशील सामयिक दृष्टि की एक महत्त्वपूर्ण उपलब्धि है कि उन्होंने एक बँटी हुई संश्लिष्ट नारी को इतनी कुशलता

से रचा है क्योंकि इकहरे चरित्र के निर्माण की अपेक्षा यह एक जटिलतर कार्य है। उसके व्यक्तित्व, बौद्धिक स्तर, अन्तर्दृष्टि तथा सूक्ष्म विश्लेषण-क्षमता को बनाए रख कर उसके अहं जन्य द्वन्द्वों को उसी के माध्यम से प्रकट किया है। श्यामा का उदासीन सीमित भाव तथा व्यवहार से टपकता आत्मकेन्द्रित परायापन उसके जीवन में आए सभी पुरुषों के पुरुषत्व तथा अहं को कुंठित करने वाला है।

एकांकी- बीज एकांकी 'शायद' में सिर्फ दो पात्र हैं और दोनों अपने-अपने अहं के खोल में इस कदर घोंघे की तरह दुबके पड़े हैं कि रिश्तों की कोंच भी उन्हें बाहर नहीं आने देती। सम्बन्ध-जड़ता से ऊबे ये पात्र जीवन को बस जिए जा रहे हैं। इस दम्पति के माध्यम से लेखक ने महानगरीय घुटती संवेदना के बीच मर रही सम्बन्ध चेतना को स्वर दिया है।

"**पुरुष** : आदमी रोज उसी तरह जीता है, उसी तरह खाता-पीता है, उसी तरह बकता-झकता है, उसी तरह उदास होता है, कोई चीज़ हो जो...."

'प्यालियाँ टूटती हैं' एकांकी के पात्र भी आर्थिक समस्या और श्रेष्ठता-बोध से उपजी अहं चेतना में क्रूर एवं स्वार्थी हो गए हैं।

कहानी- लेखक की बहुचर्चित कहानी 'एक और ज़िन्दगी' के दोनों प्रमुख पात्र प्रकाश और बीना अपने अहं के कारण ही अपने रिश्ते में सफल नहीं होते। उनका अहं उनके व्यक्तित्व पर इस तरह से आच्छादित है कि जुड़ाव उन्हें रास ही नहीं आता। 'गुंझल' कहानी के दम्पत्ति भी इसी अहं के कारण अपने दाम्पत्य की दरक में समा गए हैं। कुंतल जो कि साधारण सी स्त्री नज़र आती है, अपने अहं में इतनी तीव्र है कि बातचीत की गुंजाइश तक नहीं रखती। 'मिस पाल' अपने साधारण रंगरुप के व्यक्तित्व की जड़ता में विचलित है और हीन-भाव के कारण अत्यधिक अहं से भर उठी है। कहानी 'गुनाह बेलज़्ज़त का सरदार सुन्दर सिंह अपने नपुंसक व्यक्तित्व की कुंठा में शहर में फैली यौन अपराध की खबर से स्वयं को जोड़ कर अपने अहं को सहलाता है- "सारी दुनिया आज सुन्दरी की चर्चा कर रही है और मैं इसे समझाऊँ कि सुन्दरी कौन है... मैं कह रहा हूँ कि घर संभाल ले, हो सकता है आज रात को ही पुलिस हमारे यहाँ छापा मार ले।" वहीं 'मि. भाटिया' के नायक का अहं बेरोज़गार आदमी का हेकड़बाज अहं है जो 'एस्क्वायर' कहलाना पसंद करता है और दिवास्वप्नी के चलते चुक कर भी ऐंठा खड़ा है।

'दोराहा', 'धुंधला द्वीप' और 'लक्ष्यहीन' का केसरी तीन कथाओं का एक ही पात्र है जो अपनी स्वचेतना में इतना जटिल है कि सम्बन्धों को उलझाकर बदनाम, अकेला रह जाता है। 'सैफ़्टीपिन' में तथाकथित उच्चवर्गीय लोगों की सस्ती अहमन्यता की किस्सागोई है जहाँ अपने नंगेपन को छिपाने के लिए सभी एक-दूसरे के कपड़े उतारने पर तुले हैं।

इस प्रकार स्पष्ट है कि राकेश के पात्रों में अहं-चेतना सर्वतोमुखी है। वे अपनी चेतना में इतने स्वायत्त हैं कि किसी का भी प्रवेश उन्हें खुद के खोल में दुबका देता है। इसके लिए राकेश ने जिस प्रयोगधर्मिता और रचनात्मकता का सहारा लिया है वह राकेश के सामयिक सरोकारों को दर्शाता है, राकेश के पात्रों में अहं के साथ काम-चेतना भी प्रबल है।

2. काम- काम जीवन का अनिवार्य अंग भी है और मनुष्य की सद्गति-दुर्गति दोनों का कारण भी है। मानव जो कि इस संदर्भ में आदिम पशु कहा जाता है, काम उसकी आधारभूत आवश्यकता के साथ अहं-तुष्टि का भी बहुत बड़ा साधन है। फ्रायड का मत है कि मनुष्य के सम्पूर्ण कार्यकलाप के पीछे चाहे वह समष्टि रुप में हो या व्यष्टि रुप में, काम की प्रेरणा विद्यमान रहती है। इस ग्रंथि को उन्होंने 'लिबिडो' नाम दिया है। यह काम-चेतना पुरुष में 'इडिपस' तथा स्त्री में 'इलेक्ट्रा' नाम से अचेतन में विद्यमान रहती है और युवावस्था में अपनी स्वाभाविक इच्छाओं के साथ उभर आती है। अगर किसी कारण इसमें बाधा उत्पन्न हो जाए तो व्यक्ति काम-कुंठित हो जाता है। काम-कुंठा सिर्फ यौन-असंतुष्टि के कारण ही नहीं होती अपितु मानसिक असंतुष्टि, दाम्पत्य सम्बन्धों में तनाव, प्रेम की असंतुष्टि तथा बलात् इच्छा-दमन भी काम-कुंठा उत्पन्न करते हैं और इसकी अभिव्यक्ति विवाहेतर संबंध, स्वपीड़न, परपीड़न, असामान्य काम से लेकर काम-संबंधों से विरक्ति तक में होती है।

इस काम-कुंठा का एक कारण परिवेश में निहित विसंगतियाँ भी हो सकती हैं जो व्यक्ति को वांछित जीवन से वंचित करती हैं और जिनके कारण वह आर्थिक एवं सामाजिक विफलताओं का सामना करता है। इस स्थिति में यौन-संबंधों के प्रति रुचि व्यक्ति की उस कुंठा की द्योतक है जहाँ वह अपनी असफलता देह-भोग की गलियों में भुला देना चाहता है। इसके विपरीत काम-सम्बन्धों के प्रति विरक्ति व्यक्ति की उस कुंठा को दर्शाती है जो परिवेश में निहित दोगलेपन व षडयंत्र से उभरती है।

हमारे भारतीय समाज में काम को भी धर्म से जोड़कर उसे सिर्फ संतानोत्पत्ति एवं तद्नुसार मोक्ष से जोड़ा हुआ था और इसके साथ संयम, निग्रह, ब्रह्मचर्य एवं दुराव जैसी अवधारणाएँ जुड़ी थीं। समय परिवर्तन के साथ पश्चिमी देशों के प्रभाव और सबसे बड़ी बात व्यक्ति के ईश्वर व समाज के प्रति मोह भंग ने उसकी किसी भी लौकिक इच्छा पर नियंत्रण को खारिज कर दिया। देह उसके लिए पाप-पुण्य और नैतिकता-अनैतिकता से परे केवल जैविक सत्य है और काम उसकी अनिवार्य आवश्यकता, फिर चाहे वह कैसे और किससे भी हो। किन्तु परिवर्तित होते समय ने वर्जनाग्रस्त भारतीय समाज में भी व्यक्ति चेतना ने अनेक अनुशासन तोड़ डाले हैं।

साहित्य में इसकी बिंदास अभिव्यक्ति मनोविज्ञान, मनोविश्लेषण, व्यक्तिवाद जैसे नवीन विचारों के सहारे हुई। समसामयिक पात्रों ने इतनी हिम्मत जुटा ली कि वे अपनी इच्छाओं और असंतुष्टियों को साफ बता दें ।

राकेश वस्तुतः परिवेश के बीच छटपटाते मानव के कथाकार हैं, जिनकी मुख्य चिंता मानव-अस्मिता को लेकर है, के साहित्य में यौन-चेतना की अभिव्यक्ति का स्वर अन्तर्मुखी है। उनके पात्रों में काम-चेतना की अभिव्यक्ति भी अहं-चेतना के साथ जुड़ी है। उनके पात्रों का मूलाधार है कि वे प्रणयाकांक्षी तो हैं, बंधनाकांक्षी नहीं। राग-विराग का एक अजीब द्वन्द्व उनमें है।

उपन्यास- यह काम-चेतना उपन्यास 'अंतराल' के कुमार में एक अजीब रूप में दिखाई देती है, जहाँ वह अपनी प्रेमिका से अस्वीकृत होने के पश्चात एक विधवा से सहज सम्बन्ध बनाना चाहता है। असफल दाम्पत्य भी कुमार की इसी अवचेतन में दमित काम-कुंठा को प्रकट करता है पर अचेतन में बसी यौन-अतृप्ति उसे आक्रामक बना देती है। श्यामा पर टूट पड़ना उसकी इसी पशु-वृति को प्रकट करता है। "उसके ओठों को लगातार चूमते दो ओठ लगातार धौंकनी के से स्वर में कहे जा रहे थे- जीने का अर्थ है।" वहीं उपन्यास 'अंधेरे बन्द कमरे' की नीलिमा का ऊबानू के साथ अकेले रात गुजारना मानव में दमित परपीड़न रति का उदाहरण है जहाँ वह अपने जीवनसाथी से अनबन का प्रतिशोध बेवफाई के द्वारा लेना चाहता है।

नाटक- 'आषाढ़ का एक दिन' का विलोम, जो कि राकेश का अत्यधिक चर्चित पात्र है और प्रणय की अस्वीकृति से क्षुब्ध होकर सैडिस्ट हो उठा है, मानव के उस विचलन का अंकन है जो उसकी प्रणयाकांक्षा के अतृप्त रहने पर व्यक्तित्व में घर कर जाता है। प्रेमिका के समर्पित न होने पर येन-केन-प्रकारेण उसे पा लेना आधुनिक ही नहीं मनुष्य मात्र चेतना है जो देवदास बनने में नहीं अपितु विलोम बन कर तुष्ट होने में ढलती है।

सुन्दरी अपनी उद्दाम कामनाओं के उत्सव में डूबी वह चेतना है जो अपनी लौकिक संतुष्टि को सर्वोपरि स्थान देती है और मानती है कि एक पुरुष को प्रेम अलावा अन्य कोई श्रेय नहीं हो। अपने विचारों की दृष्टि से सुंदरी की चेतना स्पष्ट और अकुंठित है, वह पार्थिव-अपार्थिव के फेर में न पड़कर अपनी गृहस्थी और सुहाग को प्राथमिकता पर बात करती है। उसकी कुंठा में उसका हाथ कहीं नहीं है, उसे कुंठित बनाने वाले लोग दूसरे हैं जो स्वयं द्विविधाग्रस्त हैं। गोविन्द चातक के शब्दों में "इस नाटक में राकेश ने स्त्री-पुरुष को आमने-सामने खड़ा कर दिया है।

नाटक 'आधे अधूरे' के सभी पात्र अर्थ एवं अहं-जन्य द्वन्द्व में घिरे हैं और इस द्वन्द्व ने उनकी यौन-चेतना को भी प्रभावित किया है। 'पुरुष एक' कुंठित होकर अपनी पत्नी से क्रूर व्यवहार करता है तो स्त्री एक के बाद दूसरे पुरुष में प्रणय तलाशती है। लड़का सेक्सी किताबों व तस्वीरों के सहारे मानसिक अय्याशी में डूबा है तो बड़ी लड़की समय से पहले ही बड़ी होकर अपनी माँ के पूर्व-प्रेमी के साथ घर छोड़ चुकी है। छोटी लड़की ऐसे चरित्रों में रह कर किशोरावस्था में ही अधकचरी यौन-संबंधों की जानकारी का आदान-प्रदान अपनी सहेली से करने लगी है, इस पात्र की संरचना दर्शाती है कि किशोर-मन को अगर सही राह न मिले तो वह कुंठित हो कर अपनी चेतना को गलत राह पर मोड़ लेता है।

कहानी- 'जानवर और जानवर' कहानी में राकेश ने आधुनिक व्यवस्था में देह-शोषण का शिकार होती नारियों की कथा कही है तो 'नए बादल' कहानी में स्त्री-पुरुष के बीच मैत्री-भाव को संदेह की नजर से देखने वाली उस रूढ़िवादी, सस्ती मानसिकता को बड़े व्यंग्य के साथ प्रस्तुत किया है जो नर-नारी को सिर्फ बिस्तर पर ही एक साथ देखना चाहती है। अपनी कल्पना के झूठ सिद्ध होने पर चौधरी आहत हो जाता है। यह कहानी एक ओर तो स्त्री-पुरुष के नए सम्बन्धों को रेखांकित करती है, दूसरी ओर उससे टकराकर आहत होने वाली हमारी परम्परागत सामाजिक मानसिकता को उजागर करती है।

'ग्लास-टैंक' एक भावुकमना नारी की मार्मिक कथा है जो आजीवन प्रेम का दमन करती रहती है और व्यक्तित्व को उलझा लेती है। प्रणय के दमन का यह भावात्मक विचलन आधुनिक पात्र-संरचना में पारम्परिक क्षेत्र से लिया गया है।

'सीमाएँ' पुराने संस्कारों में दमित यौनेच्छता से उपजी कुंठा की कहानी है। नायिका उमा, जो कि नवयुवती है पर असुंदर है, अपने नीरस घर में 'चौरासी वैष्णवन की वार्ता' सुनते हुए विवाह की प्रतीक्षा मे ऊबती है। एक पुरुष-स्पर्श उसे इतना उत्तेजित कर जाता है कि उस मानसिक रुपान्तरण में डूबी वह चोर के हाथों को भी नहीं पहचान पाती। ये वो किशोरी-पात्र है जो इच्छाएँ दबा कर परम्परा नाम्नी खोह में दुबकी रहती है पर मौका मिलते ही दमित कामनाएँ सारे बंधन तोड़ कर बाहर निकल आती हैं, "लहू जो तेज़ी के साथ नाड़ियों में सरसरा रहा था, वह कुछ ठंडा पड़ने लगा तो शरीर में सिहरन भर गई। उसके कन्धों के पास उस हाथ का स्पर्श जैसे अभी तक सजीव था।"

राकेश की चर्चित कहानी 'एक और ज़िन्दगी' की निर्मला मानसिक तौर पर अस्वस्थ है किन्तु यौन-चेतना में प्रबल। पति के साथ बलात् संभोग से वह अपनी असंतुष्टि को पूरा करती है "क्यों, क्या औरत और मरद रात-दिन गुत्थम गुत्था नहीं होते?" उसका प्रलाप, हिस्टीरिया सभी यौन-तृप्ति में जाकर शांत हो जाते हैं।

'वासना की छाया में' एक स्तब्ध कर देने वाली कहानी है जहाँ एक बूढ़ा मर्द अपनी वासना शांत करने हेतु अपनी जवान बेटी तक किसी से बदल लेना चाहता है। आदमी की वासना और उसकी निर्लज्ज चेतना का यह मार्मिक अंकन है।

'भिक्षु' जो कि राकेश की प्रारम्भिक और हमारे धार्मिक बंधनों में दमित मनुष्य की यौन-चेतना की कहानी है, जहाँ निवृति के लगातार गूँजते उद्घोष के बीच भी ये जैविक प्रवृत्ति अपना सर उठा लेती है। वस्तुत: किसी भी वाद से यह आदिम भूख ऊपर है जो दमित होने पर मनुष्य को विकृत बनाती है, यह बात राकेश ने बड़े कौशल के साथ कही है।

राकेश ने अपनी पात्र-सृष्टि में काम-चेतना को अधिक महत्त्व नहीं दिया, किसी आयातित दर्शन का सहारा लेकर फैशनेबल, व्यक्तिवादी, एकांतिक साहित्य नहीं रचा। उन्होंने आमजन की यथास्थिति में डुबकी खाती चेतना, विश्वास खोते सम्बन्ध और तीव्र देशज यथार्थ उठा अपने पात्र गढे हैं जो वर्तमान चुनौतियों में समकालीन मानव का साम्प्रत सच है। इन सब में काम-चेतना सहज अंग की तरह दृष्टिगत होती है। राकेश के साहित्य में ये सबसे महत्त्वपूर्ण है कि मनुष्य के जीवन में काम इतना महत्त्वपूर्ण नहीं जितना और भी ग़म हैं जमाने के।

मानवीय सम्बन्ध और उसका परिवर्तन होता रूप-चित्रण राकेश का प्रमुख अभीष्ट है जिसके लिए उन्होंने स्वयं कहा है "आर्थिक के साथ-साथ सारी दुनिया में एक क्रांति होना अनिवार्य है। यह क्रांति होगी मानवीय संबंधों में। हमारी सामाजिक संस्थाओं में धर्म, नैतिकता और संस्कृत-सम्बन्धी हमारे संस्कार जिस सभ्यता की देन है वह अब खोखली पड़ चुकी है।"

वस्तुत: राकेश के पात्रों की सबसे बड़ी प्रतिबद्धता एवं तलाश परिवेश में खोते छटपटाते अपने पात्रों को लेकर है। इन की छटपटाहट, इनकी दमित चेतना जब स्वतंत्र होकर अभिव्यक्त होती है तो वह सर्वप्रथम सदियों से समाज में जकड़ी अपनी इयत्ता की सजगता में होती है, साम्पृत भयावहताओं में अनिश्चित हो रही हस्ती के प्रति अति सम्वेदनशीलता के साथ होती है। घुटती अस्मि का बोध राकेश के पात्रों के सम्वेदनशील मन को अत्यधिक प्रभावित करता है, अपनी यथास्थिति की घुटन में पिस रहे मानव मन का सुन्दर अंकन राकेश ने अपने साहित्य में किया है।

3. मेरी हस्ती मेरी मस्ती- अस्मिता शब्द द्योतक है किसी की निजी पहचान एवं उसके गुणों से जुड़े बोध का। मानवीय सन्दर्भो में अस्मिता व्यापक एवं बहुआयामी अर्थ में प्रचलित है। यहाँ अस्मि का अर्थ है- स्वयं की इयत्ता का बोध, उन विशेषताओं का बोध जो उसमें हैं, जिनके अनुसार वह समाज में स्वयं की स्थिति देखता बनाता है। प्रत्येक व्यक्ति

के गुणों एवं भीतरी चैतन्य पर निर्भर करता है कि वह स्वयं के अस्तित्व को कहाँ तक पहचानता है। कोई हथेलियों की जमीन में ही जीवन की सार्थकता लिख लेता है तो किसी के लिए सारे आकाश की स्लेट भी कम पड़ जाती है। इसमें देशकाल की इयत्ता को भी नहीं नकारा जा सकता।

भारतीय समाज के आध्यात्मिक एवं सनातनी विचारों के कारण परमात्मा तथा उसके बनाए समाज में स्वयं की पहचान अर्पित करने की उदात्त परम्परा रही है। शंकराचार्य ने तो अद्वैत की अवधारणा के रूप में आत्मा को अंश एवं परमात्मा को अंशी मानने की विराट कल्पना की है। संत कबीर से लेकर महादेवी वर्मा 'बीन भी हूँ मैं तुम्हारी रागिनी भी हूँ' तक ने मानव की अस्मिता का सोपान उसी प्रभु में माना है।

भारतीय चिन्तन से पाश्चात्य चिन्तन में आधारभूत अंतर है। प्रभु-समर्पण, चर्च की महत्ता एवं अच्छे नागरिक की अवधारणा (प्लेटो) के बावजूद वहाँ व्यक्ति का एक निजी अस्तित्व आरम्भ से स्वीकारा गया है जिसे परिवर्तित होती वैश्विक परिस्थितियों में आधुनिक चिंतकों ने मानव एवं मानव-अस्मिता को प्राथमिकता देने वाले आस्तित्ववाद जैसे दर्शनों से जोड़कर प्रोत्साहन दिया। सोफ़िस्ट, जिन्होंने सर्वप्रथम व्यक्ति चेतना की बात कही थी, ने कहा कि मानव का अस्तित्व किसी भी अन्य से पहले स्वयं अपने लिए है। नीत्शे ने इस अस्थिर अस्मि-पीड़ा को 'अस्तित्व का शाश्वत घाव' कह कर मानव की यथार्थ स्थिति को दो शब्दों में स्पष्ट किया है।

तात्पर्य ये कि मानव के अनिश्चित अस्तित्व ने उसे उसकी आधी-अधूरी अस्मिता का जो बोध कराया है वह उसकी सबसे बड़ी पीड़ा है। परिणामत: मानव अपनी यथास्थिति के कारण अपनी तलाश समष्टि से समेट कर स्वयं में ही करता है, अपनी असुरक्षा-भावना के चलते वह भगवान से भी निरपेक्ष हो गया हैं, उसकी इसी भावना को स्वर देते हुए एपीक्यूरस ने कहा- 'व्यक्ति की एक निजी अस्मिता है और किसी को अधिकार नहीं कि उसे छीने।'

भारतीय परिस्थितियाँ और भी भिन्न रहीं, यहाँ परतंत्रता से मुक्ति पाने के लिए सारे देश की अस्मि पुनर्जागरण के माध्यम से स्वतंत्रता के लिए जूझ रही थी लेकिन आजादी मिलने के बाद गरीब जनता को धरोहर में खाली खज़ाना, बदहाली, तंगहाली, बेरोज़गारी, निकम्मा प्रशासन और बेईमान नेता मिले तो उसका मोहभंग हो गया और वह सब तरफ से तटस्थ होकर अपनी अस्मि के प्रति सजग होकर एकांतिक हो गया।

आधुनिक युग में अस्मि-चेतना का प्रभाव जीवन के प्रत्येक पक्ष एवं प्रत्येक संबंध पर पड़ा है, आज वह छायावाद के वायवीय मानव की कल्पना के गलदाशु लोक से बाहर निकल कर यथार्थ की सूखी जमीन पर स्वयं के लिए कटिबद्ध खड़ा है। वह परिवेश में

निहित विसंगतियों से मोर्चा लेता हुआ उन सारी परम्पराओं से जूझता है जो उसके व्यक्तित्व को अवरुद्ध करती हैं। उसे मालूम है कि उसकी अस्मिता सिर्फ उसकी है और वह आज के समाज में इतनी असुरक्षित है कि चेतना रूपी उँगली के छूटते ही अंधी गलियों में भटक जाएगी। इसीलिए आज का मानव स्वयं को पीड़ा पहुँचाने वाले नियामक दर्शनों को नकारता है। अस्तित्ववाद की मृत्यु-पीड़ा, भय और आत्मपलायन से वह सहमत नहीं क्योंकि वह स्थिति से निराश है, स्वयं से नहीं। अब मानव किसी वाद से कम और जीवन-संघर्षों से ज्यादा सीखता है।

मोहन राकेश, जिन्होंने अपना लेखन द्वितीय विश्वयुद्ध की त्रासदी के दौरान आरम्भ किया, ने मनुष्य की अस्मि-पीड़ा को परिवेश एवं समाज के शाश्वत द्वन्द्वों के साथ प्रस्तुत किया है। चरित्र-सृष्टि की दृष्टि से विचार करें तो ऐसा लगता है जैसे अस्तित्व और अस्तित्व के बीच चेतना को प्रश्न चिह्न बनाकर पात्रों की प्रतिमाएँ गढ़ी गई हैं।

राकेश ने न केवल आधुनिकता के परिप्रेक्ष्य में अपितु जीवन के शाश्वत संदर्भों में भी व्यक्ति की अस्मिता और उसके आधे-अधूरे मन की समस्या से जुड़े प्रश्नों को अपने पात्रों में निरूपित किया है। अपनी अपूर्ण अस्मि की पीड़ा लिए ये पात्र पूर्णता की तलाश में एक के बाद दूसरे बिन्दु तलाशते हैं। राकेश की चिंतक दृष्टि आधुनिक मानव के ज्वलंत प्रश्नों के सरोकार से जुड़ी है, उनके पात्र दुखी होते हैं, प्रतिक्रिया भी देते हैं, पर अपने परिवेश की छटपटाहट लिए वहीं खड़े रहते हैं क्योंकि आज के मानव की यही नियति है।

नाटक - नाटक 'आषाढ़ का एक दिन' में कालिदास के माध्यम से राकेश ने उस मध्यमवर्गीय संवेदनशील व्यक्ति की पीड़ा को अभिव्यक्त किया है जो अपनी अस्मिता के अधूरेपन में दिग्भ्रमित है। वह अपनी संवेदनाओं को व्यावहारिकता के पास रेहन रखकर रोटी खरीदता है और समय रुपी बनिये के पास हमेशा के लिए खुद को हार जाता है। सत्तासमर्थ मातृगुप्त बन कर भी अपनी अभावमयी लेकिन जीवन से लबालब भरी अस्मिता का विकल्प खोजता फिरता यह पात्र भाव और अभाव के द्वन्द्व में खो जाता है। स्वार्थ, महत्त्वाकांक्षा, सुविधा का मोह उसमें है पर वहीं उसकी मानवीयता भी है और उन्हीं के बीच से गुजरकर वह अपनी निजी-सत्ता की तलाश करता है। उसकी सबसे बड़ी त्रासदी यही है कि वह अनचीह्नी दिशाओं में भटक जाता है।

किन्तु मल्लिका कालिदास के विपरीत स्थिर है, क्योंकि उसे अपनी अस्मि का उत्स मिल चुका है। "क्योंकि मैं अपने को अपने में न देखकर तुममें देखती थी।"'आषाढ़ का एक दिन' की यह स्त्री-पात्र राकेश की वह दृढ़मना नारी है जो समर्पण के उस गहनतम पड़ाव तक पहुँच चुकी है जहाँ प्रिय की अस्मिता में ही स्वयं के अस्तित्व की पूर्णता मान ली जाती है।

कह सकते हैं कि 'आषाढ़ का एक दिन' के दोनों पात्र अपनी-अपनी अस्मिता की तलाश में भटकते हैं, बस नियति यही है कि समर्थ कालिदास जहाँ सब कुछ पा कर भी उसे नहीं पा सका, वहीं दीन-हीन मल्लिका ने उसे सीले-टूटे अभावग्रस्त घर में पा लिया। उसकी अस्मि पीड़ा का कारण वो स्वयं नहीं, कालिदास ही ठहरता है।

दूसरे नाटक 'लहरों के राजहंस' में भी राकेश ने मिथकीय पात्रों के प्रतीक में आधुनिक मानव की अस्मि-पीड़ा और भटकन को रूपायित किया है। नाटक के बड़े दीपाधार की फैली बाँहें और आकाश की ओ उठी आँखें पुरुष की शाखा के रूप में फैलती अस्मि-चेतना की परिचायक हैं वह अपने व्यक्तित्व को विस्तार देना चाहता हैं। घर उसके लिए सिर्फ एक रैन बसेरा है वहीं छोटे दीपाधार पर खड़ी स्त्री-आकृति की संकुचित बाँहें और झुकी दृष्टि नारी की जड़ों में उतरती अस्मिता की परिचायक है जो अपनी बाँहों के दायरे में घर-संसार समेट कर सब पा लेना चाहती हैं।

नंद के रुप में राकेश ने अस्मि बोध से पीड़ित आधुनिक मानव की उस तलाश को दर्शाया है जिसे ये समझ नहीं आ रहा कि उसकी अस्मिता को उकसाती आवाजें किधर से आ रही हैं, प्रवृति के मनुहार भरे मांसल द्वारों से अथवा निवृति के शांत मुक्त पथ से? दरअसल यह अस्मि की पीड़ा से व्यग्र उस व्यक्ति की कहानी है जो क्रमशः पार्थिव और अपार्थिव दोनों स्तरों पर अपने संपूर्ण अस्तित्व को उपलब्ध करने का प्रयास करता है। इस 'ययो न तस्थौ' की स्थिति का एक कारण यह भी है कि वह अपनी अस्मि थोड़ी-थोड़ी सब में बाँट देना चाहता है, दान में। "मैं तथागत के सामने कह चुका हूँ यह दिशा मेरी नहीं है, कदापि नहीं" के द्वारा उसकी दुविधा के दर्शन होते हैं। श्यामांग, जो नाटक में एक प्रतीक पात्र है, नंद की ही अस्मिता की घुटती पीड़ा का प्रलाप है और संपूर्ण नाटक को आवेष्टित किए रहता है।

सुंदरी की अस्मिता का लक्ष्य स्पष्ट, बेबाक और दो टूक है, अपनी अस्मिता वह पति-संग और पतिप्रिया होने में देखती है, इससे इतर उसे न कुछ मालूम है, न वह जानना चाहती है। अपनी अहंजन्य कुंठा में भी यह पात्र इतना दृढ़ है कि खौफ खाकर एक बार तो राकेश भी उसे मारने की सोचने लगे थे, पर 'राग' को मारना इतना आसान नहीं जितना 'विराग' को मारना। अपने सौंदर्य की पराजय से कुंठित सुंदरी अंत में टूटकर बिखरती नहीं, अपनी अस्मि-पीड़ा को अहं के खोल में स्वयं को सिकोड़ कर लेती है।

नाटक 'आधे अधूरे' के सारे ही पात्र अपनी अस्मिता को बचाए रखने के लिए छटपटाते समसामयिक मानव हैं। मुख्य पुरुष पात्र की कल्पना द्वारा राकेश ने अपनी सामयिक-सरोकार भरी दृष्टि को प्रकट किया है जहाँ व्यक्ति परिवेश और परिस्थिति के शिकंजे में फँसकर अपनी पहचान के प्रति शंकित हो उठता है और अस्मि चेतना के चलते खुद के

चेहरे पर एक के बाद दूसरे मुखौटे बदलता है। कहीं वह 'फ्लर्ट' पुरुष है तो कहीं धीर-गंभीर दुनियादार, कहीं काँइया नौकरशाह तो कहीं घर से और घर के लिए अभिशप्त आम आदमी। क्योंकि बदलते परिवेश में अस्तित्व बचाए रखने के लिए मानव को कई-कई रूप धरने ही पड़ते हैं। 'पुरुष एक' के रुप में यह पात्र नाटक में अधिक आता है और उस अधेड़, बेरोजगार आदमी की विवश अस्मि-पीड़ा नाटक में बिखरा जाता हैं जो परिस्थिति वैषम्य और जीवनसाथी के अहं से उपजी है।

"आदमी होने के लिए क्या जरुरी नहीं कि उसका एक माद्दा, एक शख्शियत हो ?" इस एक वाक्य से नाटक में 'स्त्री' चरित्र का पता लग सकता हैं जो अपने अस्मि-बोध में इतनी प्रबल है कि एक के बाद दूसरे 'मि. राइट' ढूँढ़ने के बाद भी सफलता नहीं पाती जो उसके अस्तित्व को विराट अहं के साथ स्वीकारे। अंत में ना चाहते हुए भी पति के साथ उसी घर में रहना उसकी त्रासदी है।

'लड़के' और छोटी लड़की के आक्रोश, खीझ, वितृष्णा और प्रतिक्रियावादी व्यवहार उस युवा पीढ़ी की डूबती पहचान की पीड़ा है जो असुरक्षित सम्बन्धों और अनिश्चित भविष्य के भय से उपजी है। लड़के द्वारा माँ की लगवाई नौकरियाँ छोड़ना उसके अवचेतन में बैठे उस भाव को दर्शाता है कि वह किसी अन्य के द्वारा बनवाई पहचान को त्यागकर स्वयं की निजी पहचान पाना चाहता है। छोटी लड़की, जिसकी वेगवती नदी सी बढ़ती उम्र में खुद का बोध प्रबल है, भी माँ-बाप के झगड़ों में खुद को बाधित पा कर बदतमीज हो उठी है। आधे अधूरे के पात्र आधे भी हैं और अधूरे भी, किन्तु एक पूरेपन की तलाश के लिए बेचैन हैं। अधूरा जीवन जीना और उसी में पूरेपन के मूल्यों की तलाश एक ऐसी आधुनिकता का सोपान है जिस पर आज हर आदमी चल रहा है।"

उपन्यास- उपन्यास 'न आने वाला कल' का मनोज इस दृष्टि से सर्वाधिक महत्त्वपूर्ण है। व्यवस्था के बंधनों में जकड़े इस आधुनिक शहरी मास्टर की असली परेशानी है उसका प्रबल अस्तित्व-बोध।

अपनी अस्मिता में सजग मनोज सक्सेना अपने अस्तित्व को स्वतंत्र रखना चाहता है और इसी कारण अपने निजी और कामकाजी सम्बन्धों में एक असम्पृक्तता बनाए रखता है। वह त्याग-पत्र भी दे देता है कि अन्यत्र कहीं जाकर अपनी अधूरी अस्मि को पूर्णता दे देगा लेकिन फिर पाँव पीछे खींच लेना उसकी उस विवश अस्मि-पीड़ा को दर्शाता है जिसे हीडेगर ने 'बीइंग एण्ड टाइम' में 'स्वातंत्र्य की अनुभूति से उपजी निर्णय-बोध की मिथ्या कल्पना एवं तद्जन्य पीड़ा की सृष्टि' कहा है। उसकी पत्नी शोभा भी इसी मूल पीड़ा में जी रही है जिसका ना चाहते हुए भी लौटकर आना 'वरण की शाश्वत पीड़ा' का दर्शन है।

'अंधेरे बन्द कमरे' के सभी पात्र अस्तित्व-हीनता की कुंठा में जी रहे हैं। हरबंस इसी अस्तित्व बोध के कारण अच्छी-खासी चल रही ज़िन्दगी चौपट कर रहा है और हर स्तर पर अस्मिता का पक्ष लेकर मतभेद उत्पन्न कर लेता है। वो सारी दुनिया भटक कर भी अपनी सत्ता उसी घर, उसी दुनिया में खोजने को बाध्य है जहाँ से वह असंतुष्ट होकर गया था। यह हरबंस की ही नहीं, प्रत्येक मानव की त्रासदी है कि वह अपनी अधूरी अस्मि की पूर्णता कहीं पाता है तो उन्हीं संदर्भों में जिन्हें वह त्यागना चाहता है।

ढेरों विकल्प-बिन्दु खोज कर भी वरण की पीड़ा लिए लौटना, अपनी प्रतिभा का विसर्जन कर घर की चौखट में अस्मि का अंतिम उत्स खोजना, उपन्यास-नायिका नीलिमा का भी प्रारब्ध है।

राकेश के अंतिम उपन्यास 'अन्तराल' के पात्र एक ही समाज की इकाई होते हुए भी अपना भिन्न-भिन्न अस्तित्व लिए हुए हैं। व्यक्ति-चेतना और अस्तित्ववाद से ओत-प्रोत ये पात्र अपने-अपने हिस्से की अस्मि-पीड़ा में डूबे हुए हैं। कुमार दो स्तरों पर अपनी अस्मिता बचाए रखने के लिए संघर्ष करता है एक तो परिवेश में निहित पराएपन के प्रति ओर दूसरा सम्बन्धों के जाल में उलझती निजता के प्रति। यह पात्र अपनी अर्थवत्ता में उस आधुनिक मानव की पीड़ा का सूचक है जो स्वयं की तलाश से उपजती है।

कथा-नायिका श्यामा के चरित्र द्वारा लेखक ने दर्शाया है कि समाज के नैतिक मूल्यों में हो रहे संक्रमण से स्त्री भी अछूती नहीं है किन्तु उसके परम्परागत मूल्य एवं सदियों पुरानी स्त्री-अस्मिता की पारम्परिक अवधारणा उसके पाँव रोकती है। कुमार के साथ दैहिक सम्बन्धों में उसकी प्रबल अस्मि-चेतना बाधक है, वह इस सम्बन्ध में स्वयं को सौंपना चाहती है, अपने अहंवादी अस्मि-चैतन्य को नहीं। फलस्वरुप सिवा कुंठा के उसे कुछ नहीं मिलता। मृत पति देव से भी उसकी इसी कारण नहीं पटती। उपन्यास की गौण नायिका सीमा 'न आने वाला कल' की बॉनी हाल की तरह आधुनिक, यौन-स्वातंत्र्य की पक्षधर, स्वच्छंद व्यक्तित्व है जो अपने जीवन में दखलअंदाजी के सर्वाधिकार खुद के हाथों सुरक्षित रखे हैं। उसकी निजता के गढ़ में कोई सुराख नहीं कर सकता। कह सकते हैं कि 'अन्तराल' के दोनों मुख्य पात्र सम्बन्धों की खोज एवं चुनने की विवशता से गुजरते पात्र हैं, क्योंकि चुनने की स्वतंत्रता कभी एकांगी नहीं होती। डॉ. विनय मोहन सिन्हा ने इसे "टूटे सपनों की पहरेदारी" का उपन्यास कहा है।

एकांकी- राकेश का प्रथम एकांकी 'अंडे के छिलके' प्रथम दृष्टया एक पारिवारिक एकांकी है लेकिन विश्लेषण करने पर पाते हैं कि जकड़े संस्कारों के माहौल में आधुनिकता सभी की चेतना के द्वार पर दस्तक दे रही है। बड़ी बहू छुपकर 'चन्द्रकान्ता' पढ़ती है तो

छोटी बहू और देवर चुपचाप अंडा खाते हैं। बड़ा बेटा जानकर भी कुछ नहीं कहता कि उसे परिवर्तित होते समय का आभास हो गया है।

'सिपाही की माँ' एकांकी में लेखक ने पात्रों के माध्यम से एक वाज़िब सवाल उठाया है कि दो देशों के युद्ध में हमेशा आम आदमी को ही क्यों अपनी जान व अस्मिता दाँव पर लगानी पड़ती है। आर्थिक विवशता वश युद्ध में शामिल सिपाही की माँ का 'माँ' भाव इतना प्रबल है कि वह किसी भी रूप में अपने बेटे को पाना चाहती है, यहाँ तक कि दुश्मन को भी वह माँ के भाव से देखती है- "यह भी हमारी तरह गरीब आदमी है; इसकी माँ पीछे से रो-रोकर पागल हो गई। इसके घर में बच्चा होने वाला है, अगर यह मर गया तो इसकी बीवी फाँसी लगाकर मर जाएगी।"

'छतरियाँ' जो कि राकेश का प्रायोगिक पार्श्वनाटक है, में राकेश ने ध्वनि-संकेतों से अपनी बात कही है, आज मानव पुरानी मान्यताओं को छोड़कर नए ढंग से स्वयं के व्यक्तितत्व को अभिव्यक्त करना चाहता है। व्यवस्था के निरर्थक शोर के बीच अकेला खड़ा आदमी अपनी लड़ाई भी अकेला लड़ता है कि वह अस्मिता खोकर बिलकुल ही अकेला ना रह जाए। वह उन्मुक्त जीवन जीना चाहता है पर चाह कर भी परिवेशगत आक्रमण से नहीं बच पाता। एक पागल की बकझक और जुलूस के माध्यम से लेखक ने वर्तमान उठापटक में मानव-अस्मि की पीड़ा को व्यक्त किया है-

"आकारहीन, नामहीन,

कैसे सहूँ, कब तक सहूँ,

अपनी यह निरर्थकता ?

जीवन को छलता हुआ, जीवन से छला गया।

....पहचान मेरी कोई भी नहीं आज तक।"

कहानी- राकेश की अधिकांश कहानियों के पात्र भी परिवेश में डुबकी खाती अपनी अस्मिता को प्राणपण से पकडे, संघर्ष में अकेले पड़ते पात्र हैं जो जीवित रहने की आकांक्षा करते हैं। वे आत्महत्या का मार्ग नहीं अपनाते क्योंकि उनमें जिजीविषा है, वे जीवित रहना चाहते हैं।

'परमात्मा का कुत्ता' में राकेश ने सरकारी व्यवस्था के अन्तहीन दुष्चक्र में फँसे आदमी की अदम्य लालसा को चित्रित किया है, यह सामान्य सा आदमी अपनी अस्मिता का हनन होते देख बौखला उठता है और अन्त में जोर लगाकर जीत जाता है। उसका प्रलाप वर्तमान के संकट का प्रलाप है। "मेरा नाम है बारह सौ छब्बीस बटा सात। मेरे माँ-बाप का दिया हुआ

नाम खा लिया कुत्तों ने। अब यह नाम है जो तुम्हारे दफ्तर का दिया हुआ है। मैं बारह सौ छब्बीस बटा सात हूँ, मेरा और कोई नाम नहीं है। मेरा यह नाम याद कर लो, अपनी डायरी में लिख लो। वाहगुरु का कुत्ता, बारह सौ छब्बीस बटा सात।"

'जानवर और जानवर' कहानी का मुख्य पात्र भी 'न आने वाला कल' के मनोज की तरह परिवेश-जन्य विडम्बनाओं और दमित हो रही अस्मिता से पीड़ित है।

'मलबे का मालिक' राकेश की प्रसिद्ध कहानी है जिसमें देश-विभाजन के समय सरहद पार गए उस संवेदनशील व्यक्ति की छटपटाहट है, जो जाते समय अपनी अस्मिता का एक बड़ा अंश यहाँ छोड़ गया था। एक बार उस बिछुड़ी अस्मिता की खबर भर लेने के लिए लौट कर आने पर उसे स्वार्थी परायापन और संवेदनाओं का जला मलबा ही मिलता है। मासूम गनी खाँ अंत में समझ जाता है कि उसकी निजी पहचान से ऊपर मज़हब और नागरिकता की पहचान है।

'जख्म' कहानी का नायक अपने ढंग से जीने का कायल है किन्तु परिवेश में अकेलेपन के बोझ से दबा हुआ है। सामाजिक व्यवस्था से टूटा और अकेला यह नायक वक्त का निगहबान है क्योंकि वह जीता नहीं, देखता है "क्योंकि जीना तो अपने आप में घटिया शब्द है। जीने के नाम पर तो पेड़-पौधे भी जीते हैं, पशु-पक्षी भी जीते हैं।" नायक का व्यक्तित्व आस्तित्विक सन्दर्भों में भी देखा जा सकता है, भयावह परिवेश से घिरकर और अकेलेपन से दबकर टूटता हुआ भी वह जिजीविषा से युक्त है।

'धुंधला द्वीप', 'दोराहा' और 'लक्ष्यहीन' का केसरी जीवन में मिली असफलता, बेगानगी और रिश्तों में अवसरवादिता के कारण अपने अस्तित्व के प्रति इतना चैतन्य हो गया है कि अपने निष्प्रयोजन अकेलेपन के अलावा उसे और कुछ सह्य नहीं।

'मिस पाल' की मुख्य पात्र मिस पाल बददिमाग, रुखी और आत्मसंकुल है इसका कारण भी उसकी यथास्थिति में मखौल सहती उसकी अस्मि-पीड़ा ही है। जिसके लिए स्वयं राकेश ने डॉ. कार्लो कपोला से बातचीत के दौरान कहा है- "वह हर समय पलायन करना चाहती थी लेकिन साथ ही यह भी जानती थी कि वह अपने से तथा अपनी आवश्यकताओं से भाग नहीं सकती। वह अपने जीवन की सार्थकता को समझाने की कोशिश करती है लेकिन वह व्यर्थ लगता है। उसका संघर्ष ईमानदार होकर जीने वाला जीवन-संघर्ष है, जहाँ आप अपने पूर्ण स्वरुप के साथ जीना चाहते हैं, लेकिन आसपास की परिस्थिति इस प्रकार जीने में आड़े आती है।"

'एक और ज़िन्दगी' कहानी में भी बीना और प्रकाश के सम्बन्ध-विच्छेद का कारण यही अस्मिता-बोध है जिसने आधुनिक समय में विवाह रुपी संस्था पर प्रश्नचिह्न खड़ा कर दिया

है। दोनों चैतन्य हैं और आत्म-स्वातंत्र्य के पक्षधर हैं। न पटने पर अलग हो जाते हैं क्योंकि कोई भी अपने व्यक्तित्व को अवरुद्ध नहीं देखना चाहता।

'पहचान' कहानी राकेश की बाल-मनोविज्ञान पर आधारित मार्मिक कथा है जिसमें बालक शिवजीत माँ-बाप के तलाक व पुनर्विवाहों के बीच उलझकर अपनी पल भर में बदल चुकी अस्मि-पीड़ा से कुंठित है। वह समझ ही नहीं पाता कि अचानक ऐसा क्या हो गया। अस्मिता-संकट से भ्रमित बालक की यह श्रेष्ठ कथा है।

'सुहागिनें' कथा दो भिन्न स्तर की स्त्रियों की समानुभूति पीड़ा की मार्मिक गाथा है। मनोरमा मातृत्व की वंचना में जीते हुए काशी की हर चोरी-चकारी को सहकर भी उसे अपने पास रखती है क्योंकि वह उसके मातृत्व और बच्चों में अपने दमित मातृत्व की पहचान खोजती है। उसे हर पल, हर संदर्भ और अकेली स्थिति मातृत्व-कामना की अतृप्ति से भरती जाती है।

इसी तरह 'जीनियस' कहानी में लेखक ने तथाकथित बुद्धिजीवी व्यक्ति की आत्मवंचना को प्रस्तुत किया है जो अपने आप को छलता रहता है। इस चरित्र की त्रासदी है कि वह एक सामान्य आदमी है, पर स्वयं को जीनियस मानने की श्लाघा में जिए जा रहा है। यह यथार्थ में न बन पाई अस्मि को कल्पना में बना कर उस भ्रम में खुद को भुलाए रखने की आधुनिक मानव की बेचारगी की गाथा है कि अस्मि पीड़ा को वह मारफ़ीन की तरह इस्तेमाल करता है। "वह एक व्यक्ति नहीं, एक फिनोमिना है। अपने से बाहर वह मुझे भी दिखाई नहीं देता। मैं केवल अपने अन्दर उस का रेडियेशन ही महसूस कर सकता हूँ... वह मेरा इनरसेल्फ है।"

स्पष्ट है लेखक मोहन राकेश ने पात्रों के परिवेश और यथार्थ के बीच यंत्रणा पाते मानव का सतत् चलने वाला संघर्ष और तद्जन्य अस्मि-बोध व पीड़ा को अपनी लेखनी द्वारा शब्द दिए हैं क्योंकि दुख की परिस्थितियाँ ही व्यक्ति को उसके अस्तित्व का बोध कराती हैं। इच्छित जीवन जीने की बलवती आकांक्षा लिये ये पात्र जीवन के प्रत्येक क्षेत्र में अस्मिता के लिए संघर्ष करते हैं, सामाजिक और पारिवारिक निषेधों को तोडने की कोशिश करते हैं। वे असफल होकर दुखवादी हो जाते हैं, अन्तर्मुखी हो उठते हैं और पलायनाकांक्षी भी हो उठते हैं। लेकिन यही उनके पात्रों का अन्तिम सत्य नहीं है, अस्मि पीडा में भी उत्तरोत्तर जिजीविषा का भाव उनमें बना रहता है। वे यथास्थिति में रहकर अस्मिता की पीड़ा झेलते हैं, पर स्वयं की तलाश खत्म नहीं करते।

दमित चेतना की अभिव्यक्ति पात्र में अस्मिता की तलाश तो जगाती ही है उसके दमित मन में ढेर सारे स्वप्न भी इच्छाओं के रुप में जगाती है जिन्हें आँखों में बसाए वह अपने परिवेश में उन्हें पाने के प्रयत्न करता है। इनमें अधिकतर स्वप्न वे इच्छाएँ हैं जो उसकी अपूर्ण इच्छाओं के रुप में उसके अवचेतन में बसे हैं।

ख. गगन चढ़ गई इच्छा बेल- स्पृहा या इच्छा मानव-मन में विद्यमान वो शाश्वत भाव है जो न केवल मानव को मानव बनाता है अपितु मानव को स्वतः स्फूर्त प्रगति की महत्त्वाकांक्षाएँ देता हैं; वो अपनी ज़िन्दगी में जो भी परिश्रम करता है अपनी ही किसी स्पृहा के लिए करता है। ये स्पृहाएँ न हों तो मानव का जीवन लक्ष्यहीन अकर्मण्यता से भर जाएगा। आदिम अतीत से सुसभ्य वर्तमान तक विकास, युद्ध, क्रान्तियाँ, यात्राएँ, निर्माण, ध्वंस सब इसी इच्छा-बोध के कारण होती आए हैं।

जहाँ यह कामनाएँ, महत्त्वाकांक्षाएँ हैं, वहीं एक महत्त्वपूर्ण चीज़ भी है जो मानव की आँखों में बसी रहती है, सोते हुए भी, जागते हुए भी। वह हैं उसके जीवन के स्वप्न, अर्थात वो इच्छाएँ जिन्हें वह प्रत्येक क्षण याद रखता है, किसी भी तरह पूरा करना चाहता है। मानव की गहराइयों तक बैठी प्रबलतम कामनाएँ, जिनकी पूर्णता की आशा पर स्वयं वह भी शंकित होता है किन्तु उसकी आँखों में बसे ये इच्छारूपी स्वप्न उसके जीवन को अनिवार्य रूप से प्रभावित करते हैं, उसके अचेतन में बैठ कर प्रत्यक्ष ही नहीं परोक्षतः भी उसके व्यक्तित्व को प्रभावित करते हैं।

इच्छाओं को संचालित करने वाला मनुष्य का मस्तिष्क ही नहीं स्वभाव भी होता है। प्रत्येक मानव जिस प्रकार एक दूसरे से भिन्न होता है, उसी प्रकार उसका स्वभाव, उसका अहं, उसकी इच्छाएँ, उनकी तीव्रता व स्तर भी भिन्न होता है। मनुष्य की इच्छाएँ जिस दिशा में होंगी उसके स्वप्न भी उसी दिशा में उन्मुख होंगे। एक इच्छा के पूरा होते ही दूसरी इच्छा में डूब जाना मानवीय स्वभाव है। किसी कारणवश इच्छा-दमन अथवा अपूर्ण इच्छा की स्थिति में आदमी अतृप्ति और खंडित स्वप्नों के दर्द में डूब कर नैराश्य और कुंठा से भर उठता है।

शत प्रतिशत कामनाएँ पूरी हो ये कभी नहीं हुआ और मानव मन में बसे पचास प्रतिशत स्वप्न अपूर्ण रहते आए हैं, लेकिन फिर भी कुछ ही सौ वर्षों पहले तक स्थिति इतनी शोचनीय नहीं थी क्योंकि मनुष्य की आशा-आकांक्षाएँ समाज-सापेक्ष होने के कारण मर्यादित थीं। बदलते परिप्रेक्ष्य ने एक ओर तो ज्ञान-विज्ञान की प्रगति के चलते आदमी की आशाओं में उबाल पैदा कर दिया, दूसरी ओर विसंगत वैश्विक परिस्थितियों ने उसकी स्पृहाओं को मृगतृष्णा व स्वप्नों को दिवास्वप्नी साबित कर दिया। ऐसे में आम आदमी, जिसका जीने का सहारा इन्हीं इच्छाओं और स्वप्नों के बीच गुँथी आशा होती है, भौंचक्का होकर रह गया।

मोहन राकेश के पात्र अपने समय-बोध की पड़ताल के सारांश हैं और समकालीन मानव की तरह अपने परिवेश में अपने स्वप्नों व स्पृहाओं की अपूर्णता से उपजी कुंठा को वहन करते हैं। आम मानव की इच्छा, जिजीविषा, कुछ करने की आग उसमें है पर अपनी

यथास्थिति में अन्तर्संघर्ष में परिवर्तित हो जाता है। उसके स्वप्न बीच में ही टूट जाते हैं, इच्छाएँ प्रबल होने के बावजूद कुंठित हो जाती हैं। "ये पात्र ज़िन्दगी की सर्द-गर्म आहों में जीवन पाते हैं, संघर्ष से टूटते हैं तो अपने भीतर के 'स्व' के सहारे एक नया संघर्ष लेकर आगे आते हैं। यह बात अलग है कि उनका संकल्प शाम होते-होते विकल्प में परिणत हो जाता हैं।"

ये पात्र आधुनिक भी हैं और मिथकीय भी, लेकिन अपनी स्पृहाओं की तीव्रता की दृष्टि से सभी सामयिक हैं और हज़ारों ख़्वाहिशें दिल में लिए घूमते रहते हैं। मनोविश्लेषण की भूमि पर सृजित इन पात्रों की बौद्धिक चेतना अतिप्रबल है इसीलिए 'भावना और बुद्धि', 'प्रवृति और निवृति' तथा 'हाँ और ना' इनकी प्राथमिकता में एक ही साथ होता है क्योंकि बौद्धिक चेतना के साथ इनका मन भावुक, संवेदनशील और स्वप्नदृष्टा भी है। बंधन और मुक्ति का चिर द्वन्द्व उनका स्वप्न बनकर उनकी इच्छाओं को प्रभावित करता है।

नाटक – राकेश का सर्वाधिक चर्चित नाटक 'लहरों के राजहंस' का नंद इस दृष्टि से समस्त चरित्रों में जटिल एवं सम्वेदनशील है, उसका स्वप्न एक नहीं दो इच्छाएँ हैं और दोनों ही इतनी प्रबल कि उसका व्यक्तित्व ही उनके बीच पिस कर रह जाता है। देह-राग उसे जितना भाता है उतना ही मोक्ष-धर्म भी। कामोत्सव उसका एक स्वप्न है तो तथागत का संग दूसरा, और उसकी दोनों इच्छाएँ अपूर्ण रहती हैं जिसका कारण भी स्वयं नन्द ही है। अत्यधिक सम्वेदनशील नन्द अन्त तक समझ ही नहीं पाता कि कौन सी इच्छा पूर्ण करे।

श्यामांग, जो कि नाटक का प्रतीक पात्र है, नन्द की प्रबल संवेदनशीलता का संवाहक है, जो दुनियादार बना रहने की कोशिश में बौरा कर अंधे कुए, उड़ते राजहंसों, जलविहीन लहरों और अंधेरे में डूबती रोशनी की किरणों के स्वप्न-प्रलाप में डूब जाता है। फ्रायड इस प्रकार के व्यक्तित्व को इस प्रकार व्याख्यायित करते हैं- "अपनी इच्छा के विरूद्ध यत्न करता स्वप्न-दृष्टा दो पृथक, फिर भी घनिष्ट रूप से जुड़े व्यक्तियों का मिला-जुला रूप है।" फिर भी श्यामांग का स्वतंत्र व्यक्तित्व और निजी स्पृहा की तीव्रता को नकारा नहीं जा सकता क्योंकि प्रतीकों के रूप में प्रयुक्त वस्तुओं का अपना स्वरूप प्रतीक बन जाने के कारण समाप्त नहीं हो जाता।

नाटक 'आषाढ़ का एक दिन' के कालिदास में भी ये स्पृहाएँ समानान्तर चलती हैं, वह 'सत्ता और सम्वेदना' की असंभव स्पृहा में 'सम्वेदना' पर हावी तो हो जाता है लेकिन उसके अचेतन में बैठा वन-प्रान्तर, पर्वतों पर झुकते मेघ और उछलते मृग-शावक के साथ प्रेरणा-पुन्ज मल्लिका के साथ जीने का स्वप्न इस तरह आच्छादित है कि भौतिक वैभवों में भी उसे सुखी नहीं रहने देता। कालिदास के विपरीत नाटक की नायिका मल्लिका के जीवन

का एक ही स्वप्न, एक ही इच्छा है कि वह अपने प्रिय को जीवन के सफलतम सोपान पर देखें। और इस एक स्पृहा की पूर्ति के लिए वह बाकी सारी स्पृहाओं को दाँव पर लगा देती है। इसके अतिरिक्त उसके मन में अन्य कोई स्पृहा है ही नहीं, इसलिए वह द्वन्द्व ग्रस्त नहीं। खंडित अवश्य है कि उसकी इच्छा का केन्द्र बिन्दु स्वयं अस्थिर है।

'आधे अधूरे' तो पूरा नाटक ही मनुष्य के खंडित स्वप्नों एवं अपूर्ण इच्छाओं का दस्तावेज है। 'स्त्री', जो अपनी स्पृहा के खोल में घुसी दूसरे के मन में झाँक ही नहीं पाती और प्यास से सूखे होठों को तृप्ति की मृगमरीचिका में घायल कर बैठती है। सिवा निराशा के उसे कुछ नहीं मिलता। 'पुरुष' व 'बच्चों का भी यही हाल है। कोई स्वतंत्र जीवन जीना चाहता है तो कोई मुक्त, लेकिन अंतहीन त्रासदी के अलावा किसी को कुछ हासिल नहीं होता।

उपन्यास- मोहन राकेश के औपन्यासिक पात्र भी अपनी अन्तहीन इच्छाओं में डूबे वो समसामयिक शहरी लोग हैं जिन्हें अपने मन के माँडनों को सहजने से ही फुरसत नहीं मिलती। उनके स्वप्नों में सर्वाधिक आने वाली स्पृहा है- स्वातंत्र्य की इच्छा, बन्धन तो इन्हें किसी भी स्तर पर स्वीकार नहीं।

उपन्यास 'अंधेरे बन्द कमरे' का हरबंस स्वयं की सामाजिक उन्नति को लेकर जितनी इच्छाएँ रखता है उतना ही प्रणय को लेकर भी। पत्नी नीलिमा को प्रेम करता है पर उसके स्वप्नशील अचेतन में शुक्ला को लेकर भी स्पृहाएँ हैं जो उसके पति से अरुचि के रूप में प्रकट होती हैं। यह स्पृहा उसके अवचेतन मन शुक्ला में बैठे रूढ़िवादी मर्द का स्वप्न है जो अपने घर में सीधीसादी समर्पित पत्नी चाहता है। हरबंस की समस्या है एक साथ बहुत सारे सपने देखना जिनके बीच वह सिवा उचाटपन के कुछ नहीं पाता।

पत्नी को लिखे लम्बे-लम्बे पत्रों में उसके हृदय की आन्तरिक इच्छाएँ प्रकट होती हैं पर साहचर्य में उसकी अपेक्षाएँ दूसरे सपनों के रूप में प्रकट होती है। वस्तुतः एक ही मनुष्य में पल रही कई कामनाओं में टूटता यह पात्र अपनी अर्थवत्ता में आधुनिक मानव की कुंठित स्वप्न जन्य बेचैनी का वाहक है।

उपन्यास 'न आने वाला कल' के स्कूल-मास्टर मनोज सक्सेना की स्पृहा भी स्वातंत्र्य-कामना है, वह एक साथ कई स्वप्न देखता है, कई विकल्पों से गुज़रता है और अन्त में अपने स्वप्न को टिकट फाड़ने के साथ ही विसर्जित कर देता है। उसकी पत्नी शोभा भी मनोज के साथ सामन्जस्य नहीं बिठा सकी और अपने खंडित स्वप्नों के साथ पलायन की राह पकड़ लेती है- "अपनी ही इच्छा और जिम्मेदारी से हम लोगों ने अपने लिए एक परिस्थिति खड़ी कर ली थी और जिससे उबरने का उपाय हम दोनों को ही नहीं आता था।" वस्तुतः मनोज

का स्वप्न, उसकी इच्छा इतनी प्रबल है जिसमें डूबकर वह इतनी अरुचि से भर उठता है कि एक समय की भूख न सह सकने वाले उसकी भूख खाना सामने आते ही मर जाती है।

'अन्तराल' उपन्यास के सभी पात्र अपनी ही इच्छाओं के स्वप्नों में जीते हैं। दोनों मुख्य पात्रों के स्वप्नों में समर्पण और निजता दोनों एक साथ ही हैं जो असम्भव होने के कारण कुंठित स्पृहा के रूप में सामने आती हैं। श्यामा के मन में माँ, बहू, प्रेमिका की भूमिका निबाहने की इच्छा है तो स्वतंत्र वैयक्तिकता बनाए रखने की भी जो उसकी परिस्थिति में संभव नहीं। कुमार भी अपनी बौद्धिकता के चलते अपनी इच्छाओं को सही रूप देने में ही चुक जाता हैं। 'सीमा' के स्वप्नों एवं यथार्थ में कोई अन्तर नहीं, अपनी भौतिकता में वह कहीं द्वन्द्व-ग्रस्त नहीं, उसकी उद्दाम इच्छाएँ एकमुखी हैं इसलिए वह कुंठित भी नहीं होती। 'टूटे स्वप्नों की पहरेदारी' घोषित इस उपन्यास के सभी पात्रों में प्रबल स्पृहा-बोध है।

एकांकी- राकेश के एकांकी पात्रों में सर्वाधिक प्रसिद्ध है- उनके पार्श्वनाटक 'छतरियाँ' का एकमात्र पात्र, जिसकी इच्छाएँ और सपने उसके आसपास बिखरी ध्वनियों और छतरियों के रूप में संघर्ष करते नज़र आते हैं। समसामयिक मानव का यही प्रारब्ध है कि हाथ से छूते ही सपने टूट जाते हैं और आवाजें देते ही इच्छाएँ लुप्त हो जाती हैं। इन सब को पहचानने में वह स्वयं कुंठित हो उठता है, पहचान के संकट में पड़ जाता है-

"आदमी : (हड़बड़ी में) मेरा नाम?

(फिर चिल्लाकर) : मेरा नाम?

अलग-अलग दिशाओं से आवाजें

इसका नाम?

इसका नाम?

इसका नाम?"

एकांकी 'अंडे के छिलके' में भी परम्परा के कवच से बाहर निकलने के लिए छटपटाते घर के लोगों की प्रबल इच्छाएँ हैं जो समाज के मध्यमवर्गीय परिवारों की परम्परा-भंजन की स्पृहा को दर्शाती है। एकांकी 'सिपाही की माँ' की दुखी माँ के त्रासद स्वप्न में पुत्र-दर्शन उसकी अपूर्ण इच्छा के प्रबल बोध को दर्शाता है। स्वप्न में माँ के संवाद द्वारा लेखक ने प्रत्येक मानव-मन में बसने वाली शांति-कामना को भी व्यक्त किया हैं।

'शायद' एकांकी के एकरस जीवन से वितृष्ण होकर जीते दम्पति की इच्छाओं में कहीं तालमेल नहीं। उनके स्वप्न अलग हैं, बातें भी, इच्छाएँ भी। अवचेतन में बसी दूरी उनके संवादों में प्रकट होती हैं-

स्त्री : तुम्हारा मन हमेशा उन चीज़ों के लिए भटकता है जो तुमसे दूर हैं। पास होने पर चाहे तुम उन्हें देखो भी नहीं पर उनका सेक तुम तक पहुँचता रहना चाहिये।

पुरूष : उनमें से एक बहुत अच्छा है।

स्त्री : किन में से?

पुरूष : बिल्ली के बच्चों में से।"

वस्तुत: अप्राप्य की यह स्वप्नशील स्पृहा ही राकेश के पात्रों की कुंठा का मुख्य आधार है।

कहानी- मोहन राकेश की छियासठ कहानियाँ उपलब्ध हैं, स्वाभाविक है कि पात्र भी अधिक विविधताओं के साथ हैं। अपनी विविधताओं के साथ भी ये पात्र एक ही ज़मीन पर सृजित हैं- स्पृहाओं की ज़मीन पर।

'फटा हुआ जूता' कहानी का नायक राय, जो सदा कमरतोड़ तंगी में जीता है, अपनी लॉटरी की रकम पाते ही इच्छाओं के समूह में घिर जाता है। वो इच्छाएँ जो अपनी कड़की के कारण वह दबाता रहता है, जूते, घड़ी, पेन, रुमाल, मोजे, बरसाती, बिस्किट, चायदानी और मौज-मस्ती जैसे ढेरों अरमान उसे घेर लेते हैं और वह कुछ भी नहीं खरीद पाता। इसमें अभाव-ग्रस्त जीवन जीने वाले युवक की मनोभावनाओं, आकांक्षाओं और जिजीविषा को यथार्थ परिप्रेक्ष्य में उभारा गया है। इसका यथार्थ आरोपित और कृत्रिम नहीं है, इसमें सामाजिक जीवन का एक हिस्सा पूरी सच्चाई के साथ उभरा है।

'मि. भाटिया' कहानी के नायक की अनन्त इच्छाएँ भी 'फटा हुआ जूता' के राय की तरह हैं, वह एक सफल आदमी के रूप में सुन्दर स्त्री से विवाह करना चाहता है पर उसके स्वप्न का यथार्थ घोर तंगी से विवश होकर एक अयाचित विवाह में परिणत होता है। लॉटरी के टिकटों में बरबाद हो जाना उसके अरमानों की ऊँची उड़ान की पराकाष्ठा है।'जीनियस' कहानी के नायक का मुग्ध आत्मालाप भी मनुष्य की निजी स्पृहा 'प्रसिद्धि पाने के स्वप्नों' का ही शोकगीत है, इस कहानी में राकेश ने दुनिया के एक बहुत बड़े वर्ग के मन में पल रही अपूर्ण स्पृहाओं से उपजी आत्मश्लाघा, जो कि आत्मवंचना है, को व्यक्त किया है।

'सुहागिनें' की दोनों सुहागिनें भी अपनी दमित इच्छाओं में जीती नारियाँ हैं, मनोरमा की कुंठित मातृत्व की स्पृहा नौकरानी के बच्चों पर प्यार के रूप में उभरती है। इस कहानी

के माध्यम से राकेश ने भारतीय समाज में स्त्री की उस दोयम दर्जे की स्थिति को रेखांकित किया है जहाँ चाहे अनपढ़ हो या पढ़ी-लिखी, उसकी कामनाओं का कोई मूल्य नहीं है। अगर उसने कामना पालने की गुस्ताख़ी कर भी ली तो पति की इच्छाओं के आगे उसका दमन करना पड़ेगा।

अपने परिवेश की यथस्थिति और बेईमानियों ने मनुष्य को इतना घायल किया है कि उसकी चाहनाएँ भी आत्मकेन्द्रित हो गई हैं। 'लक्ष्यहीन', 'धुंधला द्वीप' और 'दोराहा' कहानियों का केसरी व्यक्ति-स्वातंत्र्य की कामना में अपनी इच्छाओं को कुंठ कर लेता है और सम्बन्धहीनता में अकेला रह जाता है, यद्यपि सामाजिक साहचर्यपूर्ण जीवन उसकी भी कामना है।

स्पष्ट है कि राकेश ने अपने कथा-पात्रों की संरचना में मानव मात्र में बसने वाली इच्छाओं और आँखों में अँटे सपनों का चित्रण तो किया ही है, मानव की यथास्थिति में उसके बलात् दमन, अपूर्णता और उससे उपजी कुंठा का भी सशक्त चित्रण किया है। ये स्वप्न, ये स्पृहाएँ बहुत बड़े, असम्भव या मन के माँडे हो ऐसा भी नहीं है। ये तो छोटी-छोटी आकांक्षाएँ हैं जो आम मनुष्य अपने लिए सँजोता है- माँ बनने की आशा, शांति से जीवन जीने की आशा, सुखी विवाहित जीवन की आशा, थोड़ी सी आर्थिक आसानी की आशा और यह स्वप्न कि उसकी निजता कोई छेड़े नहीं। लेकिन त्रासदी है कि असंगत परिस्थितियों में मनुष्य के लिए ये सामान्य इच्छाएँ भी दिवास्वप्नी की तरह सिद्ध होती हैं और वो कुंठित होकर वह असहज, एकान्तिक और प्रतिक्रियावादी हो जाता है। राकेश के पात्र यही एकांतिक मानव हैं जो अपनी स्पृहाओं को पूर्ण करने के लिए एक विकल्प से दूसरे विकल्प-बिन्दु खोजता है। अपने स्वप्नों की पूर्णता के लिए अपनी चैन की नींद खो देता है और अपनी अपूर्ण इच्छाओं के उमड़ते हुजूम में व्याकुल हो उठता है क्योंकि इस स्थिति में वह अपनी इच्छाओं की चहुँमुखी भीड़ में द्वन्द्वग्रस्त हो जाता है। यह द्वन्द्व उसकी अपनी निजी इच्छाओं के क्लेश के कारण होता है और अन्य पात्र की इच्छा व स्वयं की इच्छा में टकराव के कारण भी होता है।

ग. युद्ध स्वयं से है मेरा- मनुष्य नामधारी इस दोपाया प्राणी में अगर इच्छाएँ ना होती तो शायद वह इस स्थिति में भी न होता। जीने की, खाने-पीने की और दैहिक तृप्ति की प्राणी मात्र की शाश्वत इच्छाओं से बढ़ कर सुख से जीने, सुन्दर दिखने और प्राप्य से अधिक पाने की अनन्त इच्छाओं का ही परिणाम है कि मानव आज पृथ्वी-पति बन कर बैठा है फिर भी अब वह अधिक जटिल है, अपनी इच्छाओं के कारण ही, क्योंकि मनुष्य के मन की अनन्त उड़ान की तरह उसकी इच्छाओं का प्रसार भी अनन्त है। इस में भी सबसे त्रासद विडम्बना है- आधुनिक मानव अपनी इच्छाओं के चक्रव्यूह में फँसकर स्वयं से जूझता रहता है, उसे

एक साथ बहुत सी इच्छाओं ने उलझाकर द्वन्द्वग्रस्त बना दिया है। वस्तुत: मनुष्य का ये द्वन्द्व शाश्वत है उसे एक साथ सब कुछ नहीं तो बहुत कुछ तो चाहिए ही, और इस बहुत कुछ कुछ असम्भाव्य, अप्राप्य और विरोधाभासी भी होता है। उसे ख़ुदा और विसाले सनम, घर और मुक्ति, सफलता और शान्ति सब एक साथ चाहिये।

राकेश के पात्र दुनिया और मन दोनों को साथ लेकर चलने की कोशिश में अपनी इच्छाओं के झंझावात में पड़कर डूबते-उतरते मानव की द्वन्द्व भरी स्थिति के दस्तावेज़ हैं। समसामयिक साहित्य-धारा में आम मानव की यथास्थिति-जन्य दुख को, उसकी इच्छाओं के अभाव से जन्मे दुख को मुख्य स्थान दिया गया है लेकिन मानव की असीमित स्पृहाओं के द्वन्द्व को जिस कुशलता से राकेश ने अपने पात्रों में उतारा है वह उनके पात्रों के बोध को आधुनिकता से भी आगे उत्तर आधुनिक सिद्ध करता है।

वस्तुत: राकेश ने तीव्रता से बदलते अपने परिवेश में लोगों के मन में दबी-भड़कती चाहत की चिन्गारियों और उनके टकरावों को सहजता से देखा-परखा एवं विश्लेषित किया था। स्वातन्त्र्योत्तर भारतीय फलक पर तत्कालीन मानव की यही मानसिक स्थिति उस समय थी, और साधारण मनुष्य के रुप में लेखक ने भी तत्कालिक यथास्थिति और उसके दुख-दर्दों को झेला है और यह उनके साहित्य में भी स्पष्ट दृष्टिगत होता है। इस विषय में बात करते हुए उन्होंने स्वीकार भी किया है- "मेरे लिये अनुभूति का सीधा सम्बन्ध मेरे यथार्थ से है। मेरा समय और परिवेश व्यक्ति से परिवार, परिवार से राष्ट्र और राष्ट्र से मानव-समाज तक का पूरा परिवेश है। मैं इनमें किसी एक से कटकर शेष से जुड़ा नहीं रह सकता।"

जीवन में खुद के साथ भावताव करते मनुष्य-जीवन के समझौतों एवं स्थगनों के बीच उसकी इच्छा कभी-कभी दब भी जाये लेकिन वह मन ही मन में सुलगती और स्फुलिंग के रुप में चमकती रहती है। कभी वह स्वयं मनुष्य को दग्ध करती है तो कभी उसके जीवन के किसी अन्य को, किन्तु द्वन्द्व चलता अनवरत रुप से रहता है। इच्छाओं का यह द्वन्द्व राकेश के साहित्य में मुख्यत: दो रूपों में दिखाई पड़ता है-

1. भिन्न-भिन्न पात्रों की इच्छाओं में द्वन्द्व।

2. पात्र की भिन्न-भिन्न इच्छाओं का अन्त:संघर्ष।

किसी भी कथा में घटनाक्रम का द्वन्द्व कथा को अवरोह प्रदान करता है और घटनाओं का द्वन्द्व बहुत अधिक पात्रों की इच्छाओं, उनके संघर्ष व प्रतिक्रियाओं आदि पर निर्भर होता है और ये चीजें पात्र-योजना, कथ्य और संप्रेषणीयता को अपनी प्रभावान्विति की संपूर्णता और

विश्वसनीयता के साथ उभारती हैं। आधुनिक कथा-साहित्य में यह द्वन्द्व राकेश के साहित्य में जितनी तीव्रता से उभरा है वह हम सभी जानते हैं।

भिन्न-भिन्न पात्रों की इच्छाओं में द्वन्द्व जहाँ कथा को बाह्य गति देता है वहीं पात्र की भिन्न-भिन्न इच्छाओं का द्वन्द्व एक पात्र को चरित्र-रूप में विकसित करता है जो अधिक विकसित, अधिक जटिल, अधिक मनोविश्लेषण से बना होता है। उसके द्वन्द्व वर्गीय पात्रों की अपेक्षा सूक्ष्म और अनेक स्तर पर चलने वाले होते हैं।

1. भिन्न-भिन्न पात्रों की इच्छाओं में द्वन्द्व- दबाव का वह प्रतिमान जो व्यवस्था एवं स्थापित नियमों को बनाए रखने का यत्न करता है, सामाजिक नियंत्रण की व्यवस्था कहा जाता है। इस व्यवस्था को बनाए रखने के लिए व्यक्ति समाज के अन्य व्यक्तियों से सामंजस्य करता है और इस स्थिति में वह कई बार अपनी इच्छाओं को दबाकर भी जीता है, लेकिन कई बार उसकी इच्छाएँ इतनी प्रबल हो उठती हैं कि समाज बनाम व्यक्ति अथवा व्यक्ति बनाम व्यक्ति में ठन जाती है।

राकेश के साहित्य में ऐसी कई स्थितियाँ है जब मुख्य पात्र अन्य व्यक्तियों अथवा समाज की इच्छाओं से खुद की इच्छा का क्लेश देखता है और उससे भी त्रासद यह कि अक्सर वह ही हारता नज़र आता है क्योंकि इच्छाओं के प्रबल द्वन्द्व में उसे कहीं सम्बन्धों की कीमत चुकानी पड़ती है, कहीं सफलता की तो, कहीं स्वयं तक को स्थगित कर देना पड़ता है। 'लहरों के राजहंस' का नन्द इस स्थगन का जीवंत उदाहरण है।

नाटक- वस्तुत: राकेश के नाटकों का मूल प्राण द्वन्द्वात्मकता है। समाज के प्रासंगिक संदर्भ में राकेश के पात्र स्वयं की प्रबल इच्छाओं के कारण आपस में उलझते, टकराते हैं, क्योंकि प्रत्येक पात्र आत्मचेता, युगबोध से आक्रांत एवं समसामयिकता की चुनौती को स्वीकारता आम मानव है।

'आषाढ़ का एक दिन' में यह इच्छा-द्वन्द्व सतत् चलता रहता है जो नाटक को उत्तर सामयिक और कालिदास को उत्तर आधुनिक बना कर प्रस्तुत करने में सफल हुआ है। वस्तुत: यहाँ इच्छाओं ने कई रुप ले लिए हैं- व्यक्ति की प्रवृत्ति एवं संवेदना, कोमल भाव एवं अभाव सभी को राकेश ने एक-एक पात्र में इच्छा बना कर उनके शाश्वत द्वन्द्व का कुशल चित्रण किया है। मोहन राकेश ने अनेक विवशताओं और विसंगतियों के बीच से गुज़रते साहित्यकार के मानसिक द्वन्द्व को उसके सृजनशील व्यक्तित्व और परिवेश तथा कलाकार और राज्य-सत्ता की आपसी टकराहट को कालिदास के चरित्र के माध्यम से व्यक्त किया है।

इस नाटक के पात्र जहाँ खुद से जूझते हैं, वहीं एक-दूसरे की इच्छाओं के टकराव के कारण भी संघर्ष की स्थितियाँ उत्पन्न करते हैं। कालिदास के व्यक्तित्व को विचलित करने वाले तत्व सिर्फ उसकी कमज़ोर इच्छाशक्ति ही नहीं, मल्लिका की भावुक इच्छाएँ भी हैं और विलोम की दुनियादारी की इच्छाएँ भी। इन तीनों के टकराव से नुकसान भी तीनों का ही होता है। कालिदास जहाँ आत्मनिर्वासन की यातना से गुज़रता है, मल्लिका अभाव में भाव की पूर्ति स्वयं की कीमत पर करती है और विलोम इच्छित पा कर भी हमेशा अयाचित अतिथि की अनाहूत स्थिति से दुखी रहता है। मल्लिका को वारांगना बनाकर भी 'बन्द द्वार की पीड़ा' झेलता विलोम सफल कालिदास है क्योंकि उसने स्वयं के अहं को खा लिया है। मल्लिका स्वयं, विलोम और कालिदास की इच्छाओं रुपी भाव, सत्ता और रोटी के द्वन्द्व में पिस गई है। अम्बिका की व्यावहारिक इच्छाओं से भी मल्लिका की इच्छाओं का द्वन्द्व नाटक में दर्शनीय है। अम्बिका वह पात्र है जो दुनिया भर के भूख से उपजे अनुभवों के साथ जानती है कि 'भावना में भावना का वरण' पेट को रोटी नहीं देता "जब तुम्हारी माँ का शरीर नहीं रहेगा और घर में एक समय के भोजन की व्यवस्था भी नहीं होगी तो जो प्रश्न तुम्हारे सामने उपस्थित होगा उसका तुम क्या उत्तर दोगी? तुम्हारी भावना उस प्रश्न का समाधान कर देगी?"

'लहरों के राजहंस' नाटक तो गुँथा ही इच्छाओं के संघर्ष की स्थितियों को लेकर है, चरित्र-सृष्टि की दृष्टि से यह नाटक हिन्दी के उन विशिष्ट नाटकों में से है जिनमें प्रत्येक पात्र अपना विशिष्ट चरित्र रखता है तथा अपने विशिष्ट स्वर और लय में बोलता है।

सुन्दरी द्वारा कामोत्सव का आयोजन जहाँ मनुष्य की गहरी भौतिक स्पृहा है उसी समय देवी यशोधरा द्वारा सन्यास लेना मनुष्य की आधिभौतिक आकांक्षा को दर्शाता है। इन दोनों की इच्छाओं के बीच तीव्र संघर्ष नाटक की आन्तरिकता को सम्बन्धों एवं परिस्थितियों के साथ जूझते पात्रों के माध्यम से प्रस्तुत करता है। सुन्दरी की स्पृहा को पता ही नहीं कि दूसरे की भी इच्छाएँ होती है, देह से परे भी कुछ होता है और स्वयं से महत् भी कुछ होता है- "और किसी को यह अधिकार मैं नहीं देती कि वह मेरे उद्वेग का कारण बन सके।" जैसे वाक्यों से उसके प्रबल इच्छा-बोध का परिचय होता है। नन्द की व्याकुल स्वतन्त्रता-कामी इच्छाओं से उसका टकराव, श्यामांग की विक्षिप्त इच्छाओं से उसका बार-बार द्वन्द्व होता है ओर अन्त में वह स्वयं की इच्छाओं से टूट जाती है कि उन उद्दाम स्पृहाओं से झुकना, दबना अथवा स्थगित होना सीखा ही नहीं है।

इसी क्रम में 'आधे अधूरे' है किन्तु यहाँ अत्याधुनिक बोध में मिंचते-कुचलते, एक दूसरे की इच्छाओं में कुढ़ते लड़ते पात्र हैं। बल्कि यहाँ तो दूसरे की इच्छाओं में खुद के बोध

को ढूँढते और गुम हो रहे पात्रों की त्रासदी भी सजीव उठती है। बड़ी लड़की और स्त्री के पात्रों का विन्यास इसी धरातल पर रचित है कि लड़की माँ की जो बातें पसन्द नहीं करती अनचाहे ही उसी से अपनी अस्मिता गढ़ती चलती है।

एकांकी- 'छतरियाँ' नामक पार्श्व एकांकी में भिन्न-भिन्न ध्वनियाँ समाज की वर्गगत इच्छाओं व विचारों तथा इच्छाओं के परस्पर द्वन्द्वों के टकराव की आवाजें हैं। यही कारण है कि एकांकी में पात्र द्वारा संघर्ष बन्द करते ही स्तब्धता, और प्रतिकार आरम्भ करते ही कोलाहल गूँज उठता है।

'शायद' के पात्रों का अनर्गल वार्तालाप भी गौर से देखने पर पाते हैं कि यह दो भिन्न रुचि, मानसिकता और इच्छा वाले व्यक्तियों के साथ-साथ जिए चले जाने से उपजा ऊबजन्य प्रलाप है, जिसका हर विराम एक युद्ध-विराम है।

'सबसे बड़ा सवाल' हमारे सरकारी तंत्र पर तीखा प्रहार है। एक शासकीय निर्णय हेतु आयोजित मीटिंग अनिर्णय पर समाप्त होती है क्योंकि प्रत्येक पात्र स्वयं की इच्छाओं को अन्तिम निर्णय बना कर दूसरे पर थोपना चाहता है।

कहानी- राकेश की अधिकांश कहानियों के पात्र भी इन्हीं आपसी द्वन्द्वों के आधार पर टूटते हुए कर मानव की व्यथा के दर्पण हैं। चाहे वह 'एक ओर ज़िन्दगी' के पात्र हों अथवा 'हक हलाल' के अथवा 'ग्लास टैंक' की स्त्रियाँ, सभी स्वयं के अस्तित्व और दूसरों की स्पृहा की लड़ाई में जूझ रहे हैं। 'गुंझल' कहानी में चन्दन और कुन्तल दोनों का अहं-भाव इतना प्रबल है कि दोनों की इच्छा सिर्फ स्वातन्त्रय है और इस इच्छा का द्वन्द्व दो जन के बीच किस प्रकार संवादहीनता उत्पन्न कर सकता है इस कहानी में स्पष्ट देखा जा सकता है "क्या बात मुँह से कहने से ही कही जाती है और व्यक्ति बिना कहे उसे स्वीकार नहीं कर सकता? उन दोनों के सम्बन्ध में कैसी और क्या लकीर थी, क्या वे दोनों ही नहीं जानते थे? फिर उस बात को दुहराकर मुँह से कह लेने में क्या रखा था? जो स्थिति थी वह थी ही। उस विषय में बात करके क्या उसे बदला जा सकता था?"

'पहचान' कहानी में राकेश ने बाल-मनोविज्ञान पर कलम चलाते हुए आधुनिक माँ-बाप, उनके तलाक और पुनर्विवाह के बीच पिस कर उपस्थित होते शिवजीत की व्यथा का चित्रण किया है। अपनी-अपनी स्पृहा की लड़ाई लड़ते दम्पत्ति अलग हो जाते हैं और उससे पूछा तक नहीं जाता कि उसकी इच्छा शिवजीत अबरोल बनने की है अथवा शिवजीत सचदेव ही बने रहने की।

उपन्यास- राकेश के अधिकांश औपन्यासिक पात्र भी ऐसी ही इच्छाओं की लड़ाईयों में उलझे पात्र हैं। वस्तुतः आधुनिक युग में प्रत्येक व्यक्ति की व्यक्तिगत चेतना व स्व का बोध

इतना अधिक है कि वह दूसरों के लिए इस्तेमाल होना बिलकुल स्वीकार नहीं करता। सहज समझौते भी वह स्वीकार नहीं कर पाता क्योंकि सामन्जस्य में इच्छाओं का अर्पण अनिवार्य है और ये उसे स्वीकार नहीं। नीलिमा और हरबंस जहाँ अपनी-अपनी इच्छाओं को इतना प्रबल रखते हैं कि खुली हवा की खिड़की की गुंजाइश ही समाप्त हो जाती है और दोनों सम्बन्धहीन सम्बन्ध के अंधेरे बन्द कमरे में घुटते रहने को विवश हो जाते हैं। मधुसूदन जो कि अन्तर्मुखी चरित्र है पत्रकार सुषमा श्रीवास्तव से सम्बन्ध बना कर भी तोड लेता है क्योंकि सुषमा की इच्छानुसार जीवन गुजारना उसे मंजूर नहीं। यहाँ भी सबसे बड़ा कारण स्वयं स्वतंत्र बने रहने की मुख्य स्पृहा ही है जबकि सुषमा की मुख्य स्पृहा खुद की अहमन्यता बनाए रखना है।

'अंतराल' की श्यामा इन्हीं इच्छाओं के द्वन्द्व में अकेली भटकने को अभिशप्त चरित्र है। मृत पति देव, ननद सीमा, प्रेमी कुमार सभी से उसकी इच्छाएँ टकराती हैं और बदले में वह टूटती है। स्पष्ट है कि राकेश के पात्रों में अधिकांशत: ऐसे पात्रों का चित्रण है जो स्वयं के व्यक्तित्व को ही अधिक महत्त्व देते हैं, चाहे वे स्त्री हो या पुरुष दोनों की अपनी-अपनी इच्छाएँ हैं और अपने द्वन्द्व, इसीलिए राकेश के पात्रों के हाथ सम्बन्धों से खाली हैं और मन इच्छाओं से उपजी जटिलता में अकेले हैं।

2. पात्र की भिन्न-भिन्न इच्छाओं का अन्तर्संघर्ष- सम्वेदनशीलता राकेश की रचना का एक सर्वाधिक महत्त्वपूर्ण बिन्दु है, स्वयं के भावुक सम्वेदनशील मन और जीवन में सम्बन्धों की अस्थिरता ने उन्हें जो जटिलता और कोमलता एक साथ दी है वो उनके पात्रों में भी नज़र आती है। संवेदना के कारण मोहन राकेश का व्यक्तित्व कई बार अर्न्तविरोधी प्रतीत होता है, जैसे उसके कई टुकड़े हो और वह बँटा हुआ हो। पर यह किसी सम्वेदनशील मन की एक आकुलता भी हो सकती है जो जीवन को रचनाओं में व्यक्त करना चाहती है। इस दृष्टि से राकेश स्वयं एक संश्लिष्ट चरित्र हैं, इसे उनकी रचनाओं में भी देखा पाया जा सकता है। संभवत: इस कारण भी राकेश की पात्र-संरचना जटिल और संश्लिष्ट है, इनके पात्र इकहरे न होकर कई पर्तों वाले हैं। 'हजारों हसरतें दिल में' की तर्ज पर राकेश के पात्र उस मध्यमवर्गीय मानसिकता तथा मध्यमवर्गीय परिस्थितियों के षडयंत्र में उलझे आदमी की तलाश के रोज़नामचे हैं जिसे किसी अन्य की इच्छाओं से जितना जूझना पड़ता है उससे भी अधिक स्वयं की इच्छाओं के द्वन्द्व से जूझना पड़ता है; और दोनों तरफ हार उसी की होती है क्योंकि कोई स्वयं से तो पक्षपात नहीं कर सकता। वस्तुत: राकेश की पात्र-सृष्टि की यह महती उपलब्धि है कि उन्होंने परिस्थिति-चक्र में फँसे आम आदमी की खुद से खुद की लड़ाई को बड़ी सम्वेदनशीलता के साथ अपनी रचनाओं में प्रस्तुत किया।

नाटक- इसके लिए हम 'लहरों के राजहंस' के नन्द से अधिक उदाहरणीय कोई पात्र नहीं ख़ोज सकते जो एक ही साथ प्रेय व श्रेय दोनों स्पृहाओं के बीच खुद से ही लड़ता रहता है। उसे जो ख़ुदा और विसाले सनम एक साथ चाहिये वह तत्कालीन पात्र-संरचना में अद्भुत और अभूतपूर्व है। इस पात्र के द्वारा राकेश ने मानव मात्र के मन में बैठी राग-विराग की विरोधाभासी लेकिन शाश्वत भावना को दर्शाया है। नन्द का 'ततः किम्' प्रत्येक मानव बोलता है।

साहित्य में यह अवधारणा पहले भी थी और अब तो बहुतायत से है किन्तु जिस भावावेश के साथ राकेश ने गढ़ा है वह अपनी जटिलता में अद्भुत है कि वह व्याघ्र से लड़ कर आहत हो जाता है जबकि उसे मालूम भी नहीं कि किसके लिए वह लड़ रहा है। आसक्ति और निवृतियों की प्रवृतियों में जबरदस्त द्वन्द्व चल रहा है, दोनों पक्षों में से एक की मदद देकर जिता देने से यह द्वन्द्व दूर नहीं होता।

अपने मन के विराग को दबाते नन्द के सम्वाद दर्शाते हैं कि उसमें राग भी सुन्दरी की आसक्ति के रुप में विद्यमान है "नहीं भिक्षु! यह बातों का खेल हमारे बीच और नहीं खेला जाएगा। स्वर्ग और नरक, वैराग्य और विवेक, शील और संयम, आर्यसत्य और अमृत - मैं जानता हूँ वाणी के छल से तुम मुझे किस ओर ले जाना चाहते हो। मैं तथागत के सामने कह चुका हूँ और अब फिर से कहे देता हूँ कि वह दिशा मेरी नहीं है, कदापि नहीं है।"

स्पृहाओं का यही द्वन्द्व 'आषाढ़ का एक दिन' के कथा-नायक कालिदास को मातृगुप्त और मातृगुप्त से कालिदास के बीच भटकाता रहता है, यह अन्तर्प्रवाही संघर्ष चाहे स्वयं से स्वयं के बीच है किन्तु इसका असर प्रत्येक पात्र पर दृष्टिगत होता है।

'आधे अधूरे' की दास्तान भी कई एक अधूरों की संघर्ष-कथा है, किन्तु पुरुष यह स्वीकारता नहीं, क्योंकि उसका अहं जड़ न होकर तीव्र है। इसी आत्मप्रवंचना में वह मुखौटे बदलता रहता है और अन्त में टूटे तन से अनिश्चित घर में अवांछित सम्बन्धों के बीच वह लौटता है- अपने मूल कमज़ोर, हताश आम आदमी के रुप में।

उपन्यास- राकेश के औपन्यासिक कथा-पात्रों के मन में भी यह स्वयं स्पर्धा सतत् चलती रहती है। 'अंधेरे बन्द कमरे' का हरबंस अपने द्वन्द्व में इतना जड़ हो चुका है कि उसका संघर्ष नीलिमा से कम और स्वयं से अधिक है, अपनी इच्छाओं की लड़ाईयों से आक्रांत वह कभी दोगलेपन का सहारा लेता है तो कभी पलायन कर जाता है। यह पलायन कभी विदेशगमन होता है तो कभी आत्मपलायन। इच्छाओं के विरोधाभास से उत्पन्न ये अन्तर्संघर्ष राकेश के स्त्री-पात्रों में सर्वाधिक दिखाई देता है। 'अन्तराल' की श्यामा, जो खुद की लड़ाई में गिरने की हद तक पस्त हो चुकी है, फिर भी हार मानने को राजी नहीं

है। हालांकि श्यामा अपने अन्तर्द्वन्द्व की बात स्वीकारती भी है और इसे दोहरी मन:स्थिति में कहती है- "दोहरी मन:स्थिति की बात सही हो सकती है, परन्तु उस अर्थ में नहीं जिस अर्थ में तुमने लिया है। मैं उस वक्त तुम्हारे साथ थी और बहुत हद तक नहीं भी थी।" इस मन:स्थिति का कारण स्वयं से द्वन्द्व ही है। होठों तक गहरी प्यास लिए वह जिस बौद्धिक निर्लिप्तता के साथ जीना चाहती है वह उपन्यास में स्पष्ट दृष्टिगत होता है। लगभग पूरे उपन्यास में जैसे श्यामा खुद से लड़-झगड़ कर उबरने का ही प्रयत्न करती रही, पर यह उबरना उतना ही अनुत्तरित रह जाता है जितना उपन्यास के अन्त में श्यामा का प्रश्न।

कहानी- स्वयं की भिन्न-भिन्न इच्छाओं के चक्रव्यूह में फँसा आदमी राकेश के कहानी व एकांकी के पात्रों में जगह-जगह नज़र आता है। चाहे वह 'ग्लास टैंक' की ममा हो अथवा 'आर्द्रा' की माँ। आर्द्रा की स्त्री अपनी दोनों संतानों के स्नेह व साथ रहने की इच्छा के द्वन्द्व में फँसी है वहीं 'फटा हुआ जूता' का दामोदरदास अपने थोड़े से रुपयों के साथ ढेरों इच्छाओं व उनके द्वन्द्व में उलझ जाता है। यह पात्र आम, निम्न मध्यमवर्गीय आदमी की अनंत इच्छाओं और उनके द्वन्द्वों का प्रदर्शन करता प्रतिनिधि पात्र है "तीस रुपये नगद उसके पास थे जिनका वह चाहे जैसे उपयोग कर सकता था। उसने पैरों में फटे हुए जूतों के स्थान पर चमकते हुए जूते की कल्पना की। शरीर पर शार्कस्किन की बुशर्ट और आर्टलिन की पतलून की कल्पना की। परन्तु तभी उसके वे सूखे हुए हाथ सामने आ गए जिनकी उँगलियाँ बढ़े हुए नाखूनों के अनुपात में छोटी प्रतीत होती थीं, और वह विटामिन बी की गोलियों, नारंगियों और मक्खन की टिकियाओं की कल्पना करने लगा।"

एकांकी- एकांकी 'शायद' के स्त्री व पुरुष दोनों पात्र खुद की लड़ाई में इतने उलझे हैं कि साथी की बात नहीं सुनते। उनका अन्तर्संघर्ष इतना प्रबल है कि वे सबसे असंपृक्त हो उठे हैं, मानो दर्पण पर चोंच मारता कोई पक्षी।

स्पष्ट है कि पात्रों के मन में चल रहे परस्पर विरोधी विचारों और भावनाओं के सूक्ष्म आन्तरिक संघर्ष समकालीन मानव की समाज में दोहरी-तिहरी होती अस्मिता में स्वयं के संघर्ष की कथा है। इस दृष्टि से राकेश के पात्रों में कहीं-कहीं उनकी निजता एवं भोगे हुए यथार्थ का समावेश भी नज़र आता है। राकेश स्वयं भी अपनी सम्वेदनशीलता तथा स्थिति के दुष्चक्र के बीच मन में गहरी अकुलाहट लिए लिखते रहे। यह द्वन्द्व उनके साहित्य व व्यक्तित्व दोनों में नज़र आता है। उनकी पत्नी अनीता राकेश ने अपने आत्मकथ्य 'चंद सतरें और' में लिखा भी है "एक तरफ तो हाइली इन्टेलेक्चुअल लेबल, दूसरी तरफ हाईली इमोशनल लेबल था। इन दोनों लेबलों को उस व्यक्ति ने बखूबी निभाया भी।"

स्पष्ट है कि एक लेखक के भोगे हुए यथार्थ, समाज पर गहरी चिन्तना दृष्टि और परिवेश से सम्पृक्ति, आम आदमी की ज़मीनी चेतना और आसमानी सपनों की कीमियागिरी से जो बना वो राकेश के उद्दाम इच्छाओं से जूझते पात्र हैं।

घ. ख्वाहिशें इतनी कि हर ख्वाहिश पे दम निकले : राकेश के पात्र अपनी चेतना में इतने प्रबल और अपनी कल्पना में इतने स्वप्नजीवी हैं कि वे अस्मि-बोध में अत्यन्त आत्म-केन्द्रित, जटिल व संश्लिष्ट हो उठते हैं। उनके तकरीबन प्रत्येक पात्र में चेतन व अचेतन तथा निजता व व्यावहारिकता का द्वन्द्व संघर्ष बन कर उभरता है।

राकेश का पात्र जहाँ अस्मि-बोध की तीव्रता से स्वयं की इच्छाओं के प्रति सजग-सचेत हो गया है, वहीं स्वयं की इच्छाओं के चलते अकेला भी पड़ जाता है। अत्यधिक सम्वेदनशीलता के चलते वह अपने आप को ही दो हिस्सों में बाँट कर खुद से भिड़ जाता है। पात्रों की इस बुनावट के लिए उन्हें कई बार आलोचकों द्वारा अस्तित्ववादी भी ठहराया जाता रहा है जिसके प्रतिवाद में राकेश का कहना है- "लेखक का वास्तविक कमिटमेंट किसी विशेष विचारधारा से न होकर अपने से, अपने समय से और समय के जीवन से होता है।"

राकेश ने जिस संक्रमणकाल में उसी का एक अंग बनकर रचना-कर्म किया वहाँ मनुष्य की चेतना, उसका अस्तित्व, उसकी सामाजिक इयत्ता सभी एक प्रश्नचिह्न से गुज़र रही थी। ऐसे में मनुष्य की इच्छाएँ या तो कुंठित हो जाती हैं अथवा उद्दाम रुप धारण कर लेती हैं। वह कुछ भी, किसी भी कीमत पर नहीं छोड़ना चाहता अपने सपने भी, आदर्श भी और सम्वेदनशीलता भी।

नाटक- राकेश के पात्रों में उद्दाम इच्छाओं की अभिव्यक्ति सुंदरी में सर्वाधिक विस्फोटक रुप से हुई है। आकंठ सांसारिक रागात्मकता में रँगी इस नारी में स्वयं के अनिंद्य रुप के प्रति, स्वयं की कामनाओं के प्रति और अपने प्रेय के प्रति इच्छाओं का कोई अंत नहीं है। सुन्दरी जीवन का भोग करना चाहती है, वह अपनी इच्छाओं को स्थगित नहीं करना चाहती। यहाँ तक कि अपने अहं के कारण वह टूट सकती है पर इच्छाओं से समझौता नहीं करना चाहती। स्थूल जगत को वह अपनी कामना के आगे देखना ही नहीं चाहती और किसी अन्य के सूक्ष्म आभ्यन्तर की कामनाएँ देखना अपने अहं की हेठी समझती है। आधिभौतिक कर्म व विचार उसे नीरस लगते हैं क्योंकि उसकी समस्त इच्छाएँ सरस भौतिक देह में समाई हैं। नाटक 'लहरों के राजहंस' के समस्त विस्तार में सुन्दरी एक तरंग की तरह अपनी स्पृहाओं को पसारे है।

मानव की उद्दाम इच्छाओं पर किसी प्रकार का प्रतिबन्ध लग जाए तो किस प्रकार किसी एक की सम्वेदना दूसरे में प्रतिरोपित होकर सिर पटक-पटक कर पात्रों और रचना में

उद्वेलन उत्पन्न कर देती है इसका श्रेष्ठ उदाहरण श्यामांग है। सुन्दरी के स्नेह-शासन में विवश नन्द अपने होठ सी लेता है लेकिन उसके भीतर घुटती मुक्ति की प्रचंड इच्छा को राकेश ने श्यामांग के सम्वेदनशील मन की कुंठा से उपजे पागलपन के द्वारा जिस प्रतीकात्मकता के साथ प्रस्तुत किया है, अभूतपूर्व है।

इसके बिल्कुल विपरीत 'आषाढ़ का एक दिन' का कालिदास है। समस्त संवेदनशीलता, सृजनात्मकता व कोमलता से ऊपर उसकी संप्रभुता पाने की प्रबल इच्छा इस तीव्रता से हावी हो जाती है कि यह पात्र अपने ही भीतर से एक विलोम उत्पन्न कर उसे मातृगुप्त नाम देकर जीने लगता है। अपनी साहित्यिक इयत्ता में यह पात्र सुन्दरी से अधिक यथार्थ विश्वसनीय और समसामयिक है, क्योंकि आधुनिक युग के मानव का दर्शन यही है। प्रेम, रागात्मकता और समर्पण जैसी कोमल भावनाएँ उसके लिए दोयम है और अपने अस्मि-संकट के कारण वह भौतिक स्थिति और पैसे को अधिक महत्त्व देने लगा है। वह सबके ऊपर स्वयं को सम्प्रभु देखना चाहता है "तुम्हें बहुत आश्चर्य हुआ था कि मैं कश्मीर का शासन सँभालने जा रहा हूँ। तुम्हें यह बहुत अस्वाभाविक लगा होगा, परन्तु मुझे इसमें कुछ भी अस्वाभाविक प्रतीत नहीं होता। अभावपूर्ण जीवन की वह एक स्वाभाविक प्रतिक्रिया थी। सम्भवत: उसमें कहीं उन सबसे प्रतिशोध लेने की भावना भी थी जिन्होंने जब-तब मेरी भर्त्सना की थी, मेरा उपहास उड़ाया था।"

विलोम के चरित्र, जिसके लिए विलोम ने स्वयं को असफल कालिदास और कालिदास को सफल विलोम कहा है, के द्वारा राकेश ने प्रतीकात्मक रुप से आधुनिक विसंगतियों में जूझकर कुंठित होते उस आदमी की इच्छाओं को स्वर दिया है जो किसी भी राह से अपनी अदम्य इच्छा पूरी करना चाहता है। यह आदमी पारम्परिक खलनायकीय छवि के विपरीत बौद्धिक तर्कों द्वारा अपनी इच्छाओं और उनको पूरी करने के तरीके को उचित व न्यायसंगत ठहराता है, और स्वयं के 'पाने के अधिकारों' को भी जानता है।

'आधे अधूरे' की स्त्री भी राकेश का वह महत्त्वपूर्ण पात्र है जो धधकती इच्छाओं के आवेश से गढ़ी गई है। अपनी कामनाओं में घिरी यह स्त्री आधुनिक स्त्री के उस रूप की परिचायक है जिसे प्रेम भी चाहिये और प्रेमी पुरुष की सफलता भी, जो अच्छा पति बनकर जीवन की समस्त सुविधाएँ दे सके। अपनी आर्थिक रुप से चरमराई 'सैकिंड हैंड' गृहस्थी और विशृंखलित परिवार में लगातार कलह में जीती यह नारी अपनी दुर्दम कामना से विवश एक के बाद दूसरे पुरुष को रिजेक्ट करती चलती है, क्योंकि उसकी इच्छाओं की कसौटी पर खरा उतरे ऐसा पुरुष शायद सम्भाव्य नहीं है। वस्तुत: यह पात्र राकेश ने सुन्दरी की इच्छा को ही विस्तार देते हुए सिरजा है, सुन्दरी देह और राग में अपनी इच्छा की सम्पूर्णता

और अस्वीकृति की स्वतंत्रता अपने पास रखना चाहती है जबकि सावित्री आधुनिक नारी का प्रतिनिधित्व करते हुए पूर्ण स्वातंत्र्यकामी है।

कहानी- ठीक यही इच्छा-विस्फोट राकेश के कहानी-साहित्य के पात्रों में भी हम विभिन्न रूपों में देख सकते हैं। 'फौलाद का आकाश' कहानी में रवि और राजकृष्ण की महत्त्वाकांक्षाओं के बीच पिसती मीरा के अकेलेपन और एक देह भर समझे जाने की व्यथा का अंकन है। राजकृष्ण, जो कि मीरा का विवाहपूर्ण का प्रेमी है, अपनी राजनैतिक महत्त्वाकांक्षा के कारण आदर्श के नाम पर मीरा से विवाह नहीं करता पर बाद में मिलने पर मीरा की देह चाहता है। विवाह के पश्चात् रवि की भौतिक इच्छाएँ विस्फोटक रुप ले लेती हैं, मशीनों से उलझते-उलझते वह सम्वेदना के नाम पर मशीन हो जाता है और मीरा की देह भी यन्त्रवत उपभोग करता है। इन दो पुरुषों की इच्छाओं में घुटती मीरा आधुनिक युग में बढ़ती आकांक्षाओं के बीच दम तोड़ती सम्वेदना की प्रतीक है। आधुनिक युग में मानव की भौतिक, पदार्थवादी कामनाएँ इतनी प्रबल हो उठी हैं कि उनकी पूर्ति के लिए मानव अपने व अपने जीवन-साथी दोनों को दाँव पर लगा देता है। 'आखिरी सामान' कहानी में मि. भण्डारी भी यही करना चाहता है।

'सुहागिनें' दाम्पत्य सम्बन्धों पर आधारित कहानी है जिसमें नायिका मनोरमा अपने नैसर्गिक अधिकार मातृत्व से परिवार के कारण वंचित रहती है ओर प्रतिक्रिया-स्वरुप अपनी इस दमित उद्दाम इच्छा की पूर्ति नौकरानी के जन्मे-अजन्मे बच्चों पर ममता उँडेल कर करती है। मनोरमा के मानस के अतल गहवरों में छिपी मातृत्व-कामना लावा बन कर फूटती दिखाई पड़ती है। उसे हर पल, हर संदर्भ और अकेली स्थिति मातृत्व-कामना की अतृप्ति से भरती जाती है। उसकी यह अतृप्त कामना अपने आवेश में उसकी मनोग्रंथि बन जाती है जो उसके पति के साथ सम्बन्धों को भी प्रभावित करती है "जब भी सुशील के हाथ उसके हाथों को सहला रहे होते तो एक अज्ञात शिशु उसकी बाँहों में आने के लिए मचलने लगता। वह जैसे किलकारियाँ सुनती और उसके कोमल शरीर का स्पर्श अनुभव करती।"

'सीमाएँ' कहानी भी मनुष्य की स्वाभाविक यौनेच्छा के उद्दाम स्वरूप से जन्मी कहानी है जहाँ नायिका उमा अपनी जंजीर चुराने वाले व्यक्ति को भाँप नहीं सकती क्योंकि उसके स्पर्श से उसकी पुरुष-सान्निध्य की प्रबल इच्छा को संतुष्टि मिल रही होती है।

'गुनाह बेलज़्ज़त' सेक्स मनोविज्ञान पर आधारित विचारोत्तेजक कहानी है, जिसका नायक सरदार सुन्दसिंह एक पुरुष के रुप में असमर्थ व्यक्ति है। एक रात वह वेश्यागमन के लिए जाता है और उसी समय पुलिस कुछ लोगों को धर दबोचती है। मुख्य पात्र वहाँ से निकल आता है। घर आकर घबराते हुए वह जिस ढंग से अपनी पत्नी को हादसा बताता

है उससे हमें उसकी घबराहट का कम और उसकी इस प्रबल इच्छा का अधिक ज्ञान होता है कि वह भी मर्द की तरह व्यवहार कर सकता है, ये बात उसकी बीवी सहित सब जानें।

"रहने दो सरदार जी", उसने कहा "मन के लड्डू मत फोड़ो, उसे आप ही के पास आना था सारी उम्र बीत गई आपको सपने देखते।"

"तू मत मान..., सुन्दरसिंह ने उलझे हुए मगर शिथिल स्वर में कहा, "मैं तो आप कहता हूँ कि मुझसे गलती हुई। मगर जो गलती होनी थी सो हो गई। तू घर की देखभाल कर...."

उपन्यास- राकेश के औपन्यासिक पात्रों में भी इन उद्दाम इच्छाओं का विस्फोटक रुप देखने को मिलता है। 'न आने वाला कल' में मनोज आधुनिक मानव की महत्त्वाकांक्षा का प्रतीक है। उसकी इच्छाएँ बहुआयामी हैं और इस कारण यह पात्र अस्थिरता का शिकार हो जाता है, कैरियर और निजी ज़िन्दगी सम्बन्ध दोनों में। वस्तुत: सम्वेदना और सत्ता के टकराव से इच्छा के अधूरी रह जाने के कारण जो कुंठा उपजती है उसका श्रेष्ठतम उदाहरण मनोज है। मनोज का एक स्वभाव बार-बार उपन्यास में दृष्टिगत होता है और वह है छोटे बालक की तरह भूख से व्याकुल हो उठना और थाली सामने आते ही अरुचि से भर उठना। इस प्रतिक्रिया को मनोविश्लेषणात्मक दृष्टि से देखें तो यह मनुष्य की अदम्य इच्छा और असंतुष्टि से उपजी कुंठा का ही परिचायक है। उपन्यास की स्त्री-पात्र बॉनी हाल भी अपनी इच्छाओं में प्रबल है किन्तु इस स्त्री की इच्छाएँ मांसल हैं इसलिए यह अधिक जटिल नहीं।

उद्दाम इच्छा और उसकी कुंठित अभिव्यक्ति की दृष्टि से लेखक का सर्वाधिक सशक्त पात्र है- 'अन्तराल' की श्यामा। इस पात्र में आधुनिक नारी की बहुआयामी इच्छाएँ और उनके दमन से उपजी छटपटाहट, कुंठा व विभाजित व्यक्तित्व को लेखक ने जिस संवेग से अंकित किया है वह अद्वितीय है। अकेलेपन से घबरा कर कभी बहन के पास तो कभी सास के पास बम्बई जाना, अपनी नारियोचित कामना-पूर्ति की इच्छा में कुमार के पास आना, और अपने संस्कारों तथा प्रबल अहं-बोध के कारण फिर से अकेला रह जाना। ढ़ेरों इच्छाएँ और उनका प्रतिरोध ही मानों श्यामा के जीवन की नियति बन कर रह गई है। उसकी इच्छाएँ और चाहनाएँ उसके अहं से बाधित होते हैं, कोई इस दुर्ग में नहीं जा सकता, न पति न प्रेमी। वह पुरुष को चाहती तो है पर अपनी आकांक्षाओं के अनुरूप और सीमाएँ बनाकर। सब इन सीमाओं को तोड़ते हैं और तब उसमें तीखी प्रतिक्रिया होती है।"

श्रीमती सुनीता श्रीमाल ने एक जगह लिखा है "मोहन राकेश के पात्रों में इच्छित जीवन जीने की आकांक्षा इतनी बलवती है कि इसके लिए वे सामाजिक और पारिवारिक निषेधों को तोड़ने में नहीं हिचकते, लेकिन जिस कालखण्ड के ये पात्र हैं वहाँ निषेध-भाव तीव्र है अत:

पात्रों की जिजीविषा और कुंठा भी उतनी ही तीव्र है, 'अंधेरे बन्द कमरे' का अपनी अस्मिता में स्वतंत्र और कामना में प्रखर प्रत्येक पात्र उक्त कथन पर खरा उतरता है।

कथानायक हरबंस जहाँ अपने प्रति महत्त्वाकांक्षी है, दाम्पत्य-सम्बन्धों के लिए भी उतना ही स्वतंत्रताकामी, नीलिमा के साथ दाम्पत्य उसकी स्वतन्त्रता में बाधक है, किन्तु वो नीलिमा के साथ का भी इतना ही इच्छुक है। एक मेधावी इतिहासविद्, एक संस्कृतिकर्मी होते हुए भी वह कुछ ठोस नहीं कर पाता, यहाँ तक कि अपनी थीसिस भी अपूर्ण छोड़ देता है। नीलिमा को लेकर भी उसकी इच्छाओं में विरोध है, वह नीलिमा के नर्तकी बनने से नफरत करता है पर नीलिमा के कल्चरल ग्रुप के साथ वह यूरोप के टूर पर जाता है। वस्तुतः यह परिवर्तित होते परिवेश में भारतीय पुरुष का चित्र है जो आधुनिक बनना चाहता है, अपनी पत्नी के कैरियर के लिए भी महत्त्वाकांक्षी है, पर उसका सनातन सामन्ती भारतीय पुरुष उसे कुंठित कर सम्बन्धों में तनाव उत्पन्न करता है। ऐसे में हरबंस व नीलिमा दोनों की चाह अधूरी रहती है। नीलिमा जहाँ सहकर्मी ऊबानू के साथ अकेली यात्रा पर चली जाती है वहीं हरबंस अपनी एकाकी कामनाओं का वर्णन अपने पात्रों में करता है- "मैं किसी की ऐसी ही तो मित्रता चाहता हूँ जो मेरी सब आशाओं और निराशाओं को, इच्छाओं और आकांक्षाओं को उत्साह और चाह के साथ बाँट ले।" और होता यह है कि न नीलिमा की इच्छा पूर्ण होती है और न ही हरबंस की। आधुनिकता और अहम् से गढ़े ये पात्र अपनी अपूर्ण कामनाओं के साथ एक-दूसरे के साथ ही जीने को विवश हैं।

एकांकी- मोहन राकेश के एकांकियों में सर्वत्र यही उद्दाम इच्छाएँ अपने विस्फोटक रुप में देखने को मिलती हैं। अंडे के छिलके' एकांकी एक पारम्परिक एकांकी है। सामाजिक निषेधों में दबकर युवा-इच्छाएँ किस प्रकार चोरी से कार्य करने लगती हैं इसका हास्य-व्यंग्यात्मक चित्रण लेखक ने बड़े सहज ढंग से किया है। श्याम का छुपकर अंडे का हलवा बनाना, गोपाल का छुपकर सिगरेट पीना, राधा का छुपकर 'चन्द्रकान्ता' पढ़ना, सभी भारतीय परिवेश में मानव की उन घुटती इच्छाओं के विस्फोट का प्रतीक है जो आधुनिक चेतना से और भी प्रबल हो उठी हैं

स्पष्टतः मोहन राकेश के साहित्य में तनाव का बहुत बड़ा कारण पात्रों का महत्त्वाकांक्षी होना है।

उन्होंने अपने पात्रों में जहाँ मानव-मन में विद्यमान शाश्वत कामनाओं के आवेश को प्रस्तुत किया है वहीं परिवर्तित हो रहे तत्कालीन परिवेश में हर तरफ से टूटते मानव की अदम्य लालसा, जो कि कुंठित होकर और भी विस्फोटक हो जाती हैं, को सृजनात्मकता के साथ प्रस्तुत किया है। ये कामनाएँ अपने चरम बिन्दु पर जाकर अहम् से जुड़ जाती

हैं और इसीलिए सम्बन्धों में तनाव का कारण बनती हैं। करीब-करीब प्रत्येक पात्र अपनी इच्छाओं की पूर्ति हेतु व्याकुल दिखाई देता है, किसी की इच्छा देह है तो किसी की राग, किसी की मुक्ति तो किसी की बंधन, किसी के लिए अर्थ तो किसी के लिए मन महत्त्वपूर्ण है और अधिकतर पात्रों की इच्छाएँ अपनी कामना-पूर्ति हेतु विस्फोट के चरम तक पहुँचती है। लेकिन आम, हर तरह से विवश मनुष्य की तरह ये विस्फोट भी भीतरी ही होते हैं और पात्रों की कुंठा का कारण बनते हैं।

नारी की स्वाभाविक स्नेह पाने की इच्छा, स्वयं को स्थापित करने की इच्छा, संपूर्ण, सही पा लेने की इच्छाओं को राकेश ने विश्वसनीयता से प्रस्तुत किया है। सावित्री, श्यामा, सुन्दरी, बॉनी हाल, शोभा, मिस पाल, नीलिमा, सुषमा श्रीवास्तव, उमा, नीरा, मनोरमा सभी नारियाँ अपनी इच्छाओं में आतप्त नारियाँ हैं जिनके होठ तक उनकी प्यास में चटके पड़े हैं।

इसके ठीक विपरीत राकेश के पुरुष पात्रों की सृष्टि स्वतन्त्रता की गहरी इच्छा को लेकर की गई है। कालिदास के अपवाद को छोड़ दें तो प्रत्येक पुरुष अपनी अर्थवत्ता में स्वतन्त्रता चाहता है और कालिदास भी भौतिक चकाचौंध से उचाट होकर अंत में सारे वैभव को त्यागकर स्वतन्त्रता का ही वरण करता है। वस्तुतः राज्यसत्ता की टकराहट को झेलने वाले कालिदास की नियति ही आज के लेखक की नियति है। ये पात्र मात्र व्यक्ति न होकर राकेश के अनुसार 'मानव की सृजनात्मक शक्तियों का प्रतीक है। वो सृजनात्मक शक्तियाँ जिन्हें अपनी सम्प्रभुता की उत्कट कामना में वह दुनियादारी के पास गिरवी रख देता है।'

राकेश के लगभग सभी पात्रों में इच्छाएँ अपने विस्फोटक रुप में विद्यमान हैं किन्तु उनकी अभिव्यक्ति भिन्न-भिन्न प्रकार से हुई है। कहीं वह अपने यथावत रूप में है तो कहीं कुंठित होकर मानसिक विचलन, पलायन, हताशा, कुंठा, अलगाव, बेचैनी तथा सम्बन्धों में उकताहट और संवादहीनता के रूप में लक्षित होती है। वस्तुतः यह आधुनिक संदर्भो एवं परिस्थितियों में मनुष्य की यथास्थिति का द्योतक है, क्योंकि प्रत्येक मनुष्य स्वभाव, परिवेश और परिस्थिति के अनुसार प्रतिक्रिया देता है। राकेश के निजी जीवन की पारिवारिक त्रासदियाँ एवं परिवार में सुखी रहने की अदम्य इच्छा उनके साहित्य में स्पष्ट दृष्टिगत होती है। जिस बेरहमी से वे अपने साहित्य में परिवार तोड़ते हैं उतनी ही अदम्य लालसा के साथ वे उसे अपने साहित्य में तलाशते भी हैं। उनके साहित्य में समसामयिक जीवन का कटु यथार्थ ही नहीं है, इस कटु यथार्थ से आगे कहीं पहुँचकर स्थिर होने की आकांक्षा भी है।

स्पष्ट है कि मोहन राकेश के पात्रों में कामनाएँ अपनी तीव्रता के साथ विद्यमान है किन्तु उनका विस्फोट अन्तर्मुखी है। इन इच्छाओं के आवेश को राकेश ने पात्र-संरचना में मनोवैज्ञानिक सम्वेदनशीलता एवं बहुमुखी प्रयोग-शिल्प व कथ्यात्मकता के साथ प्रस्तुत किया है।

ङ. पात्रों की इच्छाओं का आवेश और पात्र संरचना- इच्छाओं, उनके द्वन्द्वों और उनकी अभिव्यक्ति से जुड़े अध्ययन में हमने देखा कि राकेश के पात्रों में इस का बोध किस हद तक प्रबल है। राकेश चूँकि समय-सत्य की नब्ज़ को पकड़ कर लिखने वाले लेखक हैं, अतः आपकी रचनाओं में हमें मानव के स्वभाव, उसके स्वप्नों, कमजोरियों, आशा-निराशा एवं यथार्थ का जीवंत चित्रण मिलता है। राकेश के पात्रों में इच्छा का आवेश इतना संश्लिष्ट और सघन है कि वह उनकी भाषा, व्यवहार, प्रतिक्रिया, संवाद और अन्य पात्रों के साथ संवाद में स्पष्ट परिलक्षित होता है। पात्रों की इच्छाओं में आवेग और उनकी अभिव्यक्ति दर्शाने में राकेश ने मनोविश्लेषणात्मकता का सहारा लिया है। मनोविश्लेषकों के अनुसार मन चेतन, अचेतन व अवचेतन तीन स्तरों पर होता है। मनुष्य की समस्त इच्छाओं और संस्कारों का ज़िम्मेदार, युंग के अनुसार, उसका अचेतन मन ही होता है। यही मानव-चरित्र का मुख्य आधार है और यही परोक्ष रूप से व्यक्ति के व्यवहार को निर्धारित करता है। राकेश के समस्त कथा-पात्रों पर दृष्टि डालें तो उक्त तथ्य की पुष्टि होती है। आम मध्यमवर्गीय मूल्यहीनता एवं समाज-संक्रमण के हताश दौर से गुज़रते मानव की इच्छाएँ कहीं कुंठित हैं, कहीं दमित हैं तो कहीं वर्जित हैं, लेकिन जब वो प्रकट होती हैं तो उनका आवेश सम्पूर्ण कृति को प्रभावित करता है और स्वयं पात्र को भी।

इस प्रभाव का चित्रण राकेश ने जिस बिम्बात्मकता व प्रतीकात्मकता के साथ किया है वह प्रभविष्णु है। पात्रों के बारे में अपने विचार प्रकट करते स्वयं राकेश हुए लिखते हैं- "सफल चित्रांकन का अर्थ है उन्हें उनकी अच्छाइयों और बुराईयों के साथ एक सजीव और विश्वसनीय रूप में प्रस्तुत करना। ऐसा इसलिए कि कहानी निस्संदेह कुछ अभिजात उदास और उदार व्यक्तियों की जीवन-गाथा नहीं है, और 'स्ट्रक्चर' और 'टैक्सचर' से पहली चीज़ कहानी का 'यार्न' है। वह तन्तुवाय जो आज का यथार्थ है एक व्यक्ति विशेष और समुदाय विशेष के जीवन का यथार्थ नहीं।" और उनके चरित्र को गूंथने वाला, आकार देने वाला वह मुख्य यार्न है उनकी उद्दाम इच्छाओं का भीतर ही भीतर खदबदाता आवेश।

नाटक- इच्छा-आवेश के कारण अपनी संरचना में विशेष एवं संश्लिष्ट पात्रों की सूची बनाई जाए तो राकेश के नाटकीय पात्र इस मायने में सर्वाधिक उल्लेखनीय हैं, चाहे कालिदास हो, श्यामांग अथवा 'आधे अधूरे' का पुरुष।

'आषाढ़ का एक दिन' का कालिदास जो स्वयं राकेश के अनुसार "एक व्यक्ति नहीं, हमारी सृजनात्मक शक्तियों का प्रतीक है, नाटक में वह प्रतीक उस अन्तर्द्वन्द्व को संकेतित करने के लिए है जो किसी भी काल में सृजनशील प्रतिभा को आन्दोलित करता है।" कालिदास अपनी इच्छाओं से जूझता, संचालित होता नज़र आता है। उसका कमज़ोर

व्यक्तित्व, पलायनवादी दृष्टिकोण, सभी उसकी इच्छा के आवेश के कारण है। यह इच्छा ऐतिहासिक कालिदास की नहीं है अपितु वैयक्तिक स्तर पर परिवेश और राजसत्ता को झेलने वाले आज के प्रत्येक लेखक की शाश्वत नियति है। उस टकराहट में ही वह इतना कमज़ोर और भगोड़ा हो जाता है कि अपनी प्रियतमा की त्रासद परिणति देख कर पूर्णतः पलायन की राह पकड़ लेता है।

मल्लिका के चरित्र की संरचना भी कालिदास रुपी पात्र की इच्छाओं के द्वन्द्व एवं आवेश को प्रकट करने हेतु की गई है। विलोम भी ऐसा ही एक कथा-पात्र है जो अपनी एवं कालिदास की भौतिक एवं सम्वेदनागत इच्छाओं के भँवर में फँसा स्वयं को खलनायकत्व की ओर मोड़ लेता है। वस्तुतः वह सामान्य मानव की तरह काम्य बनने एवं काम्य को पाने की इच्छा रखने वाला वर्ग पात्र है जो अपनी उत्कट इच्छा में चरित्र बन जाता है। "तुम मुझसे घृणा करती हो, मैं जानता हूँ। परन्तु मैं तुमसे घृणा नहीं करता। मेरे यहाँ होने के लिए इतना ही पर्याप्त हैं।" इतना स्पष्ट तथ्यात्मक चिंतन खलनायक का नहीं हो सकता, ये तो उस प्रेमी हृदय की प्रतिक्रिया है जिसकी प्रणय कामना इतनी उद्दाम है कि वो उस भाव की पूर्ति ही जीवन का लक्ष्य बना लेता है।

'लहरों के राजहंस' में सुन्दरी व नन्द, जो दोनों मिथकीय पात्र हैं, को उनकी इच्छाएँ संचालित करती हैं। सुन्दरी के व्यक्तित्व को आधुनिक सन्दर्भों में प्रदर्शित करने के लिए लेखक ने उसे सायास ज़िद्दी, आत्ममुग्ध और शासक दर्शाया हो, ऐसा नहीं है। वस्तुतः इस स्त्री की इच्छाएँ उसे इतना आलोड़ित करती है कि वह ऐसी हो जाती है। "मैंने अब तक आदेश नहीं दिया था? इतनी बड़ी बात और इसी के सम्बन्ध में आदेश नहीं दिया था? फिर मैंने सोच कैसे लिया कि...... ? शायद अपने आप पर बहुत निर्भर करती हूँ। सोच लेती हूँ कि बात मन में आने से ही पूरी हो जाती है।" लेकिन इसी मजबूत व हठी दिखाई देती नारी का खंडित रुप, जो कि नाटक के अन्त में दिखाई पड़ता है वह भी उसकी भग्नइच्छा के कारण ही है। आहत अभिमान में यह चरित्र अन्त में असामान्य रुप से एकाकी हो जाता है।

नन्द के चरित्र का अत्यधिक जटिल व द्विराही हो उठना भी इसी आवेश के कारण है। जंगल में स्वयं की थकान से दम तोड़ते हिरण-शावक की व्याकुलता अपने मन में उतार कर व्याघ्र से भिड़ जाना उसके चरित्र के द्वन्द्व का द्योतक है। भिक्षुओं की तरह केश कटाकर आने के तुरन्त पश्चात् भिक्षु आनन्द से विवाद में सुन्दरी व गार्हस्थ्य का पक्ष लेते संवाद उसकी इच्छाओं की सतत् टकराहट से उपजे चरित्र के सूचक हैं। श्यामांग की नियोजना भी इसी इच्छा के दमित आवेश की अभिव्यक्ति है जो राकेश की लेखकीय प्रयोगधर्मी गुरुता की द्योतक है। उसका उन्माद, उसका प्रलाप, उसे लीलता सन्नाटा, राजहंसों पर डोलती दीख

पड़ती छायाएँ सब नन्द के मन की संकुल भावनाएँ हैं- "नहीं, किसी की समझ नहीं आता... पत्थर... पानी में पत्थर मैंने नहीं फेंके। वह भी वह भी वही छाया थी... यह अंधेरा.... यह अंधेरा मुझसे नहीं ओढ़ा जाता... मुझे एक किरण ला दो... एक किरण।" एक पात्र की इच्छा का आवेश दूसरे पात्र, जो कि दास के रूप में एक वर्ग पात्र भर है, को किस तरह परिवर्तित कर देता है यह यहाँ सम्वेदनशील रूप में रचा गया है।

'आधे अधूरे' इस दृष्टि से सर्वाधिक महत्त्वपूर्ण कृति है। मानव-मन में दबी ढेरों कामनाएँ, जो कि एक आदमी में समा ही नहीं सकती, को दर्शाने हेतु चार भिन्न चरित्रों को लेखक ने समंजित किया है, ये चार चरित्र एक ही पात्र के बदलते मुखौटे हैं। नाटक के आरम्भ में मुख्य पुरुष-पात्र का एकालाप स्वयं ही अपनी चरित्र संरचना के बारे में बोलता है- "बहरहाल इस गणित की पहेली में कुछ भी नहीं रखा है। बात इतनी ही है कि विभाजित होकर मैं किसी न किसी अंश में आप में से हर एक व्यक्ति हूँ, और यही कारण है कि नाटक के बाहर हो या अन्दर, मेरी कोई भी एक निश्चित भूमिका नहीं है।"

एक तरफ यह पात्र खुद की इच्छाओं से रूप परिवर्तित करता है, दूसरी तरफ इससे भी बड़ी वजह अपने जीवन के अन्य लोगों (स्त्री-पात्र) की इच्छापूर्ति की तलाश में खरा उतरने के लिए वह स्वयं के साथ प्रयोग करता चलता है। यह अलग बात है कि इसका प्राप्य नाटक की संवेदना व पात्र-संरचना में अभूतपूर्व नवीनता होती है, पात्रों की जीवन परिस्थिति में नहीं।

नाटक की स्त्री-पात्र की इच्छाओं का आवेश उसे कहीं संयोजित नहीं रहने देता, न आन्तरिक न बाह्य रूप में। निम्न उद्धरण से यह बात स्पष्ट होती है-

"स्त्री : कब तक और? (गले की माला को उँगली से लपेटते हुए झटका लगने से माला टूट जाती है। परेशान होकर माला को उतार देती है और जाकर कबर्ड से दूसरी माला निकाल लेती है) साल पर साल... इसका यह हो जाए, उसका वह हो जाए (मालाओं का डब्बा रखकर कबर्ड को बन्द करना चाहती है पर बीच की चीज़ों के अव्यवस्थित हो जाने से कबर्ड ठीक से बन्द नहीं होता) एक दिन....दूसरा दिन (नहीं ही बन्द होता तो उसे पूरा खोलकर झटके से बन्द करती है)...एक साल....दूसरा साल (कबर्ड के नीचे रखे जूते-चप्पलों को पैर से टटोलकर एक चप्पल निकालने की कोशिश करती है पर दूसरा पैर नहीं मिलता तो सब को ठोकरें लगाकर पीछे हटा देती है) अब भी और सोचूँ थोड़ा......"

इस सारे क्रियाकलाप में स्त्री की इच्छाओं की अतृप्ति और तद्‌जन्य मानसिक अन्तर्द्वन्द्व के दर्शन होते हैं वह अपने मन को एक स्थान पर रखने में असमर्थ है और यह चीज़ उसके बाह्य क्रियाकलापों को भी प्रभावित करती है।

मुख्य पात्र की इच्छाओं से अन्य पात्रों की रूपरेखा भी किस प्रकार संचालित होती है यह बड़ी लड़की के चरित्र की संरचना से स्पष्ट होता है। समझदारी व बड़प्पन से भरी होने के बाद भी ये पात्र अपने अवचेतन में माँ का स्वभाव ग्रहण कर अपने साथ ले जाती है जो पति के साथ उसके सम्बन्धों को प्रभावित करती है "कि मैं अपने अन्दर कुछ ऐसी चीज़े लेकर गई हूँ जो मुझे स्वाभाविक नहीं रहने देती।"

स्पष्ट है कि राकेश के तीनों नाटकों की पात्र-संरचना उनकी इच्छाओं की प्रबलता से संचालित है, पुरुष, श्यामांग और विलोम इस दृष्टि से अविस्मरणीय पात्र हैं।

एकांकी- नाटकीय पात्रों की तरह ही राकेश के एकांकी-पात्र भी अत्यन्त महत्त्वपूर्ण हैं। पार्श्व नाटक 'छतरियाँ' जो कि एक बीज नाटक है, लेखक के अवचेतन में विद्यमान बीज-भाव है जो नाटक में विकास पाता है। यह एक 'मोनोटोनी' अथवा एकरसता की अवस्था है। अतीत में जो घटित हुआ है वह लेखक के अवचेतन में है और उसे यह मानसिक स्थितियों के माध्यम से व्यक्त करता है। बीज नाटक में पात्र अपनी मनोदशा को उजागर करते हुए ठहरे हुए दिखाई पड़ते हैं। वस्तुत: समाज की विसंगतियों, वंचनाओं एवं दबी तीव्र इच्छाओं को लेखक ने इस प्रयोग के द्वारा प्रस्तुत किया है जो वर्तमान के अमानवीय युग-संकट में दब जाती हैं। ढेरों त्रासदियों के बीच एक मात्र पात्र अकेले, संकटग्रस्त मानव का स्वरूप है जहाँ इच्छाओं के कोलाहल में दबकर मनुष्य की भाषा कमज़ोर पड़ जाती है। यहाँ छतरी संस्कृति का प्रतीक है जिसकी रक्षा मनुष्य करना चाहता है। वह उन्मुक्त जीवन जीना चाहता है और देखता है अकेला आदमी और उसकी लड़ाई।

उपन्यास- 'अन्तराल', 'अंधेरे बन्द कमरे' और 'न आने वाला कल' के पात्रों की संरचना भी इच्छा-बोध से अत्यन्त प्रभावित है। 'अँधेरे बन्द कमरे की समस्त पात्र नियोजना महानगरीय नागरिक की आशा-इच्छाओं से रची गई है। वो व्यक्ति-समाज, निजता-प्रसिद्धि, भीड़-एकांत सब चाहता है और शहर की तंगियों में घुटता है। मुख्य पात्र 'हरबंस के व्यक्तित्व में दबी इच्छाएँ पूरी तरह समझी नहीं जा सकती थीं अगर उसमें मधुसूदन के साथ शुक्ला, अमृतबाला और चावला न होते। नीलिमा के मन में दबी पुरुष से प्रेम पाने की (अथवा हिसाब चुकाने की) उत्कट चाह को दर्शाने के लिए उपन्यास में ऊबानू की प्रविष्टि होती है। यहाँ पूरी तरह भौतिकता व महत्त्वाकांक्षा में डूबी सुषमा श्रीवास्तव भी है, जो प्रगति की चाह में भावनाओं को समाप्त कर लेती है, लेकिन इससे भी अधिक वो मधुसूदन में आत्म-स्वतंत्रता व अहं की प्रस्तोता बन कर उभरती है।

'अन्तराल' में ठीक यही नियोजना लेखक ने श्यामा के पात्र की संरचना के सन्दर्भ में की है। श्यामा के चरित्र की इच्छाओं के अन्तर्प्रवाही आवेश और द्वन्द्व को दर्शाने के लिए

लेखक ने जहाँ सीमा जैसे प्रचंड भौतिकता और व्यावहारिकता लिए पात्र की संरचना की है, वहीं उसकी इच्छाओं में स्वयं उसका अवचेतन बाधक है यह दर्शाने के लिए उसके शिक्षक प्रिंसिपल गोपाल की हरकत, उसके युवा प्रेमी राजीव का छोड़ जाना व पति देव की उपेक्षा आदि चित्रित किए गए हैं। यही कारण है कि उसका चरित्र एक प्रकार की असामान्यता में उलझा हुआ है। कभी निर्लिप्त बौद्धिकता, तो कभी आम स्त्रियों की भावुकता, कभी राग तो कहीं विराग उसके सारे विचलन इसी के द्योतक हैं। उपन्यास का प्रत्येक पात्र अपने अकेलेपन में असंगत है, और यही असंगति उपन्यास की मूल संवेदना की संगति है। कुमार और श्यामा एक सी प्यास से संरचित हैं किन्तु एक की पति द्वारा अस्वीकृति व दूसरे की प्रेमिका द्वारा बेवफाई दोनों में प्रतिकार का भाव उत्पन्न कर देती है। शायद दोनों का असफल वैवाहिक जीवन भी इसी कारण है और खुद में मंडराता व्यक्तित्व भी इसी कारण।

कहानी- राकेश के कथा-पात्र भी उसी माटी से गढे हैं जैसे अन्य पात्र, यानि उनके भीतर सुलगती शाश्वत इच्छाएँ ही उनके चरित्र-निर्माण में महत्त्वपूर्ण भूमिका निभाती हैं। ग्लास-टैंक' कहानी की मुख्य नारी पात्र, जो कभी सुभाष को चाहती रही होगी, अधेड़ावस्था में भी उसे नहीं भूल पाती और यह प्रेम उसे जवान बेटे-बेटियों के सामने अजीब आत्मग्लानि भरा भावुक रुप दे देते हैं। एक माँ और पत्नी बनने के बाद भी इस पात्र की मन:स्थिति की किशोरावस्था इसकी अतृप्त भावात्मक इच्छाओं के कारण है। उसके अतृप्त मन की यही इच्छा कहानी के अन्य पात्र उसकी बेटी के मन में भी उतर जाती है और अचेतन में वह यही भाव सुभाष के प्रति पाल लेती है जो उसकी माँ के मन में है। 'ग्लास टैंक' में बन्द मछलियों के माध्यम से राकेश ने इस प्रतीक-कथा को रचा है। संवेदना के स्तर पर अन्तर्विरोध से गुज़रती ये दोनों स्त्रियाँ एक ही मानसिक आकार ले लेती हैं जो कि शायद आम मध्यमवर्गीय लड़की का स्वभाव होता है। वे आर्थिक और सामाजिक कारण से एक दूसरे के साथ इस तरह बँधी हुई हैं कि वे उन्हें अपना प्रतिस्पर्धी भी मानती हैं और आदर्श भी।

'धुंधला द्वीप', 'दोराहा' और 'लक्ष्यहीन' तीन कहानियाँ हैं, पर अपने मूल कथ्य में तीनों एक ही प्रतीत होती हैं, तीनों का कथा-नायक केसरी है जो स्त्री-पुरुष सम्बन्ध तो चाहता है पर अपना आप बचाकर। वस्तुत: एक सी स्थितियों में हममें से बहुत सारे ऐसे ही हो जाते हैं, स्वकेन्द्रित और ऊबे हुए से। सामान्य जीवन की सामान्य उठापटक में अपनी इच्छा के बोध ने इन तीनों पात्रों की संरचना में इतनी समानता उत्पन्न कर दी है।

राकेश की प्रारम्भिक कहानी 'नन्हीं' देखें तो आरम्भ में हलका सा छायावादी भाषा-स्वर महसूस होता है किन्तु कथा-विकास में 'नन्हीं' और 'नई माँ' दोनों अपनी-अपनी इच्छाओं के चलते कहानी में विस्फोटक चेतना उत्पन्न कर देती हैं। नन्हीं की प्रबल इच्छा

जहाँ माँ से जुड़ने की है वहीं नई माँ, जो कि स्वयं तरुणी है, इससे बचना चाहती है। कहानी का अन्त करुणोत्पादक है।

'मलबे का मालिक' कहानी मानवीय सम्वेदना और करुणा को आधार बना कर लिखी है। भारतीय उपमहाद्वीप का विभाजन और तद्जन्य परिवर्तित हुए मानवीय मूल्यों के सन्दर्भ में मुख्य नायक, जो कि बँटवारे के समय पाकिस्तान चला जाता है, वापिस आने पर अपने मोहल्ले के लोगों से सिर्फ स्नेह चाहता है, अपना छूटा घर देखना चाहता है लेकिन परिवर्तित परिदृश्य में समकालीन जीवन के दबाव झेलकर स्वार्थी और क्रूर हो गए लोगों के अलावा उसे कुछ नहीं मिलता। इन दो विभिन्न संवेदनाओं के बीच गनी खाँ का चरित्र करुण व पारम्परिक होते हुए भी यथार्थ से अनुरंजित है।

अपने परिवेश से असहमति और वहाँ रहने की अनिवार्यता के बीच पात्रों की स्वतंत्र इच्छाएँ घुट कर उन्हें जो सार्थक बेचैनी प्रदान करती है इसका श्रेष्ठ चित्रण 'जानवर और जानवर' कहानी में हुआ है। आर्थिक आधार पर मानव अपनी इच्छा को दमित तो कर लेता है पर तात्कालिक शर्तों का अस्वीकार उनके व्यक्तित्व में कुंठा और जिजीविषा का विचित्र द्वन्द्व उत्पन्न कर देता है, अपने गहन सन्दर्भों में उपन्यास 'न आने वाला कल' इन्हीं पात्रों की विस्तृत संरचना है।

'मिस पाल' इच्छा के प्रबल वेग और पात्र की दृष्टि से महत्त्वपूर्ण कहानी है। मिस पाल जो एक पूर्ण नारी है और संवेदनशील कलाकार स्वभाव की है अपनी तथाकथित भद्दी आकृति के चलते लोगों के उपहास की शिकार होती है और उसका चरित्र असामान्यता व निष्क्रियता का शिकार हो जाता है। कुछ करने की प्रबल इच्छा में स्थान बदल कर भी उसकी नियति नहीं बदलती और वह कुंठा में डूबी अकर्मण्य उपहासास्पद चरित्र बदल जाती है।

इस चरित्र के बारे में कार्लो कपोला से बात करते हुए राकेश ने कहा था "उसका दफ़्तर उसके लिए प्रतीक मात्र था। वह औरत हर समय पलायन करना चाहती थी लेकिन साथ ही वह यह भी जानती थी कि वह अपने से तथा अपनी आवश्यकताओं से नहीं भाग सकती। वह अपने जीवन की सार्थकताओं को समझाने की कोशिश करती है, लेकिन वह व्यर्थ लगता है। उसका संघर्ष ईमानदार होकर जीने वाला संघर्ष है, जहाँ आप अपने पूर्ण स्वरूप के साथ जीना चाहते हैं, लेकिन उसके आसपास की परिस्थितियाँ आपके इस प्रकार जीने में आड़े आती है। अतः उसमें उदासी और हताशा का पुट आना अनिवार्य था।"

इसी तरह 'जीनियस' कहानी का जीनियस हमारे परिवेश में घुटते सामान्य बुद्धिजीवी की सामान्य महत्त्वाकांक्षाओं में आत्मश्लाधा से भर उठे व्यक्ति का चित्रण है जो कथा के अंत में 'यह मेरा इनरसेल्फ है' कह कर स्वयं को ज़ीनियस सिद्ध करता है। यह उन कहानियों

में से है जिनमें भीतर की टूटन और जकड़न को व्यक्ति बाहरी दिखावे से भरना चाहता है। इस दृष्टि से राकेश की 'सीमाएँ' कहानी भी महत्त्वपूर्ण है। आम मध्यमवर्गीय, परम्परागत, सामाजिक बन्धनों में बँधी दब्बू सी लड़की को उसकी नैसर्गिक इच्छाएँ जिस प्रकार प्रगल्भ रूप देती हैं, अपनी चेतना में विशिष्ट है। इस पात्र की संरचना में राकेश ने यौन-मनोविज्ञान का सहारा लेते हुए मनुष्य की अनिवार्य इच्छाओं के आवेश के कारण मानव-चरित्र पर पड़े प्रभाव का चित्रण किया है।

राकेश के समग्र कथा-साहित्य के पात्रों की संरचना में उनकी उद्दाम कामनाएँ महत्त्वपूर्ण भूमिका बनती हैं। यह इच्छा किसी पहलू विशेष की नहीं अपितु मनुष्य मात्र में रहने वाली सर्वमुखी, समस्त कामनाएँ हैं जिन्हें प्रस्तुत करने में लेखक राकेश ने नव्य वैचारिकता, गहन दृष्टि और प्रतीक-शिल्प का उपयोग किया है।

पात्र-मन में बसी इन इच्छाओं की अपूर्णता से उपजा बोध पात्र की सम्वेदना एवं चरित्र दोनों को प्रभावित करता है।

4

स्वप्न-शावक और यथार्थ-अहेरी का किस्सागो

क. मैं ग़म को ख़ुशी कैसे कह दूं- "जीवन का वस्तु क्षेत्र वही है, मनुष्य की मूल प्रवृत्ति वही है परन्तु जीवन के सन्दर्भ हर नए दिन बदल रहे हैं। बात नई जगह आकर नई तरह की कहानी लिखने की नहीं, उसी जगह रहकर उसी इन्सान के उन्हीं अन्तर्द्वन्द्वों को जीवन के नए सन्दर्भों में देखने की है। जीवन के मूल्य जब बदलते हैं तो सभी जगह एक ही तरह से नहीं बदलते, परिवर्तन का भी हर जगह अपना अलग रंग होता है।" कहानी के सन्दर्भ में कहा उक्त कथन साहित्य की सभी विधाओं पर खरा उतरता है। समकालीन साहित्य में वही वस्तु रहते हुए भी उसके समस्त तत्त्वों में, विशेषकर पात्रात्मकता में, बदलाव आया है। यह बदलाव बाहरी ही नहीं अपितु पात्रों के भीतरी संरचना के स्तर तक प्रदर्शित होता है। अपने समय के कड़वे-मीठे (कड़वे ज्यादा, मीठे कम) सत्यों के साथ जीते पात्र ने अब स्थितियों और उनकी सच्चाईयों को बिना आग्रह के नवीन बोध दृष्टि के साथ देखना आरंभ कर दिया। सुखान्तवादी आदर्शपरक बोध के साथ ही उसने यथार्थपरक जो है, जैसा है, को भी समझना स्वीकारना आरम्भ किया।

मोहन-राकेश के पात्र समसामयिक मानव की उस संक्रांत दशा के वाहक हैं जहाँ एक ओर उनकी चेतना को उनका परिवेश यथार्थ-बोध प्रदान करता हैं वहीं दूसरी ओर मन में बैठे पारम्परिक भारतीय संस्कार व आदर्श उसे प्रभावित करते हैं। राकेश के पात्रों में यह बोध एक प्रभावी वक्रता उत्पन्न करता है। राकेश के पात्रों का यथार्थ एवं आदर्श-बोध इस तरह समझ सकते हैं-

1. मन का विश्वास कमजोर हो ना- "भारत एक ऐसा देश है जहाँ अतिदीर्घ कालव्यापिनी परम्पराएँ चली आती रहीं है। नए युग में यद्यपि नई पीढ़ी उन्हें छिन्न-भिन्न कर देती है, पर मृणाल-तन्तु की तरह नष्ट होते हुए भी परम्परा के तन्तु सर्वाशत: नष्ट नहीं हो पाते। अत: परम्परा का मोह किसी न किसी रुप में यहाँ मिल ही जाता है।"

वस्तुत: आदर्श ही वह अवधारणा है जिसके आधार पर विश्व की समस्त प्राचीन साहित्य-परम्पराएँ और सांस्कृतिक अवधारणाएँ टिकी रहीं। आदर्श, जिसमें सभी मांगल्य का दर्शन करें, जो समष्टि के लिए शुभ हो। समाज में ऐसे चरित्र सामाजिक लोक-मंगल के श्रेय की कल्पना करते हैं, परिवेश में व्याप्त तमाम विसंगतियों को सहकर भी वे अनुकूल के लिए वैचारिक व सक्रिय प्रयत्न करते हैं।

पाश्चात्य 'युटोपिया' व भारतीय 'रामराज्य' की कल्पना इस अवधारणा से उपजी है, साहित्य का आरम्भ भी आदर्शवाद के साथ हुआ है और इधर बहुत नज़दीक समय तक रहा है। लेकिन पिछले दो सौ वर्षों की उथल-पुथल से उपजी भयावह त्रासदियों ने इसकी सच्चाई बदल दी, इसका मुलम्मा फीका पड़ गया और अब तो साहित्य से आदर्शवाद लुप्तप्राय सा हो चुका है।

समसामयिक लेखक बदलते समय के साथ अधिक यथार्थवादी हो चुका है लेकिन इस से उसका आदर्श-बोध पूर्णतया मर गया हो ऐसा नहीं है। संस्कारों की एक लम्बी आनुवांशिकता (विशेषकर पौर्वात्य में) के चलते वह अब भी कहीं से थोड़ा सा आदर्शवादी बना रहता है और उसका वही आदर्श कतिपय चरित्रों में झलक उठता है। वैसे भी कथानक-वक्रता हेतु दो भिन्न चरित्रों के समायोजन की आवश्यकता होती है। परिवेश के साथ चरित्र का जो भी सम्बन्ध होता है वह यथार्थ है लेकिन चरित्र का अपना दृष्टिकोण आदर्शपरक हो तो परिवेश से उसका परोक्ष द्वन्द्व हो जाता है जो चरित्र को विकसित आयाम देकर कथानक को नवीन वक्रता प्रदान करता है।

मोहन राकेश यों तो पूर्णत: यथार्थवादी विचारधारा से प्रभावित लेखक हैं और उनके अधिकांश पात्रों का बोध यथार्थ के प्रति अधिक सम्वेदनाग्राही है किन्तु उनके यथार्थबोध को जो वस्तु सर्वाधिक तुर्श करती है, उनके व्यक्तित्व को जटिल बनाती है वह है- उनके भीतर दबी हल्की सी आदर्श की आशा का टूट जाना। वस्तुत: ये राकेश एवं उनके समकालीन साहित्यकारों के समय-संक्रमण के भोगे हुए यथार्थ से उपजी कुंठा है।

"लेखक अपनी जड़ों से जुड़े रहना भी चाहता है और पुराने मूल्यों को नकार कर नवीन बोध से भी जुड़ना चाहता है।" 'कथादेश' के अगस्त 2000 अंक में साक्षात्कार में यह बात राकेश के घनिष्ठ मित्र एवं समकालीन लेखक राजेन्द्र यादव ने स्वयं स्वीकार की है। लेखक की यह दुविधात्मक स्थिति पात्रों के अस्तित्व में एक छटपटाहट उत्पन्न करती है। छटपटाहट, जो परिवेश की जटिल यथास्थिति व पात्र की आदर्शपरक दृष्टि के संघर्ष के बीच पैदा होती है। वह अन्त तक जूझता है और अन्त में निर्णयहीन स्थिति में पस्त हो जाता है। यह संघर्ष कभी-कभी पात्र की अस्तित्व-रक्षा के संदेश में बदल जाता है।

नाटक- राकेश के नाटकीय पात्रों की आदर्शपरक दृष्टि से विवेचना करें तो 'आषाढ़ का दिन' की मल्लिका इस दृष्टि से सर्वश्रेष्ठ एवं सर्वोपरि है। अपने प्रियतम की प्रगति-कामना में डूबी इस नारी के जीवन को किशोरावस्था के रूमानी आदर्श पूरी तरह संचालित करते हैं और अंत में वह अपने प्रेम के आदर्श में डूबी आत्मोत्सर्ग कर देती है। 'अभाव में भाव' की स्थापना उसकी आदर्श दृष्टि की परिचायक है। इसी आदर्श दृष्टि में वह समस्त परिवेश, जिसमें उसकी माँ भी है, से लोहा लेती है। कालिदास द्वारा विवाह न करना भी उसके आदर्शों को डिगा नहीं पाता और वह समर्पित भाव से उसकी प्रतीक्षा करती है। उसकी यह आदर्श दृष्टि नारी-कोमलता का चरम रूप है। कालिदास का मातृगुप्त के रूप में उससे बिना मिले लौट जाना उसे कडुवाहट से भर सकता था पर मल्लिका ऊपर उठती है। उसने कालिदास को प्राणों से चाहा है, देह भर से नहीं। इस पात्र के लिए स्वयं राकेश लिखते हैं- "मल्लिका कालिदास का विस्तारित रूप है। मल्लिका का चरित्र एक प्रेयसी-प्रेरणा का नहीं, भूमि में रोपित उस स्थिर आत्मा का भी है जो ऊपर से झुलस कर भी अपने मूल में विरोपित नहीं होती।" इस पात्र के द्वारा लेखक ने भारतीय स्त्री की 'सत्यम् शिवम् सुन्दरम्' मय अवधारणा को बेहद सुन्दर ढंग से प्रस्तुत किया है जो प्रेम, त्याग और समर्पण के रेशों से, दुख और आँसू के छींटों के साथ बनती है लेकिन सुख से प्रायः वंचित रहती है।

नाटक का मुख्य पात्र कालिदास, जो कि अपनी समग्रता में कोमल कमज़ोर पात्र नजर आता है, के व्यक्तित्व-निर्धारण में एक सम्वेदनशील कवि-हृदय युवा की आदर्श दृष्टि भी कार्य करती है। उसका भौतिक चकाचौंध को छोड़कर ग्राम प्रान्तर में वापिस लौटना उसकी आदर्श दृष्टि का परिचायक है। राकेश ने इस पात्र के लिए लिखा है- "आशा और आस्था की शक्तियाँ अपनी कोमलता में निर्बल प्रतीत हों फिर भी कथ्य यही है कि बर्बर शक्तियों के हाथों वे पराजित नहीं होतीं।" लेकिन उसका आदर्श भी उसकी तरह द्विराही और अस्पष्ट है, वस्तुतः वह आधुनिक-बोध में जीते युवा की असंमजस भरी आदर्श दृष्टि है।

नाटक 'लहरों के राजहंस' में जहाँ सुन्दरी यथार्थ-बोध से गढ़ी गई पात्र है वहीं नन्द वह संकुल पात्र है जो अपने चरित्र से नाटक के आरम्भिक शब्दों 'सोऽनिश्चियान्नापि यथौ न तस्थौ तरंष्तरंगैष्विव राजहंसः' को पूरी तरह सिद्ध करता है। पूरी तरह से कामनाओं में जी रहे इस पात्र की बाह्य-सृष्टि एक भौतिकतावादी मनुष्य की तरह की गई है लेकिन अपने अन्तस में आधिभौतिक ऊँचाईयों के प्रति आदर्श-भाव रखने वाला यह पात्र दोनों स्पृहाओं में उलझ कर रह जाता है। उसकी आदर्श दृष्टि उसे बार-बार देवी यशोधरा के पास जाने व सन्यस्त होने की ओर प्रवृत करती है। उसकी इस आदर्श परक दृष्टि ने उसे मल्लिका के विपरीत आत्म संघर्ष में उलझा पात्र बना दिया है क्योंकि उसकी आस्था और आदर्श इतने दृढ़

नहीं। नन्द का मन स्थिर भाव से सुन्दरी का रुप उपभोग नहीं कर पाता क्योंकि कहीं भीतर उसके मन में अस्थूल और असंसारी तत्त्वों के प्रति आकर्षण है।

नन्द का ही वायवीय रूप है श्यामांग- जिसने नन्द के आदर्शों को अपने मन में बसा लिया हैं। इन आदर्शों की टूटन और पराजय से यह पात्र स्वयं टूटता हुआ मर जाता है। डॉ. सुषमा अग्रवाल के शब्दों में- "वह नितान्त सामान्य जगतधर्मा पात्र नहीं है। वह विचारवान है, अन्तर्मुखी है और बाह्य यथार्थ के साथ नहीं बँध पाता।"

एकांकी- राकेश के एकांकी-साहित्य में जिस पात्र की आदर्शपरक दृष्टि सर्वाधिक प्रखर है वो है- 'सिपाही की माँ' की बिशनी उर्फ 'माँ'। युद्ध की विभीषिका के सन्दर्भ में लिखे इस एकांकी में इस पात्र की आदर्श परक दृष्टि द्वारा लेखक ने युद्ध में लड़ रहे सैकड़ों मासूम सैनिकों की त्रासदी पर प्रकाश डाला है जो बिना किसी दुश्मनी के मरते-मारते रहते हैं। मानव को मानव का हंता बनाने वाले युद्ध में विरोधी सिपाही भी किसी का बेटा, किसी का पति है और उसे भी जीने का उतना ही अधिकार है, इस प्रकार के मानवीय बोध से भरी ये स्त्री उस आदर्शपरक दृष्टि की संवाहक है जिसकी उपस्थिति से ही दुनिया जीने लायक बनती हैं- "नहीं मानक, तू इसे नहीं मारेगा। यह भी हमारी तरह गरीब आदमी है। इसकी माँ इसके पीछे रो-रोकर पागल हो गई है। इसके घर में बच्चा होने वाला है। यह मर गया तो इसकी बीबी फाँसी लगा कर मर जाएगी।" बर्मी लड़कियों के साथ वार्तालाप में भी बिशनी के स्नेहिल संवाद उसकी मानवीय गरिमा-दृष्टि के परिचायक हैं। इस एकांकी तथा पात्र के द्वारा लेखक अपनी समाजशास्त्रीय चिन्तना का संकेत देते हैं।

'प्यालियाँ टूटती हैं' एकांकी में दीवानचन्द भी विभाजन की विभीषिका में सर्वस्व गँवा चुका आदर्शवादी पात्र है। सब कुछ गँवा कर भी यह भोलानाथ के परिवार की रक्षा करता है, उनकी बेटी से पुत्रीवत् स्नेह रखता है पर अब काफी सम्पन्न हो चुका भोलानाथ-परिवार उसकी उपेक्षा करता है। वस्तुत: हीन-भावना से ग्रसित ये स्वार्थी परिवार दीवानचन्द के उदात्त मूल्यों को समझने में, उसके प्रेम का प्रतिदान करने में असफल है। एकांकी में दीवानचन्द द्वारा अनाथ बच्ची को गोद लेने का निर्णय भी उसकी आदर्शपरक दृष्टि का द्योतक है।

उपन्यास- राकेश के तीनों उपन्यासों के पात्र शुद्ध महानगरीय बोध को लेकर रचे गए आधुनिक सम्वेदना के पात्र हैं जो यथार्थवादी अधिक नज़र आते हैं किन्तु कहीं-कहीं उनके चरित्र से हल्की सी आदर्शपरक दृष्टि भी कौंध उठती है।

'अंधेरे बन्द कमरे' का हरबंस ऐसा ही आधुनिक संचेतना वाला पात्र है जिसे सफलता के जोड़-तोड़ भरे खेल का पूरा भान है पर उसके मन में कहीं छुपा आदर्श उसे वह सब

करने नहीं देता। मधुसूदन से इस संवाद में वह कहता भी है "अपने को धोखे में रखना चाहूँ तो कुछ और भी कर सकता हूँ। मन में कई बार आता है कि जब सारी दुनिया इसी रास्ते पर चल रही है तो मैं भी इस पर क्यों न चलने लगूँ।" नीलिमा की समस्त उद्धत प्रतिक्रियाओं, दाम्पत्य असहमतियों एवं घर छोड़ कर चले जाने के पश्चात् भी फिर भी उसी घर में लौट आने के पीछे भी कहीं ना कहीं भारतीय स्त्री की पति-केन्द्रित अवधारणा है जो उसे पति के घर में ही गति पाने की पारम्परिक सोच से जोड़ती है। स्वयं राकेश ने आधुनिकता के तत्त्व बनाम भारतीयता के तत्त्व परिसंवाद में कहा है- "प्रयोग और परम्परा, आधुनिकता और भारतीयता इन्हें मैं अनिवार्यत: विरोधी नहीं मानता।"

'न आने वाला कल' का मनोज सक्सेना भी अपने आप को किसी भी बन्धन से बचाने, किसी भी दमन से मुक्त रखकर प्रत्येक व्यक्ति की स्वतंत्रता और शिक्षण संस्थाओं को राजनीति से मुक्त रखने की तथा स्वयं को पा लेने की हल्की सी आदर्शवादी झलक देता है, हालांकि उसका यह कार्यान्वय भरा कल कभी नहीं आता।

कहानी- राकेश की कई कहानियों के पात्र आदर्शपरक दृष्टि से गुंथे हुए हैं, विशेषकर शुरुआती कहानियों में। 'भिक्षु' कहानी जो बाह्य एवं भाषिक शिल्प की दृष्टि से जयशंकर प्रसाद की कहानियों का स्मरण कराती है, के पुरुष पात्रों की द्वन्द्वात्मकता के बीच मुख्य स्त्री-पात्र तारा का चरित्र उदात्त आदर्श में ढला है जो मठ के नियमों एवं चारित्रिक दृढ़ता में पूर्ण विश्वास रखती है।

'मलबे का मालिक' का गनी खां भी मानवीय सम्बन्धों के प्रति आदर्शवादी भाव के चलते ही अपने पुराने मुहल्ले में चले आता है। इसी तरह 'उसकी रोटी' कहानी भी अपने छोटे कैनवास के बावजूद बालो के चरित्र के रूप में एकनिष्ठ समर्पिता भारतीय नारी के आदर्श को अभिव्यक्त करती है जो पति की सारी बेईमानियों और टुच्चे मर्दाना अहंकार पर भारी पड़ता है। इस कहानी के सम्बन्ध में डॉ. लक्ष्मणदत्त गौतम का कथन है- "यह एक ऐसी कहानी है जिसे प्रेमचन्द की विकसित परम्परा में रख सकते हैं। यहाँ परम्परा में आस्था के स्वर को मन्द नहीं होने दिया गया है। यथार्थ की कड़ुवाहट में भी संस्कारों की, शुद्ध आस्था की मधुरिमा, सांस्कृतिक गरिमा को देश-विदेश की निधि के रुप में जुड़े रहने की भावना है। कमाल यह है कि लेखक बिना भावुक हुए पाठक को विभोर कर देता है।"

'रोजगार' कहानी भी आधुनिक दबावों को झेलती मिस दारुवाला नामक एक युवा स्त्री की आदर्शपरक संघर्ष-कथा है जो अपने बीमार भाई का खर्च देहजीवा होकर भी वहन करती है, उसके प्रति निर्मम नहीं हो पाती। "इसे सुबह एक प्याली दूध और दे दिया करो, मैं उसके पैसे अलग से दे दिया करूँगी।"

'क्लेम' कहानी का मुख्य पात्र साधुसिंह भी वह शरणार्थी है जो आदर्शवादी भाव रखता है और झूठा क्लेम नहीं करता, 'भूखे' कहानी की नायिका एवलीन भी इसी परपरा को आगे बढ़ाती स्त्री है जो पाश्चात्य स्वातंत्र्यवादी देश की होते हुए भी स्त्री के आदर्शों को बचाए रखना चाहती है। परिस्थितियों के कूर थपेड़ों में भी वह बिना किसी की दया की अपेक्षा किए अपने स्वाभिमान के साथ जीना चाहती है। उसकी आशा और विश्वास उसे हर संघर्ष का सामना करने की शक्ति देते हैं।

भयावह परिवेश और अकेलेपन में घिरे रहकर भी 'जख्म' कहानी के नायक का आस्तित्विक संघर्ष और जिजीविषा जीवन के प्रति उसकी सकारात्मक दृष्टि की द्योतक है- "पर तुम्हें इतना बता दूँ कि मुझे कम से कम बीस साल और जीना है। मैं तुम्हारे या दूसरे लोगों के बारे में नहीं कह सकता पर अपने बारे में कह सकता हूँ।"

इसी क्रम में 'वारिस' कहानी आधुनिक मूल्य-पतन के बीच समाप्त होती गुरु-शिष्य परम्परा को जीवित रखने की आशा लिए गुरु के आदर्श-भाव की कहानी है। शिष्य को पैन देना प्रतीकात्मक रुप में अपने आदर्श सौंपने की इच्छा का द्योतक है।

'आखिरी सामान' की नायिका बेला भण्डारी भी आदर्श दृष्टि से भरी चरित्र है जो भौतिकता की चाह में अंधे पति की निर्लज्ज माँग के आगे समर्पण नहीं करती और स्वयं की शुचिता को बचाए रखने के लिए संघर्ष करती है। इसी प्रकार 'फौलाद का आकाश' की मीरा भी अपने असंतुष्ट दाम्पत्य-जीवन के बाद भी पूर्व-प्रेमी के आगे समर्पित नहीं होती जो उसके के आदर्शोन्मुख व्यक्तित्व को दर्शाती है।

'चाँदनी और स्याह दाग' रूमान और आदर्श से छलकती इस प्रेम-कथा का नायक समदू अपनी प्रिया मेहर से दिलोजान से इश्क करता है और कबाइलियों द्वारा बलात्कार की शिकार होने के बाद भी उससे उतनी ही मुहब्बत करता है। युवामन की आदर्श रूमानियत से भरी इस कहानी को राकेश की रचनाओं में लीक से हटकर रेखांकित किया जा सकता है।

प्रेम की प्रतीक मल्लिका, प्रेम में संवेदनशील सर्जक बने कालिदास, प्रेम भावनाओं में विचलन का शिकार बना विलोम, प्रेम की आकांक्षाओं में खुद को भूली सुन्दरी, कोमलतम प्रणय भवनाओं में प्रेयसी की इच्छाओं के अनुसार जिये जा रहा नन्द, भावुक हरबन्स, अन्तर्मुखी प्रेम में देवदास बना मधुसूदन और मन में बसी रूमानियत से विवश होकर एक के बाद दूसरे पुरूष के कन्धों को आजमाती सावित्री जैसे अनेक पात्र राकेश ने रचे हैं; लेकिन इस कहानी का सफल रोमानी अन्त एवं समर्पित पात्रों की संरचना में युवा मन का रोमानी आदर्श भाव ही प्रमुख है। परिवेश के घृणित षड्यन्त्रों के बीच भी अपने आदर्श को सहेजे इन पात्रों से कहानी की संवेदना में जीवन का वह तत्व झलकता है, जिसके कारण दुनिया चलती है-

"लेकिन-एकिन कुछ नहीं।" समदू एक विश्वास के साथ उसके और निकट सरक गया- "जो कुछ तेरे साथ हुआ है, उसमें तेरा क्या दोष है? ज़िन्दगी इस तरह बरबाद कर देने की चीज़ नहीं है.... मेरी नज़रों में तू आज भी इस चाँदनी की तरह पाक और हसीन है।

"तू समझता क्यों नहीं है समदू मैं तेरी जान की दुश्मन नहीं हूँ... पर मेरे होठों में साँप से कम जहर नहीं है।"

"मुझे किसी जहर की परवाह नहीं है?"....उसने धीमे मगर निश्चिंत स्वर में कहा और मेहर का चेहरा अपने पास लाकर उसके ओंठ चूम लिए, जहर भरे।

राकेश के पात्र अस्तित्व-संघर्ष में जूझते हुए, अपने समय के यथार्थ-बोध से भरे पात्र हैं किन्तु उनके भीतर अंधेरे में रोशनी की किरण की तरह कहीं आदर्श की वह किरण भी कौंध उठती है जो मानव को मानव बनाती है और पृथ्वी को जीने लायक जगह। इस बारे में धनंजय वर्मा का कथन है- "यह ठीक ही है कि उनकी कहानियों में युग के सामाजिक और वस्तु-सत्य के सन्दर्भ में जीवन की बहुत तल्ख प्रतिक्रिया, बदलते विश्वासों को गति देती चेतना और एक संक्रमणशील दृष्टि मिलती है। लेकिन मूल्यों की इस संक्रांति में भी विघटन और ध्वंस की गति और टूटते-ढहते विश्वासों की कगारों पर भी एक आन्तरिक मानवीय आस्था, निष्ठा और दृष्टि का संकेत भी मिलता है।"

लेकिन यह भी विडम्बना है कि पात्रों की आदर्शपरक दृष्टि और यथार्थ-बोध में परिवेश की वक्रता के कारण द्वन्द्वात्मकता उत्पन्न होती है जो पात्र को प्रभावित करती है।

2. जानते हैं ग़ालिब जन्नत की हकीकत- पात्रों के बोध को सर्वाधिक प्रभावित करने वाला कारक है- उसका परिवेश। अपने आसपास बिखरे जीवन, घटती परिस्थितियों एवं तदजन्य अनुभवों से जो परिवेश बनता है वह प्रत्येक पात्र के लिए भिन्न अनुभव एवं अर्थवत्ता रखता है, उसके पूर्ववर्ती बोध को प्रभावित करता है। परिवेश की विसंगतियों के कारण ही साहित्य में अब तक चली आ रही आदर्शवादी दृष्टि की असफलता का एहसास कर के पाश्चात्य यथार्थवादी दृष्टिकोण को काफी बहस, विवाद के पश्चात् साहित्य में स्थान मिला है क्योंकि अब तक सनातन की आनन्दवादी अवधारणा ही साहित्य में चरम स्थान पाती रही थी। यद्यपि प्रेमचन्द-परम्परा तक के चरित्र अपने परिवेश की कठिनाइयों को चीह्न कर उनके लिए प्रस्तुत होने लगे थे किन्तु एक आशा व आदर्श उनके मन में फिर भी होता था। अभी थोड़ा ही समय गुज़रा था कि ये धारणा पूर्णतया परिवर्तित हो गई, साहित्य के अधिकांश पात्र परिवेश की वक्रता को समझ गए, उनका यथार्थ-बोध अधिक पारदर्शी हो गया।

मोहन राकेश स्वातंत्र्योत्तर पीढ़ी के लेखक हैं, खासकर उस संकटकाल से सीधे जुड़े हुए हैं जब आदर्शों का क्षय, आदमी की अस्तित्व-चिन्ता व परिवेश की विसंगति समस्त मानवता और साहित्य पर छाई हुई थी। ऐसे संक्रमणकाल में उनकी गहन चिन्तना तथा व्यापक अनुभव-दृष्टि ने जो वक्रता अपने पात्रों को प्रदान की वह उनके (जटिलतर यथार्थ-बोध की ही देन है। उनके अधिकांश पात्र परिस्थिति और परिवेश की यथास्थिति को बेपर्दगी के साथ देखते हैं। वे जानते हैं कि यही उनकी आद्यंत नियति है, इसके बिना नहीं चलेगा। लेकिन उनके संकुल मन की जटिलता में यह बोध उन्हें आतंकित भी करता है, उदास भी करता है और कभी-कभी इतना बढ़ जाता हैं कि वे भीतर से उलझ भी जाते हैं।

नाटक- 'आषाढ़ का एक दिन' की पात्र-संरचना पर दृष्टि डालें तो देखते हैं कि इस ऐतिहासिक नाटक के पात्र सम्वेदना के स्तर पर आधुनिक यथार्थ-बोध के संवाहक पात्र हैं विलोम, जो खलचरित्र सा लगता है, पूर्णतया यथार्थ-बोध में संतुलित पात्र है। उसे 'भावना में भावना' जैसी बात में न रूचि है न गति। एक आदमी के संकटों को झेलकर, प्रणय में अस्वीकार को स्वीकार कर जीते इस आदमी को मालूम है कि जीवन में पैसा और प्रभुता बड़ी चीज़ है और तथाकथित सम्वेदनशील कवि कालिदास कश्मीर जाएगा, और कालिदास चला जाता है। उसने मल्लिका की अस्वीकृति को स्वीकार कर लिया, क्योंकि उसे इस यथार्थ का भी भान है कि कालिदास उसे ब्याह कर नहीं ले जाएगा, क्योंकि कालिदास कमज़ोर है।

"और कालिदास क्यों नहीं चाहता, क्योंकि मेरी आँखों में उसे अपने हृदय का सत्य झाँकता दिखाई देता है, उसे उलझन होती.... किन्तु तुम तो जानती हो अम्बिका, मेरा एक मात्र दोष यह है कि मैं जो अनुभव करता हूँ, स्पष्ट कह देता हूँ।"

अपनी बेटी के लिए चिन्तित मल्लिका की माँ अम्बिका कठोर यथार्थ-बोध और अपनी उम्र के अनुभवों के चलते दुनिया की ऊँच-नीच से वाकिफ हो गई अपनी बेटी के लिए चिन्तित स्त्री है जो मल्लिका की 'भावना में भावना के वरण' जैसी आदर्शवादी बातों से सहमत नहीं है। जिसे मालूम है कि जीवन भावुकता से नहीं चलता और मल्लिका कालिदास के इन्तज़ार में दुख के अलावा कुछ नहीं पा सकती। एक माँ के रुप में वह बड़ा व्यवहारिक प्रश्न पूछती है- "प्रेम करता है तो विवाह क्यों नहीं करता? कल जब तुम्हारी माँ का शरीर नहीं रहेगा और घर में एक समय के भोजन की व्यवस्था भी न होगी तब जो प्रश्न तुम्हारे सामने उपस्थित होगा उसका तुम क्या उत्तर दोगी? तुम्हारी भावना उस प्रश्न का समाधान कर देगी?" इस पात्र के बारे में डॉ. पिंपलापुरे का यह कथन पूर्णतया सटीक है- "यह किसी भौतिकवादी की भाषा प्रतीत हो सकती है पर है यह किसी वत्सला माँ का यथार्थवादी स्वर।

माँ, जो जानती है कि पेट की भी ज्वाला होती है, सबको एक छाया चाहिये, विशेषकर भारतीय नारी को और जीवन-संघर्ष भावना के स्तर पर नहीं लड़ा जा सकता। इसके लिए चाहिये यथार्थवादी दृष्टि।"

अम्बिका की ही तरह 'लहरों के राजहंस' की नायिका सुन्दरी भी यथार्थ से अनुप्राणित है। आधुनिक सन्दर्भों के बोध में जीती ये नारी ज़िसे अपने घर-परिवार के अलावा सब बातें नापसंद है, अपने मामले में उसे कोई बाहरी हस्तक्षेप पसन्द नहीं। आध्यात्मिकता की बातें उसके गले नहीं उतरती और बुद्धदेव के सन्यास को वह पलायन के रुप में देखती है। दो टूक, अक्खड़ यथार्थवादी स्वर में जब उपहास भरे भाव में वह कहती है- "मैं जानना चाहती हूँ कि कामनाओं को जीता जाए यह भी क्या मन की कामना नहीं? और ऐसी कामना किसी के मन में क्यों जागती है?" राकेश ने इस यथार्थवादी नारी को बुद्धदेव जैसी आधिभौतिक विचारधारा की प्रतिद्वन्द्विता में पार्थिव मूल्य बनाकर प्रस्तुत किया है, और आज आध्यात्मिकता पर पार्थिवता ही भारी पड़ती है।

'आधे अधूरे' भी आधुनिक बोध की अर्थवत्ता में मध्यवर्ग के यथार्थ को लेकर रचित एक प्रयोगधर्मी नाटक है। नाटक का मुख्य पात्र 'पुरुष' अपने समग्र रुप में साम्प्रत यथार्थवादी जीवन का वाहक है जिसने जीवन की जटिलतर स्थिति से जूझते हुए परिस्थिति के अनुरूप मुखौटे बदलने की कला सीख ली है, वह जानता है कि परिस्थितियाँ नहीं बदलेंगी, बदलना उसे ही पड़ेगा।

"परिवार दूसरा होने से परिस्थितियाँ बदल जातीं, मैं वही रहता, इसी तरह सब द्वन्द्व निर्धारित करता। इस परिवार की स्त्री के स्थान पर कोई दूसरी स्त्री, किसी दूसरी तरह से मुझे झेलती या वह मेरी भूमिका ले लेती और मैं उसकी भूमिका लेकर झेलता। नाटक अंत तक फिर भी इतना ही अनिश्चित बना रहता और यह निर्णय करना कठिन होता कि इसमें मुख्य भूमिका किसकी थी- मेरी, उस स्त्री की, या तीनों के बीच से उठते कुछ सवालों की।"

नाटक में बड़ा पुत्र अशोक भी महानगरीय जीवन की बेरोज़गारी और पारिवारिक कलह झेलते हुए परिस्थितियों व सम्बन्धों के यथार्थ को देखकर कटु हो उठा युवा है। दिन भर निकम्मा रह कर 'कैसानोवा' पढ़ना और माँ-बाप से कडुए ढंग से बात करना, बहन से बात करते हुए स्थिति को उसके खारेपन के साथ प्रस्तुत करना उसके यथार्थ-बोध से उपजे कसैलेपन पन की ही देन हैं। अशोक द्वारा कैंची से काटे जाने वाले कागज़ युवा-मानस के आक्रोश का प्रतीक बन जाते हैं, मानो टुकड़ों में बिखरा जाने वाला परिवार ही प्रस्तुत हुआ हो। घर का सदैव तनावपूर्ण वातावरण, बहन बिन्नी का घर से भागना, बेकारी और संस्कारों

की कमी इन सब का सम्मिलित परिणाम अशोक का व्यक्तित्व है। वह आज की संत्रस्त, घर से बिछुड़ी हुई पीढ़ी का प्रतीक है।

कैशोर्य की कनकनी उमर में नावाकिफ़ होने वाली हकीकत से वाकिफ़ होकर गुज़रते बालक के विचलन को लेखक ने छोटी लड़की के माध्यम से बड़ी कुशलता से व्यक्त किया है। घर में लगातार कलह झेलती, अभाव व उपेक्षा सहती, पिता के लिजलिज़ेपन और माँ की उपेक्षा से थकी, बहन का माँ के कथित प्रेमी के साथ घर से भागना और भाई की आवारगी झेलती यह तेरह वर्षीय किशोर अक्खड़, बदमिज़ाज़ और यौन-सम्बन्धों की उत्कण्ठा से भरा चरित्र है इसका एक वाक्य समस्त चरित्रों की असलियत बता जाता है- "लोंदे सबके मिट्टी के लोंदे।"

इस नाटक के लिए ख्यातनाम रंगकर्मी स्व. ओम शिवपुरी ने कहा है- "यह मौजूदा जीवन की विडम्बना के कुछ सघन बिन्दुओं को रेखांकित करता है। उसके पात्र, स्थितियाँ, मन:स्थितियाँ सभी यथार्थपरक तथा विश्वसनीय हैं। आधे अधूरे आज के जीवन के एक गहन अनुभव-खंड को मूर्त करता है।"

उपन्यास- राकेश के नाटकीय पात्रों की तरह उनके औपन्यासिक पात्र भी यथार्थ-बोध से जूझते पात्र हैं। महानगरीय अकेलापन, आत्मकेन्द्रित स्वार्थपरता, सम्बन्धों के परिवर्तित समीकरण, आधुनिक जीवन की मुश्किलें, बेरोज़गारी, स्थानाभाव और परिवेश में निहित अन्य विसंगतियों से दो-चार होते इन पात्रों का यथार्थ-बोध प्रबल हो उठा है।

'अंधेरे बन्द कमरे का हरबंस जहाँ इस यथार्थ-बोध के कारण अस्थिर हो उठा है वहीं सम्बन्धों के प्रति संश्लिष्ट होकर बेचैन हो गया है। इस पात्र के लिए इलाचन्द्र जोशी का कथन है- "उपन्यास पढ़ जाने के बाद भी न उसकी रुचि का पता लगता है न उसके भीतर की कभी साथ न छोड़ने वाली बेचैनी, अशान्ति ओर असन्तोष के कारणों का। वह सब-समय उड़ा-उड़ा सा और उखड़ा-उखड़ा सा लगता है।" वस्तुत: हरबंस आधुनिक दाम्पत्य की मुश्किलों से तो गुज़र ही रहा है, उसके परिवेश में नौकरशाही और राजनीति का जो कुचक्र चल रहा है उस सच का बोध भी उसे है। उसकी सम्वेदनशीलता उसे व्यथित रखती है, वह इस भ्रष्ट तंत्र में शामिल नहीं होता क्योंकि यह उसके स्वभाव में नहीं।

"हाँ, मेरा मतलब यही है कि उनकी नजर में मैं एक उपयोगी आदमी हूँ। आज मैं जिस पद में काम कर रहा हूँ उसमें जो सरकारी रिकॉर्डस मेरे हाथ से गुज़रते हैं उन्हें दृष्टि में रखते हुए तुम नहीं सोच सकते कि मैं किस तरह एक उपयोगी आदमी हूँ।"

हरबंस की पत्नी नीलिमा एक महत्त्वाकांक्षी स्त्री है उसे पता है कि उसकी यथास्थिति कैसी और क्या है इससे वह दुखी रहती है, लेकिन उसे यह भी पता है कि इसे वो बदल नहीं सकती, इसीलिए न चाहते हुए भी वह घर लौट आती है।

सूत्रधार मधुसूदन महानगरीय यथार्थ में आम आदमी के जीवन-यथार्थ को उसकी सम्पूर्ण चेतना के साथ वहन करता पात्र है। बस्ती कस्साबपुरा की गलियों में रहता मधु सुषमा श्रीवास्तव को पसन्द करके भी उससे जुड़ नहीं पाता क्योंकि उसे उसकी सफलता के पीछे के सूत्रों का भी ज्ञान है और अंत में वह फिर से बस्ती कस्साबपुरा की ठकुराइन के पास जाने को विवश हो जाता है। बस्ती कस्साबपुरा का जीवन, उच्चवर्गीय जीवन के पीछे का गणित, शहरी नौकरियों की राजनीति और सामने चल रहे दाम्पत्य-सम्बन्धों की विफलता, इन सब सच्चाइयों ने इस पात्र को अन्तर्मुखी और जटिल बना दिया है। सुषमा श्रीवास्तव भी यथार्थ-बोध से भरी दुनियादार लड़की है जिसे सफलता ही सारे जीवन का सार लगती है। आदर्शवाद व सम्वेदनाएँ आदि जिसकी दृष्टि में मायने नहीं रखती। इस पात्र का यथार्थ-बोध महानगरों की जोड़-तोड़ से भरी स्वार्थी जमात का प्रतिनिधित्व करता है- "आज की ज़िन्दगी में कोई मूल्य है तो यही कि हर इन्सान अपने लिए थोड़ा-बहुत सुख जुटाकर किसी तरह जी लेना चाहता है, जैसे कि मैं चाहती हूँ, तुम चाहते हो और हमारे परिचित सब लोग चाहते हैं।"

'अन्तराल' उपन्यास के पात्रों में कुमार जटिल यथार्थ-बोध को लेकर जी रहा पात्र है। उसे अपने परिवेश की सच्चाइयों का बोध है, और वह उन्हीं में जूझता हुआ अव्यावहारिकता की तरफ उन्मुख हो उठता है अहं-भाव के कारण उसकी पत्नी से नहीं पटती और प्रेमिका से भी वह सम्बन्ध बनाने में विफल है। उपन्यास की नायिका श्यामा भी इसी श्रेणी में है, उसके सम्वेदनशील मन को अतीत की स्मृतियों और यथार्थ-जीवन ने संकुल चरित्र में बदल दिया है।

श्यामा कुमार के साथ एक स्वतंत्र नारी की तरह सम्बन्ध बनाना चाहती है पर उसकी यथास्थिति, जिसमें मृत पति की याद, एक बच्ची, सास, ननद और आसपास बिखरी समस्या-भरी दुनिया तथा पुरुषों से पाए अतीत के कुड़वे अनुभव हैं, का यथार्थ-बोध उसे सम्बन्ध नहीं बनाने देता।

सीमा इस उपन्यास का शुद्ध आधुनिक चेतना में जीता पात्र है जिसे आधुनिक मूल्यों के साथ जीने की आदत है। अपनी स्वतंत्रता में वह दख़ल पसन्द नहीं करती और किसी के जीवन में हस्तक्षेप नहीं करती। विधवा भाभी के प्रेम-सम्बन्धों को भी सहजता से स्वीकार करना उसके आधुनिक जीवन के यथार्थ-बोध का सूचक है- "मैं तुम्हारी सिचुएशन को भी अच्छी तरह समझ सकती हूँ, यू आर स्टिल यंग एण्ड...."

यथार्थबोध की दृष्टि से राकेश की औपन्यासिक रचनाओं में सर्वाधिक महत्त्वपूर्ण है- 'न आने वाला कल।' परिवेश के साथ पात्रों की असहमति से जुड़ी इस रचना में मुख्य पात्र कतई नहीं चाहता कि स्कूल के जोड़-तोड़ की घुटन और प्रिंसिपल की तानाशाही से भरे परिवेश में वह और रहे। वहाँ के एकरस भोजन, स्थानिक राजनीति, बेड़ियों सा अनुशासन और सदैव ठंडा-सीला मौसम उसे कतई नहीं रुचता। इन सब के बोध से वह आत्मकेन्द्रित, अन्तर्मुखी, उलझा हुआ और अस्थिर हो जाता है, लेकिन सारी छटपटाहट और अनमनेपन के ऊपर उसे जीवन की आर्थिक सचाइयों का भी बोध है जिसके चलते वह वहाँ रहने को बाध्य है। मनोज श्रीवास्तव आधुनिक दमनकारी व्यवस्था के त्रासद परिवेश में जीता आदमी है जो चाह कर भी यथास्थिति से मुक्त नहीं हो पाता, उपन्यास का अन्त उसके यथार्थ-बोध का चरम रूप है।

उपन्यास के अन्य पात्र भी इसी व्यवस्था में जीते छटपटाते नजर आते हैं। मिसेज पार्कर इस स्थिति में बिलकुल प्रसन्न नहीं है, मिसेज़ दारुवाला भी यथार्थ-बोध में छटपटा रही है, वह सब छोड़छाड़ कर लिखना चाहती है पर उसे मालूम है कि उस स्थिति में जीवनयापन संभव नहीं इसलिए उसे दिल की नहीं दिमाग की सुननी पड़ती है-

"मुझे लगता है तुमने नौकरी छोड़कर अच्छा नहीं किया।"

"क्यों?"

"मुझे लगता है ऐसा! मन हममें से हरेक का करता है नौकरी छोड़ देने का पर सचमुच नौकरी छोड़ देने से....."

"क्या होता है?"

उसने एक उसाँस भर ली "यह तुम्हें भी पता है, हर एक को पता है। इसलिए....."

बॉनी हाल उपन्यास की वह पात्र है जो 'अन्तराल' में सीमा है अथवा 'अंधेरे बन्द कमरे' में सुषमा श्रीवास्तव है। घोर यथार्थ की कठोर जमीं पर मजबूती से खड़ी इस स्त्री को भावुकता की बेआधार आसमानी बातें पसन्द नही, और सफल होने के लिए वो सब दुनियादारी को स्वीकार करती है। देह से जुड़ा नैतिकता-बोध किस तरह आज के युग में गौण हो गया है, यह इस पात्र में स्पष्ट होता है। यद्यपि वह भी अकेलेपन से त्रस्त है पर परिवेश में पुरुषों की सत्ता की असलियत से वह वाकिफ है और इसीलिए वह स्थाई संबंध बनाने से घबराती है, विवाह की संस्था में उसे कतई यकीन नहीं "मैं नहीं चाहती कि किसी भी आदमी का मुझ पर इतना अधिकार हो कि मैं उसके बिना जी ही न सकूँ। किसी एक आदमी के साथ घर बसाकर रहने की बात से मुझे शुरू से ही चिढ़ रही है। इन सालों में जो कुछ देखा था उससे यह चिढ़ और भी बढ़ गई है।"

कहानी- राकेश की लगभग सभी कहानियों में आधुनिक जीवन के यथार्थ-रंग बिखरे पड़े हैं जो उन्होंने अपने परिवेश की सच्चाई से ग्रहण किए हैं। स्वयं राकेश की दृष्टि में महत्त्वपूर्ण 'मिस पाल' कहानी पात्र के यथार्थ-बोध की दृष्टि से विशेष है। कहानी की मुख्य पात्र मिस पाल है सारी इच्छाओं एवं संवेदनाओं के पश्चात् भी निष्क्रिय जीवन व्यतीत करती है क्योंकि उसे अपने आप के और अपने परिवेश के यथार्थ का बोध है। अपने सारहीन जीवन को वह बस एकांत, अतुकांत स्थिति में ढोए चली जा रही है। उसके डीलडौल से हर जगह हास्यास्पद बन चुकी मिस पाल को इतना जरूर मालूम है कि अकेले जीवन को संघर्ष में छोड़ देने के लिए या अपनी सार्थकता स्थापित करने के लिये उसे पुरुष और प्यार की जरूरत है।

'एक ठहरा हुआ चाकू' का मुख्य पात्र एक मध्यमवर्गीय सज्जन नागरिक है जो किसी से भी लड़ाई मोल लेने में डरता है। वह एक गुंडे से भिड़ तो जाता है, उसके विरुद्ध बयान भी दर्ज करा देता है किन्तु उसके बाद के रोजमर्रा के यथार्थ जीवन की परेशानियों का भान उसे आतंकित किए रहता है। असामाजिक तत्वों के आतंक में जीते नगरीय जीवन का बोध इस पात्र में प्रभावी बन पड़ा है। वो समझता है कि इस प्रकार के लोगों का व्यवस्था में इतना दखल होता है कि कोई कुछ भी नहीं बिगाड़ सकता- "कि उस आदमी का मुख्य धन्धा लड़कियों की दलाली करना है, कि ऊँचे सरकारी और राजनैतिक हलकों के अमुक-अमुक व्यक्तियों को वह लड़कियाँ सप्लाई करता है, कि उसकी कितनी भी रिपोर्ट की जाए कभी उसके खिलाफ कारवाई नहीं की जाती कि, नीचे अमुक-अमुक लोग उससे पैसा खाते हैं, कि नीचे से कारवाई कर भी दी जाए तो ऊपर से अमुक-अमुक का फोन आ जाता है जिससे कारवाई वापिस ले ली जाती है।"

'सोया हुआ शहर' कहानी राकेश की प्रयोगधर्मी कहानी है, इसमें महानगरीय यथार्थ को लेखक ने सजीवता से अंकित किया है। जहाँ शहर रात में भी नहीं सोता बल्कि अलग ही तरह से जाग उठता है। इसी तरह 'क्वार्टर' कहानी में मुख्य पात्र का अकेलापन उसके भरपूर घर में जगह की तंगी से उपजी भीड़ के कारण है। संयुक्त परिवार के घुटते वातावरण में शंकर की निजी एवं वैवाहिक ज़िन्दगी दम तोड़ रही है, इसका बोध उसे है किन्तु वह हताश होकर देखने के सिवा कुछ नहीं कर पा रहा।

इस दृष्टि से 'कम्बल' एक मार्मिक कहानी है। विभाजन के पश्चात् एक विस्थापित शरणार्थी परिवार के वृद्ध पति-पत्नी एक युवा लड़की और एक बच्चे के साथ एक कैम्प में गुज़ारा कर रहे हैं। शीत की आधी रात में किसी दानी द्वारा एक कम्बल डाल जाने पर प्रत्येक प्राणी उसे लेना चाहता है। अन्त में छोटे बालक के बहाने से माँ उसे ओढ़ती है ओर

पति ठंड से सिकुड़ कर मर जाता है। अभाव जीवन-मूल्यों को किस तरह प्रभावित करते हैं, यह तथ्य इस कहानी में इस मार्मिकता से चित्रित किया है कि कहानीकार की सम्वेदना यथार्थ से मिलकर हृदयद्रावक हो उठी है।

'उर्मिल जीवन' की नीरा जो अभी स्वयं किशोरी है, जीजा से पति बने पुरुष को बिलकुल पसन्द नहीं करती किन्तु जीवन की वास्तविकता के बोध ने इस पात्र को उदास और समझौतावादी बना दिया है। राकेश ने इस कहानी में भारतीय परिवेश में मध्यमवर्गीय लड़की के यथार्थ को दीवार पर टँगी तस्वीर के माध्यम से बखूबी चित्रित किया है।

'परमात्मा का कुत्ता' कहानी में पात्र का समस्त कड़वापन अपने परिवेश में घुले बेईमान यथार्थ की प्रतिक्रिया है। उसे मालूम हो गया है कि जब तक वह रिश्वत नहीं देता, उसका कार्य नहीं बनेगा। शहरी सरकारी तंत्र की सच्चाइयों से इस ग्रामीण पात्र का सामना उसकी कई मान्यताओं को भंग कर देता है, इसी आवेश में वह चीखता है- 'तुम सब भी कुत्ते हो और मैं भी कुत्ता हूँ। फर्क सिर्फ इतना है कि तुम लोग सरकार के कुत्ते हो और सरकार की तरफ से भौंकते हो, मैं परमात्मा का कुत्ता हूँ उसकी दी हुई हवा खाकर जीता हूँ और उसकी तरफ से भौंकता हूँ।"

'एक घटना' कहानी पात्र के यथार्थ-बोध की दृष्टि से एक अन्य उल्लेखनीय कहानी है। एक समर्पित पुरातत्वविद् डॉ. हरिवंश, जिन्होंने अपना समस्त जीवन प्राचीन ग्रंथों के संग्रह में लगा दिया, की मृत्यु के पश्चात् कुछ अज्ञानवश और कुछ हमारी व्यवस्था की लापरवाही के कारण उनका परिवार भूखों मरने को बाध्य है। विवशता का फायदा उठाकर लोग उनके अमूल्य संग्रह को कौड़ियों के भाव खरीद ले जाते हैं। कथा-नियामक (मैं) स्वयं के यथार्थ की सीमाओं में चाहकर भी कुछ नहीं कर पाता। कथा के अन्त में उसकी उदासी एवं दर्द महत्त्वपूर्ण है- "एक बार उबाल उठा कि नीलिमा की क्षतिपूर्ति मुझे करनी चाहिये। मुझे उसको अपने पास ले आना चाहिये, ऋण बुढ़ापे और पत्नी के बावजूद... परन्तु वह भी नहीं हो सका।"

'धुंधला द्वीप', 'लक्ष्यहीन', 'दोराहा ' तीनों कहानियों का नायक केसरी महानगरीय जीवन में अकेलेपन, सम्बन्धों की क्षणभंगुरता को झेलता आदमी है। अपने यथार्थ-बोध और निरर्थकता-बोध ने उसे अकेला, आवारा, अक्खड़ और अस्थिरता से भरा बना दिया है। वस्तुत: तीनों केसरी महानगरीय यथार्थ से गुज़रते एक ही व्यक्ति के विकसित चरित्र को दर्शाते हैं। 'दोराहा' का केसरी जीवन में मिली असफलता से पीड़ा बटोरता हुआ 'धुंधला द्वीप' में अधिक उदास और बेगाना हो जाता है और 'लक्ष्यहीन' में आशा की हल्की सी किरण पाकर फिर पराजित होता हुआ टूट जाता है।

स्पष्ट है कि राकेश के साहित्य में यथार्थ-बोध से उत्कंठित पात्र कई बार अस्तित्ववादी हो उठते हैं और कई बार अकेलेपन से भर कर ये आत्मकेन्द्रित और आत्मप्रवंचक रूप धर लेते हैं। सच तो ये है कि अपने परिवेश की सचाइयों से घबराकर आदमी अपने अस्तित्व के प्रति विशेष संकुल हो उठे, यह स्वाभाविक ही है। राकेश के साहित्य में समकालीन जीवन का ये यथार्थ रूप बहुरंगी होकर झलकता है। यह यथार्थ-बोध सामाजिक सन्दर्भो से, समकालीन परिवेश से, व्यष्टि-चेतना से और समसामयिक समस्याओं से सम्पृक्त है जो अधिकांश पात्रों में प्रतिक्रिया के रुप में दिखाई पड़ता है। ये राकेश की सामयिक चिन्तना और सामाजिक मूल्य-संक्रमणों के प्रति गहरी अन्तर्दृष्टि की भावना दर्शाते हैं।

राकेश के पात्रों में यथार्थ-बोध ही नहीं है कम ही सही, टूटता ही सही अपितु आदर्श-बोध भी दृष्टिगत होता है।

ख. प्रेय कुछ और श्रेय कुछ की लड़ाई में खेत होते पात्र: वैसे तो व्यक्ति के जीवन में परम्परा और आधुनिकता का द्वन्द्व सम्भवतः सभ्यता के प्रारम्भ से ही रहा है किन्तु स्वतंत्रता के बाद व्यक्ति को दो स्तरों पर एक साथ समान रुप से संघर्षरत होना पड़ा-परम्पराओं से और अस्तित्व को चुनौती देती हुई समस्याओं से।

आदर्श-दृष्टि मूलतः मनुष्य की उच्चतर भावनाओं, लोकमंगल एवं समष्टि-चेतना से अनुरंजित होती है। धर्म, दर्शन, शास्त्र, एवं समाज सदैव एक आदर्श-लोक में एक आदर्श मानव की कल्पना करता रहा है जहाँ नैतिकता, जीवन-मूल्य एवं समष्टि-कल्याण की चेतना कार्य करे और 'युटोपिया' अथवा 'रामराज्य' का साम्राज्य रहे। यह सोचने सुनने में बड़ी मीठी अवधारणा भी है लेकिन कठोर यथार्थ की धरती पर जहाँ असमानता है, असुरक्षा है, असंगतियाँ हैं, परिवेश का असहयोग है और कठोर अस्तित्व-संघर्ष है व्यावहारिक रूप में यह सब सदैव सम्भव नहीं। मनुष्य ऐसे समस्या-रहित, शांत, सहिष्णु समाज में रहना भी चाहता है परन्तु जीवन की यथास्थिति में भोगे हुए यथार्थ से उसकी आँखों पर पड़ा आदर्श का चश्मा उतर जाता है और यथार्थ-दृष्टि अनावृत और तीखी हो उठती है।

एक तरफ तो, क्योंकि परम्पराएँ-आदर्श-धारणाएँ इतनी जल्दी बदल नहीं सकते और समाज के प्रचलित मूल्य भी उसे आदर्शवादी बनने को विवश करते हैं, मानव चाहता है कि सुखी समाज में सब कुछ ठीक रखता हुआ वह आदर्शवादी जीवन गुज़ारे। दूसरी तरफ जीवन की मुश्किलें, सच्चाइयाँ उसे परिवेश की यथास्थिति में अपने अस्तित्व को, निजता को बचाए रखते हुए 'जो है, जैसा है' जीवन गुज़ारने को विवश करती हैं। और फिर शुरू होता है दोनों दृष्टियों में सतत् द्वन्द्व जो पात्र को अपने-आप में उलझा कर संकुल एवं

दिशाहीन बनकर भटकने को बाध्य कर सकता है, उसे कुंठित कर सकता है और कथ्य को भी प्रभावित कर सकता है।

राकेश की पात्रगत संरचना में आदर्श एवं यथार्थबोध का ये द्वन्द्व बड़ी सम्वेदनशीलता के साथ संयोजित हुआ है। दोनों दृष्टियों में टकराव के मुख्य कारण हैं- परिवेश में उपस्थित असंगतियाँ, उसकी स्वयं की परिस्थितियाँ और पात्र की अहं-चेतना। इस द्वन्द्व के कारण ही राकेश के पात्र अन्तर्मुखी एवं आत्मवंचक हो उठे हैं। एक ओर जहाँ उनका अस्वीकार-बोध प्रबल हो गया है, वहीं दूसरी ओर वे अनिर्णय एवं क्रियात्मक अकर्मण्यता से घिर गए हैं।

राकेश ने प्रेमचन्द (उसकी रोटी) और प्रसाद (भिक्षु) की विकसित परम्परा को आगे बढ़ाते हुए प्रगतिवादी स्वर के साथ लेखन आरम्भ किया किन्तु शीघ्र ही समय-सत्य को पकड़ते हुए, यथार्थ-बोध को समझते हुए राकेश का वैचारिक और कथागत विकास हुआ और वे भयावहता में टूटते मानव और बनते-बिगड़ते सम्बन्धों के यथार्थ में जीते अस्तित्व-चेतना में आत्मकेन्द्रित हो उठे पात्र की गाथा 'सेफ्टी पिन' तक आ पहुँचे।

नाटक- उनके कथ्यों में जहाँ दो दृष्टियों को लेकर दो पात्रों के बीच द्वन्द्वात्मकता दिखाई देती है, वहीं स्वयं को दो भागों में बाँटकर जूझते पात्र में भी यह द्वन्द्व नज़र आता है। राकेश की प्रथम नाट्य-कृति 'आषाढ़ का दिन में अम्बिका और मल्लिका तथा विलोम और कालिदास के रूप में यह द्वन्द्व दोनों स्तरों पर दिखता देता है। अम्बिका जहाँ यथार्थ की खुरदुरी जमीन पर दृढ़ता से पैर टिकाए खड़ी है, वहीं मल्लिका आदर्श के मधुर स्वप्नों के सहारे भावना के आसमान में उड़ती हैं।

माँ-पुत्री का ये टकराव दो विरोधी दृष्टियों के टकराव का द्योतक है, पेट और प्रेय का टकराव है, सपने और सच का टकराव है।

अम्बिका- "मेरी वह अवस्था बीत चुकी है जब यथार्थ से आँखें मूँदकर जिया जाता है।"

मल्लिका- "और तुम्हारी यथार्थ दृष्टि केवल दोष ही देखती है।"

उक्त सम्वाद माँ-बेटी के द्वारा आदर्श और यथार्थ, भावना और बुद्धि के बीच दृष्टि-द्वंद्व दर्शाता है।

दो दृष्टियों का द्वन्द्व नाटक 'लहरों के राजहंस' में भी मातुल एवं कालिदास के मध्य यथार्थ एवं आदर्श अन्तर्संघर्ष उत्पन्न करता है।

ये नाटक एक ही पात्र में आदर्श एवं यथार्थ-बोध के द्वन्द्व की दृष्टि से भी अत्यंत महत्त्वपूर्ण है। कालिदास राकेश का वह प्रसिद्ध पात्र है जो अपनी सम्वेदना के आदर्श और जीवन के यथार्थ के बीच पूरे नाटक में उलझा दिखाई देता है और उसका यह अन्तर्द्वन्द्व

ही उसे कमज़ोर बनाता है। कोमल, काव्यात्मक आदर्शों को छोड़कर अपनी भौतिक महत्त्वाकांक्षाओं के चलते राजसी वैभव को अपना लेना और फिर पलायन कर लौट आना उसके इसी अन्तर्द्वन्द्व का द्योतक है। उसकी स्वीकारोक्ति में उसके द्वन्द्व का आभास होता है- "अधिकार मिला, सम्मान बहुत मिला। जो कुछ मैंने लिखा उसकी प्रतिलिपियाँ देशभर में पहुँच गई पर मैं सुखी नहीं हुआ। किसी और के लिए वह वातावरण और जीवन स्वाभाविक हो सकता था, मेरे लिए नहीं था। मुझे बार-बार अनुभव होता कि मैंने प्रभुता और सुविधा के मोह में पड़ कर उस क्षेत्र में अनधिकार प्रवेश किया है और जिस विशाल में मुझे रहना था उससे दूर हट आया हूँ।"

कालिदास के सन्दर्भ में यह उल्लेखनीय है कि जहाँ राकेश के अधिकांश पात्रों की आदर्शपरक दृष्टि पर यथार्थ भारी पड़ा है वहीं कालिदास आपने आदर्श हेतु सब छोड़ कर चला आता है। ये बात अलग है कि एक अन्य कटु यथार्थ उसे भौंचक्का कर भगोड़ा बना देता है।

मल्लिका, जो लेखक मोहन राकेश की अखंड आस्था की भूमि पर रची, भावना में जीती पात्र है, भी नाटक के अन्त तक आते-आते यथार्थ को स्वीकारने को बाध्य हो जाती है। आधुनिक द्वन्द्व कालिदास के चरित्र में ज्यादा है लेकिन मल्लिका का विवशता में देहजीवा हो जाना भी यथार्थ के सामने घुटने टेक चुके आदर्श की दुख-गाथा है; लेकिन यह परिवर्तन उसके चरित्र का स्खलन नहीं बनता, करुणा जगाता है। नाटक के अन्त में मल्लिका का स्वगत प्रलाप दर्शाता है कि आदर्श उसे रोटी नहीं दे सके और उन्हें हृदय में दबाकर वह यथार्थ को स्वीकारने हेतु विवश है- "तुम जीवन से तटस्थ हो सकते हो, परन्तु मैं तो अब तटस्थ नहीं हो सकती। जानते हो, मेरे जीवन के ये वर्ष कैसे व्यतीत हुए हैं, मैंने क्या-क्या देखा है, क्या से क्या हुई हूँ?"

'लहरों के राजहंस' तो रचित ही आदर्श एवं यथार्थ के द्वन्द्व के धरातल पर हुआ है। पात्रों के संघर्ष का परिचय नाटक के आरम्भ में ही दो प्रतिमाओं के द्वारा मिल जाता है, जहाँ उठी आँखें व फैली बाँहें अधिभौतिक, निवृतिकामी आदर्शपरक दृष्टि की परिचायक हैं और संवलित बाँहें और झुकी दृष्टि प्रवृतिकामी दुनियादार यथार्थ-दृष्टि की।

नाटक में यह द्वन्द्व दोनों स्तरों पर चलता है- अर्थात दो पात्रों की दृष्टियों के मध्य तथा एक ही पात्र के मध्य दोनों दृष्टियों का द्वन्द्व। और इसका श्रेष्ठ उदाहरण है- नन्द। जहाँ एक ओर सुन्दरी के माध्यम से सारी दुनियादार यथार्थ दृष्टि के साथ उसके आदर्श का संघर्ष चलता है, वहीं स्वयं उसके मन में भी पार्थिव व अपार्थिव मूल्यों का द्वन्द्व चलता है। पार्थिवता वह यथार्थ है जिसके बिना संसृति का क्रम नहीं चल सकता और अपार्थिवता वह आदर्श

है जो प्रत्येक सम्वेदनशील आदमी के मन में बैठा होता है। द्वन्द्व मात्र पार्थिव-अपार्थिव का ही नहीं अपितु मुक्ति और बन्धन का भी है। गृहस्थी का सुविधाजनक मांसल-मोहक पिंजरा उसका यथार्थ है जिसमें उसे सब कुछ मिलता है, उन्मुक्त उड़ान नहीं, और विरक्ति की कठोर, संयत स्वतंत्रता उसका आदर्श है, जिसमें उसे कुछ नहीं मिलता सिवा उड़ान के।

वस्तुतः नन्द आधुनिक सन्दर्भों में आज का नरेन्द्र भी हो सकता है जो मन्दिर में जाए, ध्यान, पूजा, विपश्यना करे, प्रवचन सुने और फिर जूते पहनकर अपनी दुनिया में लौट आए वहाँ तक तो ठीक है, जैसे ही वह संसार छोड़ कर ईश्वर का होने लगता है, उसके तथाकथित अपनों और उसके स्वयं के मन में छिपी माया, दोनों तरफ से प्रतिकार होने लगता है।

स्पष्ट है राकेश के नाटकीय पात्रों का द्वन्द्व 'आषाढ़ का एक दिन' में भावात्मक स्तर पर आरम्भ होकर 'लहरों के राजहंस' में जीवन के अन्तर्विरोध में उलझी हुई स्थितियों से पुष्ट होकर वैचारिक स्तर पर आ जाता है और 'आधे अधूरे' में शुद्ध यथार्थ के स्तर पर। इसलिए 'आधे अधूरे' में किसी पात्र का द्वन्द्व आदर्श व यथार्थ के बीच नहीं है।

उपन्यास- मोहन राकेश के औपन्यासिक पात्रों में भी यथार्थ एवं आदर्श के बीच यह द्वन्द्वात्मकता देखी जा सकती है। 'अन्धेरे बन्द कमरे में यह हरबन्स के मन में है तो नीलिमा के मन में भी। किन्तु इन पात्रों के आदर्श अधिभौतिक अथवा जीवन के उच्चादर्शों से जुड़े न होकर निजी अस्मिता, बेहतर जीवन और व्यक्ति की स्वतंत्रता के आदर्श हैं। पर यथास्थिति में ये भी सरल कार्य नहीं, नीलिमा की सफलता-हेतु हरबंस पोलिटिकल सैक्रेटरी के साथ समझौता नहीं करता जो कि तथाकथित बड़े लोगों की जीवन-शैली का सामान्य रूप है, आज की हाई सोसाइटी का सच है। इस निर्णय से नीलिमा तथा हरबन्स के बीच मतभेद उत्पन्न होता है जो कि वस्तुतः यथार्थ एवं आदर्श के बीच है वह नीलिमा को उपलब्धि से हटाकर मूल्यों के स्तर पर जीना सिखाना चाहता है 45 यद्यपि आदर्शों की टूटन एवं विरोध से टूटता भी है।

अन्तराल में यह द्वन्द्व आदर्श एवं यथार्थ की परिभाषा पर खरा उतरे, इस रूप में नज़र नहीं आता, फिर भी श्यामा के रूप में आदर्श का द्वन्द्व प्रच्छन्न रूप में नजर आ ही जाता है। श्यामा ने पुरुष की एक आदर्श-छवि अपने मन में गढ़ रखी है पर यथार्थ में उससे एक के बाद दूसरे सामान्य (?) पुरुष आकर टकराते हैं और उसके व्यक्तित्व में एक अन्तर्संघर्ष पैदा करते हैं। इस द्वन्द्व में उलझी श्यामा किसी भी पुरुष से सामंजस्य नहीं बिठा पाती, पति देव से भी नहीं, इसकी स्वीकारोक्ति में वह स्वयं कहती है- "फिर भी कोई भूख थी जो मुझसे नहीं मिट पाई, इसलिए मरने के दिन तक वह आदमी उदास रहा उसके साथ सम्बन्ध को सहने का सम्बन्ध मानने की शुरुआत मेरी ही तरफ से हुई थी।"

कुमार के साथ सम्बन्ध न बनाने का परोक्ष कारक यह आदर्श-भाव ही हैं। स्वच्छंदता और परम्परा का महीन सा द्वन्द्व कुमार और श्यामा दोनों के व्यक्तित्व का सूक्ष्म तंतु है जिसमें गुंथे वे प्राचीन मूल्यों के संस्कार और आधुनिक जीवन-मूल्यों के बीच संघर्ष करते दिखाई देते हैं।

'न आने वाला कल' में मनोज श्रीवास्तव की असहमति व्यक्ति तथा परिवेश दोनों के साथ हैं और दोनों ही जगह असहमति का कारण है- उसके अस्तित्व-बोध से भरे आदर्श परिवेश में पसरा यथार्थ। इस द्वन्द्व में पिसकर वह असम्पृक्त जटिल मानव में परिवर्तित हो जाता है। इस पात्र का आदर्श है- वह मुक्त मानव-समाज जो दमनकारी व्यवस्था के दमघोटू वातावरण से बाधित ना हो, लेकिन इस पात्र का यथार्थ और भी बड़ा है,- अर्थ। और इन के द्वन्द्व में यथार्थ की जीत होती है। मनोज श्रीवास्तव अपने सपने, अपने आदर्श की चिन्दियाँ टिकिट के साथ ही उड़ा देता है। उपन्यास के पृष्ठ आवरण पर लिखे वाक्य से पात्र की त्रासदी स्पष्ट हो जाती है- "यह न केवल समाज में फैली अनैतिकता को अभिव्यक्ति देता है, बल्कि उसको झेलते व्यक्ति की त्रासदी का भी मार्मिक चित्रण प्रस्तुत करता है।"

इस अस्वीकार और अनिवार्य के द्वन्द्व में उसके जीवन में असहमति और तनाव का स्वर बढ़ता ही जाता है। इस पात्र के बारे में इन्द्रनाथ मदान का कथन है- राकेश के हर कथा-नायक के माथे पर तनाव की लकीर है, वह चाहे नाटक का हो या उपन्यास का। मैं (मनोज) भी इसी दुविधा की स्थिति में जकड़ा है।" यह तनाव मुख्य रुप से उसके मन के द्वन्द्व से उपजी कुंठा के कारण ही है।

कहानी- असहमति एवं द्वन्द्व-जनित तनाव की यह लकीर राकेश के कहानी-पात्रों के चेहरों पर भी देखी जा सकती है। 'एक घटना' कहानी में 'मैं' का मानसिक अन्तर्द्वन्द्व इन्हीं दो दृष्टियों के द्वन्द्व के फलस्वरुप है जहाँ वह सिवा उदास होने के कुछ नहीं कर पाता। 'मरुस्थल' एक लेखक और बच्ची के बीच पनपे अपनत्व की मार्मिक कथा है जहाँ बालिका को अपनी रूपजीवा माँ के पेशे से घृणा है लेकिन परिस्थितिवश उसे विवश होकर नृत्य करना पड़ता हैं। लेखक को मालूम है कि वह कुछ नहीं कर पाएगा अत: वह चुप तो रह जाता है लेकिन एक उदासी उसके मन में पसर जाती है।

पात्र की आदर्शपरक दृष्टि और उसके यथार्थ-बोध के टकराव का व्यंग्यात्मक चित्रण राकेश की एक प्रारम्भिक कहानी 'बनिया बनाम इश्क' में बड़े तीखे रुप में हुआ है जहाँ प्रेम जैसी आदर्श-भावना को रुपए का मोह दबा देता है, नायक और नायिका (पेशेवर नर्तकी) दोनों की तरफ से।

'फौलाद का आकाश', 'आखिरी सामान' तथा 'उर्मिल जीवन' तीनों कहानियों में लेखक ने कथा-नायिकाओं की आदर्शपरक दृष्टि तथा जीवन के यथार्थ-बोध के बीच द्वन्द्व

को दर्शाया है। तीनों ही नारियाँ इस द्वन्द्व से कुंठित हो जाती हैं। 'सुहागिनें' की मनोरमा भी अपने यथार्थ व आदर्श के द्वन्द्व में उलझी नज़र आती है। कहानी 'भूखे' की एवलीन का आदर्श-बोध इतना तीव्र है कि वह अपने बेटे को भूखा रख कर भी अपना माथा ऊँचा रखना चाहती है। यद्यपि भूखे बेटे की ज़िद के रुप में उसका यथार्थ उसे कुंठित और दुखी करता है। 'शिकार' कहानी में लेखक ने बम्बई महानगर में एक जेबकतरे के हृदय में उपजे आदर्श-भाव और उसके कार्य की अनिवार्यता के यथार्थ को प्रकट करते हुए मानवीय सम्वेदना से भरी कथा लिखी है।

स्पष्ट है कि राकेश के कथा-पात्रों में आदर्श अपनी संस्कारिता के साथ विद्यमान है वह अपने आदर्शों में जीवन गुज़ारना भी चाहता है किन्तु परिवेश के यथारुप के कारण उसके आदर्शों एवं यथार्थ में द्वन्द्वात्मकता उत्पन्न होती है। यह द्वन्द्व उसे कुंठित एवं अन्तमुर्खी बनाता है। राकेश के साहित्य के पात्रों में समय एवं वैचारिकता के विकास के साथ ही आदर्श-भावना कमतर होती गई है। ये पात्र अपने परिवेश को चीह्न कर यथार्थवादी होते चले गए हैं ।

ग. परिवेश के प्रपंच को पहचानते पुतले- परिवेश वह वातावरण है जिसमें घटना घटित होती है और काफी हद तक व्यक्तित्व-विकास, निर्माण एवं विघटन के लिए उत्तरदायी होती है।

स्वातंत्र्योत्तर भारत के विसंगत, हताश एवं उथल-पुथल भरे परिवेश ने व्यक्ति के जीवन-मूल्य, दृष्टि, सिद्धान्तों तथा मान्यताओं को हिला कर रख दिया। अपने आदर्शों के टूटने से भ्रमित, भग्न विश्वास एवं खंडित अस्ति वाले आदमी के भीतर 'स्व-बोध' को अराजकता की सीमा तक पसारने, नग्न यथार्थ से जुड़ने-स्वीकारने, उसका भोक्ता व नियोक्ता बनने में इस परिवेश की महत्त्वपूर्ण भूमिका रही है।

परिवेश के कडुवे अनुभवों के बीच नग्न यथार्थ को पहचानते मानव को समकालीन लेखक ने गंभीर दृष्टि से समझकर अपने साहित्य में अंकित किया है, क्योंकि वह भी इसी परिवेश से गुज़र रहा आदमी था। रचनाकार के लिए, जो परिवेश को अन्तर्मन के स्तर पर भोगता है क्योंकि परिवेश कोई ठोस, भौतिक स्थिति ही नहीं, अनुभव का एक अविच्छिन्न हिस्सा भी है।

समकालीन लेखक यथार्थ के प्रति मात्र प्रतिक्रिया नहीं करता बल्कि यथार्थ उसके आभ्यंतर में जिस रूप में रुपान्तर होकर सृजित होता है वही महत्त्वपूर्ण है और यह यथार्थ-बोध परिवेश की ही देन है। यही कारण है कि समकालीन पात्रों की यथास्थिति में उनकी यथार्थ दृष्टि अधिक विकसित हुई है और उनकी यथास्थिति (परिवेश) सारे आदर्शों पर पूरी तरह पानी फेरने वाली है।

ये पात्र पूरी तरह यथार्थ को स्वीकारते हुए परम्परागत मूल्य-परिपाटी का निषेध करते हैं, हैं और अस्तिबोध से भरे हैं। मार्क्सीय, फ्रायडीय जैसी दृष्टियाँ अब आरोपित न होकर उनकी मानसिकता का अंग बन चुकी है जिन्होंने साहित्यकार की रचनादृष्टि को प्रभावित किया है।

मोहन राकेश की रचनाओं में परिवेश अत्यंत ही महत्त्वपूर्ण स्थान पाता है और यह उनके पात्रों को पूरी तरह या कह लें कि 'बुरी तरह' प्रभावित करता है। राकेश, जो 'साहित्य जीवन के लिए' सिद्धान्त के हिमायती हैं, की स्पष्ट सोच है- "प्रतिबद्धता की बात मैं अपने आपसे या अपनी कला के सन्दर्भ में न सोचकर जीवन और उसके यथार्थ के सम्बन्ध में ही सोचता हूँ। मैं अपनी कला से प्रतिबद्ध हूँ क्योंकि अपने परिवेश और उसके निरन्तर बदलते यथार्थ से प्रतिबद्ध हूँ।"

स्पष्ट है कि परिवेश से जुड़ाव राकेश के लिए एक निष्ठा की तरह रहा है। अपनी मुश्किलों से दो-दो हाथ करते, प्रश्नों से घिरे, संघर्षों में खटते ये पात्र राकेश के साहित्य की मूल आत्मा हैं जिनके माध्यम से भारतीय परिवेश में रोजाना बनते-बिगड़ते इतिहास का मानचित्र और परिवेश की तहों में कुलबुलाता भूगोल भी प्रस्तुत हुआ है।

इन त्रासदियों ने राकेश के पात्रों को अकेला, बेचैन और भटकन से भरा मानव बना दिया है जो अपनी इच्छाओं, महत्त्वाकांक्षाओं, आस्थाओं और विश्वासों के साथ जीवन गुज़ारना चाहता था, अपनी अस्ति को अनावश्यक बन्धनों से मुक्त रखकर छोटा सा जीवन हँसी-खुशी गुज़ारना चाहता था, पर कर नहीं पाया।

नाटक- नाटक 'आषाढ़ का एक दिन' में कालिदास का विचलन अपने परिवेश के कारण ही है। एक कोमल, सम्वेदनशील, कवि-हृदय जो अपनी प्रियतमा और प्रिय धरती को छोड़कर नहीं जाना चाहता, पर जाना पड़ता है। यह पात्र उस आधुनिक युवक का प्रतिनिधि है जो अपने समस्त आदर्शों व सम्वेदनशीलता के बावजूद अपने परिवेश में निहित अभावों और दबावों के कारण यथार्थ-बोध से भर कर उसी चरित्र में प्रवृत हो जाता है, स्वयं को दुनियादारी की दृष्टि से सिद्ध करने के प्रयत्न में खुद व खुद की आत्मिकता से विमुख होता जाता है।

विलोम, मातुल, प्रियंगुमंजरी और कश्मीर की राजनीति उसके परिवेश में उपस्थित वे पात्र हैं, जो अपनी सांकेतिकता में पात्र न होकर उसके परिवेश की विसंगतियां हैं, जिन्होंने संगति और विसंगतियों के बीच से गुज़रते साहित्यकार के मानसिक द्वन्द्व को, उसके सृजनशील व्यक्तित्व और परिवेश तथा कलाकार और राज्य सत्ता की आपसी टकराहट को कालिदास के चरित्र के माध्यम से व्यक्त किया है। नाटक के अन्त में मल्लिका द्वारा आदर्श

त्याग कर वारांगना के रूप में यथार्थ स्वीकारने में उसके परिवेश का आर्थिक अभाव ही ज़िम्मेदार है। परिवेश की विसंगतियों से बने मल्लिका के यथार्थ के कारण कालिदास भी विचलित हो उठता है, वह कालिदास जो अथ से आरम्भ करना चाहता था परिस्थितियों एवं समय के कारण परिवेश को स्वीकार लेता है- "मैंने कहा था कि मैं अथ से आरम्भ करना चाहता हूँ। यह सम्भवत: इच्छा का समय के साथ द्वन्द्व था। परन्तु देख रहा हूँ कि समय अधिक शक्तिशाली है।"

'आषाढ़ का एक दिन' तथा 'लहरों के राजहंस' दोनों नाटक ऐतिहासिक होते हुए भी अपनी अर्थवत्ता में आधुनिक परिवेश के यथार्थ-बोध से भरे मनुष्यों की पात्रगाथा है। इस बारे में डॉ. रमेश गौतम का ये कथन महत्वपूर्ण है- "मोहन राकेश ने मानव-चेतना की तनावपूर्ण दुविधात्मक स्थिति, स्त्री-पुरुष के पारस्परिक सम्बन्धों की विडम्बना, जीवन-दृष्टियों की टकराहट, अन्तर्विरोधों एवं मानव-अस्तित्व के प्रश्नों को आधुनिक परिवेश की भूमिका में ही अलग स्तरों पर पकड़ने की कोशिश की है। इस प्रकार 'आषाढ़ का दिन' तथा 'लहरों के राजहंस' ऐतिहासिक होते हुए भी आधुनिकता-बोध से अनुप्राणित हैं।"

चिर ऐतिहासिक और उत्तर आधुनिक नन्द (और श्यामांग का भी) का द्वन्द्व अपने परिवेश में निहित उन सामाजिक बन्धनों से है जो आदमी की स्वतंत्रता का हनन और निजता को बाधित करते हैं। इस बोध ने ही उसे संकुल, डाँवाडोल एवं टूटता पात्र बना दिया है।

'आधे अधूरे' के सभी पात्र यथार्थवादी हैं। आधुनिक परिवेश में निहित स्त्री-पुरुष सम्बन्धों में बढ़ता तनाव, टूटती पारिवारिक अवधारणा तथा परिस्थितियों के बढ़ते असहयोग से जूझते हुए भीतर ही भीतर क्षरणशील समकालीन आदमी के बोध को वहन करते ये पात्र सम्पूर्णता की तलाश करते हैं, पर असफल रहते हैं। अशोक, स्त्री, पुरुष, बड़ी लड़की और यहाँ तक कि किशोरवयसा मासूम सी छोटी लड़की भी अपने परिवेश के बोध से तीक्ष्ण, कटु और प्रतिक्रियावादी हो गए हैं।

'पुरुष चार' के रूप में लेखक ने उस समकालीन आम आदमी को पात्र बनाया है जो अपने आसपास के परिवेश की धूर्तताएँ देखकर दुनियादारी में इतना प्रवीण हो गया है कि बिन देखी-सुनी बातें भी अनुमान से ठीक-ठीक बता देता है क्योंकि उसने परिवेश के सच की नब्ज़ पकड़ ली है- "मैं जगमोहन के साथ हुई तुम्हारी बातचीत का सही अन्दाज़ा लगा सकता हूँ क्योंकि उसकी जगह मैं होता तो मैंने भी उसकी जगह यही सब कहा होता। वह कल-परसों फिर फोन करने को कहकर तुम्हें घर से उतार गया। तुम मन में एक घुटन लिए घर में दाखिल हुई और आते ही तुमने बच्ची को पीट दिया। जाते हुए सामने थी एक पूरी ज़िन्दगी, पर लौटने तक का कुल हासिल..."

उपन्यास- राकेश के तीनों औपन्यासिक पात्रों में भी यह परिवेशजन्य यथार्थ में मुख्यता से दृष्टिगत होता है क्योंकि तीनों ही उपन्यास समकालीन परिवेश की मुश्किलातों से दो-चार होते नगरीय बोध से गुज़रते पात्रों को लेकर रचे गए हैं।

'अंधेरे बन्द कमरे' के हरबन्स को जहाँ परिवेश की स्वार्थी, महत्त्वाकांक्षी मानसिकता विचलन का शिकार बनाती है वहीं नीलिमा को उसकी अपनी यथार्थवादी महत्त्वाकांक्षाएँ। दोनों का दाम्पत्य-जीवन भी उनकी मानसिकता और स्थितियों के कारण दरक रहा है और दोनों इसे स्वीकार भी करते हैं। उन्हें साथ रहने की विवशता का भी बोध है, और रहते भी हैं किन्तु उनके मानसिक अलगाव भी यथावत हैं।

मधुसूदन भी शहरी निम्न मध्यवर्गीय परिवेश के बीच से गुज़रता पात्र है, उसके परिवेश में जीवन के अभावों और प्रभावों ने उसके बोध को प्रभावित किया है। उपन्यास के एक गौण स्त्री-पात्र खुरशीद के द्वारा राकेश ने बताया है कि विभाजन के समय के त्रासदी भरे परिवेश ने तत्कालीन मानव के बोध एवं व्यक्तित्व को किस तरह प्रभावित किया है। असमय ही कड़ुआहट से भर उठी खुरशीद, जो सहज मानवीय भावनाएँ भी नहीं सहन कर सकती, आर्थिक बदहाली से जूझती ठकुराइन, जो अपनी कम उम्र लड़की का विवाह मधुसूदन से करना चाहती है, शिक्षित आधुनिका सुषमा श्रीवास्तव, जो अपने परिवेश के बदल चुके सच को ताड़ कर भावुकता को त्याग चुकी है और शुद्ध यथार्थवादी शहरी स्त्री की प्रतिनिधि है, आदि सभी पात्र परिवेश के यथार्थ-बोध को समेटे वाले पात्र हैं।

उपन्यास की एक गौण पात्र है खुरशीद। अपने ही घर में विस्थापितों की तरह रह रही खुरशीद की तुर्शी और रूखापन उसके परिवेश के कारण है। पाकिस्तान से जाकर वापिस आने तक उसका घर ही उसका नहीं रहता, परिवेश में बिछी बेगानगी और अकेलेपन ने उसे जवान-जहान उम्र में ही तुर्श बना दिया है। थानेदार की तरह महिने का भाड़ा वसूलती खुर्शीद अपने ही घर के नल से पानी नहीं भर पाती कि वह हिन्दू नहीं है, और यही बोध उसे सब के प्रति कड़वाहट से भर देता है-

"तशरीफ रखिए" इबादत अली जल्दी-जल्दी कौर निगलता हुआ बोला। "आपको सुनने का शौक है तो मैं आपके लिए...."

"नहीं अब्बा, आप इस वक्त सितार नहीं बजाएँगें, यह वक्त आपके आराम करने का है।" यह रूखापन उसके व्यवहार में इसी बोध के कारण है क्योंकि परिवेश की यथास्थिति में न उसका कोई सुदृढ़ वर्तमान है न सुरक्षित भविष्य और अपना कहने को भी कोई नहीं। स्वयं का और पिता का ध्यान उसे स्वयं ही रखना है।

'अन्तराल' के पात्र भी इसी प्रकार की जटिलताओं में उलझे पात्र हैं। श्यामा के सम्पूर्ण जीवन-परिवेश, उस में आए पुरुष-चरित्र, उसके जीवन की त्रासदी और उसके वर्तमान पारिवारिक तथा निजी जीवन की सच्चाइयों ने उसे डाँवाडोल चरित्र में बदल दिया है। इसलिए उसके जीवन में एक अन्तराल बना रहता है। श्यामा के जीवन में आए पुरुषों से उसे अप्रिय अनुभव मिलें हैं जिन्होंने उसके कोमल आदर्श भरे एहसासों को कड़वे यथार्थ-बोध में बदल डाला और यही यथार्थ-बोध उसे कुमार से नहीं जुड़ने देता। लेडी डॉक्टर की आत्महत्या और मृत्योपरान्त उसके रोमांस की अफवाहें भी उसके व्यक्तित्व को प्रभावित करती हैं।

कुमार भी श्यामा की तरह नगरीय परिवेश के अकेलेपन में जी रहा पात्र है जिसे पूर्व में दो स्त्रियों के अस्वीकार और अहं तथा तीसरी का अनिश्चयात्मक व्यवहार कुंठित कर देता है। आरम्भ में बम्बई महानगर के भीड़-भरे और खुद ही में सिमटे परिवेश के बीच नायक के अकेलेपन के दृश्य-बिम्ब भी सुन्दर बन पड़े हैं।

जनसमुद्र से भरे एकांत में टूटते मानव की यथास्थिति और नैतिक मूल्यों के बीच विवाहेतर सम्बन्धों को स्वीकारते यथार्थ-बोध के वाहक ये पात्र अपने भीतर विद्यमान पारम्परिक संस्कारों से उलझ रहे पात्र हैं। सीमा जैसे पात्र आज के अर्थ-प्रधान परिवेश में आदमी के अर्थाधारित सम्बन्धों की सम्पृक्ति के दस्तावेज़ हैं।

'न आने वाला कल' के पात्र तो पूरी तरह परिवेश और उसकी सच्चाईयों से जूझते पात्र हैं। अपने परिवेश में छटपटाते सिर्फ मनोज श्रीवास्तव ही नहीं, अधिकांश पात्र स्कूल में चल रही फादर की तानाशाही और हर युग में हर स्थान पर उपलब्ध रहते अवसरवादी लोगों की जासूसी से बने घुटन भरे वातावरण में जी रहे हैं। सभी पात्र अपने काम से ऊबे हैं फिर भी छोड़ नहीं पाते, क्योंकि उन्हें अपनी कमज़ोर यथास्थिति का भी भान है और समर्थ परिवेश का भी।

मनोज नौकरी से त्यागपत्र देने के बाद भी वहाँ के वातावरण और वहाँ की छोटी-छोटी बातों-अनुभूतियों से इस कदर जकड़ा हुआ है कि चाह कर भी नहीं छूट पाता। वस्तुत: यह समकालीन मनुष्य के यथार्थ-बोध का वह रूप है जिसमें उसे ज्ञात है कि वह कहीं भी जाए, उसी यही परिवेश एवं स्थितियाँ मिलने वाली हैं क्योंकि युगीन सत्य सर्वत्र इसी रूप में फैल रहा है; और अगर ऐसे ही बेईमान परिवेश में जीना है तो परिचित ही ठीक है।

कहानी- परिवेश-जन्य यथार्थ-बोध राकेश के कथा-पात्रों को समकालीन कहानियों में एक सार्थक भूमि प्रदान करता है। इन पात्रों के लिए डॉ. सुषमा अग्रवाल का कथन है- "उनमें निरुपित चरित्र परिस्थितियों के घात-संघात को व्यक्त करते हैं। वे मनुष्य हैं और उनका परिवेश यथार्थ है।"

'परमात्मा का कुत्ता' का मुख्य पात्र अपने परिवेश में लिपटे भ्रष्टाचार से परिचित होकर पहले भौंचक्का और फिर गुस्सा होता वह पात्र है जिसका सरकारी तंत्र की नेकनीयती से विश्वास उठ गया है- "हयादार हो तो सालहा मुँह लटकाए खड़े रहो, अर्जियाँ टाईप करवाओ और नल का पानी पियो। सरकार वक्त ले रही है। नहीं तो बेहया बनो। बेहयाई हज़ार बरकत है।" अपनी इस सशक्त कहानी में राकेश ने सामाजिक यथार्थ को पात्र के चुभते तीखे व्यंग्य द्वारा व्यक्त किया है।

'जानवर और जानवर' कहानी में भी परिवेश में जड़ें जमाए बैठी निरंकुश व्यक्ति-सत्ता की धौंस के कारण पात्रों का उचाटपन उनके यथार्थ-बोध के ही कारण है कि आर्थिक अनिवार्यता का यथार्थ-बोध उन्हें मुक्त भी नहीं होने देता।

'हकहलाल' राकेश की वह कहानी है जिसमें निम्नवर्गीय नारियाँ बूढ़े पति के पास न चाहते हुए भी जीवन गुज़ारने को विवश हैं क्योंकि वे जानती हैं कि उनका बाप गरीब है और दहेज नहीं दे सकता। यह सम्वेदना भरी कथा भारतीय संदर्भों में दमित ग्रामीण स्त्री के प्रति परिवेश की अमानवीयता की यथार्थ दस्तावेज़ है।

'मन्दी' राकेश की लिखी वो मार्मिक कहानी है जिसके पात्र अपनी बदलती परिस्थिति के यथार्थ से दुखी तो होते हैं पर उन्हें स्वीकारते भी चलते हैं। एक अन्य गौण पात्र के माध्यम से लेखक ने एक अच्छे-भले बुजुर्ग को ग्राहक की दलाली करते दर्शाकर परिवेश में आ रही मूल्यगत गिरावट का संकेत दिया है।

'सैफ्टीपिन' राकेश की वह कहानी है जिसमें उन्होंने शहरी उच्च मध्यम वर्गीय समाज की मूल्यविहीन होती जीवन-शैली पर प्रकाश डाला है। सभी, विशेषकर स्त्री-पात्र, अपने दाम्पत्य से उकताए हुए हैं और इस यथार्थ-बोध ने उन्हे सम्बन्धों में बेईमान, असहिष्णु और पाखंडी बना दिया है।

'पाँचवें माले का फ़्लैट' में महानगरीय भीड़ में भिंचे, किसी तरह जगह ढूँढकर गुज़ारा कर रहे व्यक्ति (अविनाश) की व्यथा-कथा है जो परिवेश-बोध से आत्मकेन्द्रित और अन्तर्मुखी हो गया है। वो अपनी यथास्थिति में घिरा भावनाओं का सम्प्रेषण भी नहीं कर सकता- "फोटो हाथ में लेकर देखता रहा फिर वहीं रखकर किताब बंद कर दी। उसे पलंग पर छोड़ कर उठ खड़ा हुआ. फिर पलंग से उठाकर मेज़ पर रख दिया और खिड़की के पास चला गया। बाहर वही छतें थी, वही सूखते कपड़े, वही टूटी-फूटी बच्चों की गाड़ियाँ, पुरानी कुर्सियाँ, कनस्तर, बोतलें...."

जहाँ 'मिस पाल' अपने परिवेश में मज़ाक उड़ाते फिकरों के कारण अपने-आप से पलायन कर जाती है वहीं 'सुहागिने की मनोरमा को अपनी मातृत्व की इच्छा का गला

घोंटना पड़ता है कि उसके परिवार में उसका आर्थिक शोषण हो रहा है। इसी यथार्थ-बोध के चलते वह गर्भवती नौकरानी पर पैसा खर्च करती है।

'एक ठहरा हुआ चाकू' का मुख्य पात्र समाज के बाहुबली लोगों के आतंक से सहमा हुआ पात्र है जो महानगर बम्बई में इन दादाओं के साए में जी रहे आमजन के यथार्थ का वाहक है। वह रिपोर्ट लिखवा तो देता है पर उसका यथार्थ-बोध उसे सहमाए रहता है क्योंकि अस्तित्व बचाए रखने का संकट आज के मानव की सबसे बड़ी समस्या है।

राकेश की एक आरम्भिक कहानी 'लेकिन इस तरह' की नायिका राजकरनी एक खुले दिल वाली सम्वेदनशील नारी है जो प्राईवेट नौकरी की विवशता और असलियत जानती है। अंत में सामाजिक व्यंग्यबाणों का निशाना बनती है और परिवेश से क्षुब्ध होकर आत्महत्या कर लेती है।

'क्लेम' कहानी भी विभाजन से विस्थापित हुए लोगों के समकालीन परिवेश से उत्पन्न नवीन जीवन-मूल्यों और यथार्थ-बोध की कथा है। अपने परिवेश से विस्थापित होकर जीते आदमी की टूटन एवं मूल्य परिवर्तन को यह सम्वाद प्रभावी ढंग से चित्रित करता है- "मैं कहती रही कि जितने का छोड़ आए उससे ज्यादा का क्लेम करो। मगर ये ऐसे मूर्ख थे कि हठ पकड़े रहे कि जितना था उतने का ही क्लेम भरेंगे, पहले ही इतने दुख आए हैं अब और बेईमानी क्यों करे ? आज मेरे सामने ये होते तो मैं पूछती कि बताओ, बेईमानी करने वाले सुखी हैं या हम सुखी हैं।"

एकांकी- एकांकी 'अंडे के छिलके' के पात्र पारम्परिक भारतीय परिवार से उठाए हैं किन्तु परिवेश में बढ़ रही आधुनिकता, बढ़ते पाश्चात्य प्रभाव और बंधन-मुक्ति के लिए छटपटा रही नई पीढ़ी की मानसिकता के कारण वो यथार्थ को स्वीकार कर खुद को लचीला बनाते हैं। हल्के-फुल्के अंदाज में लिखी इस एकांकी के पारम्परिक पात्र परिवेश से सामंजस्य करने वाले हैं- 'अम्मा तो शायद मेरी वे बातें भी जानती हैं जो मैं समझता हूँ कि वे नहीं जानती। आज से छिलका नाली में डाल दिया करो, इसके लिए डिब्बा रखने की जरूरत नहीं। और जहाँ तक अम्मा का सवाल है अम्मा इन्हें नाली में पड़े हुए भी नहीं देखेंगी।"

युद्ध के परिणाम जो भी हों दोनों पक्षों के सिपाहियों के परिवार के सदस्यों को दुख-दर्द चिन्ता और क्षति ही मिलती है। वे युद्ध के माहौल में सदैव किसी आशंका से भयभीत रहते हैं, विशेषकर माँ। एक माँ की हालत को युद्ध के परिवेश में लेखक ने मार्मिक सम्वेदना के साथ 'सिपाही की माँ' बिशनी के माध्यम से व्यक्त किया है। भिक्षार्थी बर्मी लड़कियाँ भी युद्ध से उपजी भयावह दुर्दशा का प्रतीक है।

‘प्यालियाँ टूटती हैं’ में लेखक ने पात्र की समकालीन परिवेश में बढ़ती कृतघ्नता, स्वार्थ और अमानवीयता को मनोविश्लेषणात्मक शैली में प्रस्तुत किया है। अपने परिवेश में पूरी तरह ‘फिट’ ये पात्र दीवानचंद के बोसीदा पुरानेपन से इतने दुखी नहीं हैं, जितना उन्हें ये बोध सालता है कि इस बुजुर्ग ने इन लोगों के लिए अपना सब कुछ त्याग दिया था। ये पात्र समकालीन परिवेश में बढ़ रहे स्वार्थी समाज के प्रतीक हैं जो खुद की क्षुद्रता के ग्लानि भाव से कुंठित होकर निर्मम व्यवहार करते हैं।

इसी तरह एकांकी ‘बहुत बड़ा सवाल’ के पात्र व्यवस्था के उस यथार्थ के वाहक हैं जहाँ सरकारी और शैक्षणिक संस्थाओं में काम के नाम पर सिर्फ बहस होती है। पात्रों को मालूम है कि इस व्यवस्था में कुछ नया नही किया जा सकता इसलिए वे भी सिवा मीटिंग्स के कुछ करने के इच्छुक नहीं हैं। व्यंग्यात्मक शैली में लिखे इस एकांकी के सभी पात्र परिवेश में पसरी अर्कमण्यता व कामचोरी को जानते हैं, वे उसके नियोक्ता भी हैं और भोक्ता भी- "ससुर रोज-रोज ये मीटिंग होगी तो किसकी जान रहेगी। आज एक का जन्मदिन होकर निकलता है तो कल दूसरे का मरण दिवस आ जाता है।"

‘शायद’ एकांकी के पात्र भी नीरस, ऊबे, सम्वादहीन और सड़ने की हद तक ठहरे दाम्पत्य-जीवन की त्रासदी को वहन करते दम्पति हैं। आधुनिक परिवेश में, विभिन्न कारणों से पति-पत्नी के सम्बन्धों में जो अलगाव बढ़ा है, एकांकी में स्पष्ट नज़र आता है। पात्र इस यथार्थ से परिचित हैं पर साथ जीने की विवशता के सच को भी जानते हैं और एक दूसरे को सहते हैं क्योंकि उसके अलावा निस्तारण नहीं।

"स्त्री : बिना घर-बार के?

पुरूष : नहीं, घर-बार भी हो, आदमी की अलग ज़िन्दगी भी हो।

स्त्री : कैसे?

पुरूष : यही तो पता नही।"

‘हः’ एकांकी के ये बुजुर्ग पात्र बदलते,स्वार्थी होते समकालीन परिवेश में जी रहे वो बूढ़े हैं जहाँ नई पीढ़ी अपने वरिष्ठ नागरिकों को साथ न रखकर अकेला छोड़ देती है। अकेलेपन से जूझते दोनों पात्रों का चिड़चिड़ापन उनके यथार्थ-बोध से उपजा है।

राकेश का समस्त साहित्य परिवेश-प्रतिबद्ध है उसमें परिवेश की सूक्ष्म से सूक्ष्म स्थितियों का अंकन है। राकेश के साहित्य में निरूपित स्थितियों का सीधा संबंध यथार्थ से है और यह यथार्थ उनके समय और परिवेश का यथार्थ है।

परिवेश से जुड़ी अपनी प्रतिबद्धता को लेखक ने स्वीकारते भी हैं- "मेरे लिए नई कहानी की दृष्टि अपने संदर्भों में रहकर उनके अंदर से अपने परिवेश को आँकने की दृष्टि है जो हर बार नए प्रयोग के यथार्थ को उनकी सजीवता में व्यक्त करने की नई कोशिश करती है।" इस परिवेश-द्वन्द एवं तद्जन्य बोध में मनुष्य-मन के भीतर बसी इच्छाओं के स्वरूप में लगातार परिवर्तन, विचलन होते हैं, दोनों के बीच असंतुलन और द्वन्द्व होते रहते हैं क्योंकि दिल और दुनिया का संतुलन हमेशा गड़बड़ ही रहता है।

घ. बोध की खोई सुबह के बढ़ रहे अँधेरे: स्वातंत्र्योत्तर कथा-साहित्य में परिवेश से संत्रस्त पात्रों की सर्जना लगभग सभी नई चेतना के कथाकारों ने की है। नगर-बोध, आधुनिकता-बोध, यथार्थ-बोध, अस्तित्व-बोध एवं मृत्यु-बोध से भरे ये पात्र अस्तित्व संकट से गुज़रते मानव हैं जिन पर नीत्शे, कीर्केगार्द, ज़्यां पाल सार्त्र, अलबेयर कामू और फ्राँज़ काफ़्का आदि का प्रभाव स्पष्ट नज़र आता है। काण्ट के व्यावहारिक दर्शन से प्रभावित ये पात्र अपने जीवन की निर्णायक शक्ति खोजते हैं, आत्म-स्वतंत्रता के लिए छटपटाते भी हैं तथा नीत्शे की तरह 'अस्मि के शाश्वत घाव' जीवन की पीड़ा लिए भटकते भी हैं।

राकेश के पात्रों में समकालीन मानव का यथार्थ-बोध विस्तृत होकर मानवीय नियति के भयावह संदर्भो, अस्तित्व और जीवन के बुनियादी प्रश्नों से जुड़ा है। ऐसा इसलिए कि राकेश लेखक के रूप में अपने परिवेश के यथार्थ से गहरा जुड़ाव रखते हैं और उनके प्रभावों को आत्मसात करते मानवीय बोध का साक्षात्कार करते हैं। स्थितियों या सम्बन्धों के चित्रण-मात्र से न तो रचना महान बनती है न समकालीन। इसके लिए जरूरी है पात्र-चित्रण से आगे बोध के गहरे और जटिल स्तरों में पैठा जाए और रूढ़ यथार्थवादी पूर्वाग्रही दृष्टि से मुक्त होकर आधुनिक व्यक्ति की अस्तित्व-चेतना से सम्बद्ध स्थितियों का बोध कराया जाए।

मनोविश्लेषण की दृष्टि से ये पात्र अपने परिवेश से चेतना के हर स्तर पर प्रभावित होते हैं, इनकी अपूर्ण इच्छाओं एवं अहं के टकराव आदि से इनका व्यक्तित्व प्रभावित होता है। इस बोध के कारण ही मोहन राकेश के हर कथा-नायक के समस्याकुलता, अहं, अकेलापन, आत्मकेन्द्रित भाव-संकुलता और माथे पर तनाव की लकीर है।

ऐसा नहीं कि राकेश के अस्तित्ववादी पात्र संकट से भागते हैं, अपितु संकट-बोध में ही उन्हें सही मूल्यों का बोध होता है। वे बस उन परिस्थितियों को नकारते हैं जिनसे उनके अस्मि-स्वातंत्र्य पर अंकुश लगता है, ये पात्र स्वयं को दमघोंटू परिस्थितियों में महसूस करते हैं और सत्य तथा औचित्य के बीच दिग्भ्रांत हो उठते हैं। यथास्थिति में मुक्ति के असफल प्रयास करते इन पात्रों का बोध अत्यधिक तीव्र हो उठता है तथा कुंठित होकर वह निराशा में डूब जाता है या आत्मनिर्वासन की राह पकड़ लेता है। यह आत्मनिर्वासन

वस्तुत: समकालीन मानव का 'एब्सर्डिटी-बोध' है जहाँ मन संगति की अपेक्षा करता है पर विश्व में उसे विसंगति दिखती है और वह अजनबी आउटसाइडर की संकुलता में डूब जाता है।

नाटक- नाटक 'आषाढ़ का एक दिन' का कालिदास इसी संगति की इच्छा और विसंगति की नियति में उलझा कर ये कहते हुए आउट साइडर बन जाता है, "समय अधिक शक्तिशाली है क्योंकि... क्योंकि वह किसी की प्रतिक्षा नहीं करता।" कालिदास का यह पलायन किसी नैतिक-बोध से नहीं, स्वयं से है कि उसकी यथास्थिति में, जहाँ उसे सारे भौतिक सुख मिल जाते हैं, वांछित प्रेम की अनुभूति उसे किसी भी तरह नहीं मिल पाती। ऐसे में वह सारे सम्बन्धों से ही नहीं अपितु स्वयं से भी अजनबी हो उठता है।

विलोम भी कालिदास की तरह नकारे जाने के बोध से भरकर जीवन के निषेधात्मक पक्ष का प्रतीक बन जाता है। वह खलनायक की भूमिका प्रवृति के धरातल पर निभाता हुआ उस पराजित मानव की नियति को अभिव्यक्त करता है जो सहानुभूति का पात्र है। जबकि 'लहरों के राजहंस' के नन्द एवं 'आधे अधूरे' के महेन्द्रनाथ में यह विसंगति-बोध उन्हें अर्थहीनता एवं खालीपन से भर देता हैं जिसके बोध से लबालब भरे ये ये पात्र किंकर्तव्यविमूढ़ होकर भटक जाते हैं।

नन्द की भटकन में जीवन के अन्तिम लक्ष्य की तलाश की असफलता का बोध तथा आत्मनिर्णय पर लगे बंधनों का बोध भी मुख्य कारण है। खुद की थकान से मरे हुए मृग के कंकाल को देखकर व्याघ्र से उलझ जाने के पीछे भी यही कारण है कि वह स्वयं भी भाग रहा है और सामाजिकता उसे मुक्त नहीं होने दे रही। उसने अपने बोध की प्रबलता में व्याघ्र को उसी बंधनकारी समाज के रूप में देखा है। अपने अस्तित्व-बोध में प्रबल यह पात्र अपने जीवन के प्रत्येक नियामक को अस्वीकार कर देता है। वो केश मुँडवाने के पश्चात भी भिक्षु आनन्द से विवाद में असहमत ही रहता है। कारण स्पष्ट है, वह किसी दूसरे को विश्वास ओढ़ कर नहीं जीना चाहता और अपनी अर्थवत्ता की तलाश स्वयं करना चाहता है लेकिन परिवेश की जकड़न से भ्रमित हो उठता है। जबकि श्यामांग की विक्षिप्तता नन्द जीवन से उठती पीड़ा की गूँज है। वस्तुत: श्यामांग साम्प्रत मानव की साझी यथास्थिति में विसंगति-बोध की चरम अनुभूति से उपजी वेदना है।

उपन्यास- उपन्यास 'अंधेरे बन्द कमरे' में हरबंस का अस्तित्व-पीड़ा और विभ्रम से भरा रूप उसके बोध के कारण ही है, जिसके लिए इलाचन्द्र जोशी ने कहा है "पूरा उपन्यास पढ़ जाने के बाद भी न उसकी रूचि का पता लगता है, न उसके भीतर की कभी साथ न छोड़ने वाली बेचैनी, अशान्ति और असंतोष के कारणों का।"

वस्तुतः हरबंस अपनी सम्वेदशीलता के चलते असफलता का शिकार वो बुद्धिजीवी है जिसे आधुनिकता आकर्षित तो करती है पर उसमें जड़ें जमाए बैठी संस्कारशीलता भी उसे डराती है। 'अंधेरे बंद कमरे' के सभी पात्र नगरबोध, परिवेशगत विसंगतियों एवं सम्बन्धों की अर्थहीनता को ढोते पात्र हैं। मधुसूदन का कस्साबपुरा की गंधाती गलियों में लौट जाना उसके महानगरीय तिकड़मों भरे परिवेश में अस्त होते अस्तित्व-बोध की अर्थहीनता का विकास ही है।

'अन्तराल' की श्यामा भी सम्बन्धों की असलियत से उपजे बोध का विस्तारित रूप ही है कि वह तत्पर होकर अचानक असहमत हो उठती है। सम्बन्धों के मायने ढूँढ रही इस स्त्री का बोध जीवन के एसेन्स की तलाश में भटकते मनुष्य के बोध का स्त्री-रूप में विस्तार है वही अन्तराल की सीमा समाज में तेजी से बढ़ रहे आधुनिकता-बोध में ढीले पड़ते नैतिक बंधनों की प्रतीक है। काम और अर्थ के अभाव से उत्पन्न बोध और तद्जन्य कुंठा में जीते ये पात्र कौटुम्बिक सम्बन्धों, रिश्तों की अर्थहीनता एवं बदलती यौन-मान्यताओं के बीच विकसित महानगरीय मानव के बोध, आन्तरिक संघर्ष एवं अहं के वाहक हैं जो श्यामा तथा कुमार के सम्बन्ध में तीव्रतम हो उठता है।

प्रसिद्ध दार्शनिक ज़्याँ पाल सार्त्र ने कहा है- "स्वतंत्रता मनुष्य के लिए अत्यधिक कष्ट देने वाली है फिर भी मनुष्य स्वतंत्र रहना चाहता है। जिस क्षण वह संसार में प्रवेश करता है उसी क्षण से वह उन सभी कामों के लिए अपने को पूरी तरह उत्तरदायी मानता है जिन्हें वह करता है।"

अस्मिता की स्वतंत्रता छिन जाने का बोध मनुष्य में जो विचलन उत्पन्न करता है उसका उदाहरण 'न आने वाला कल' का मनोज है। ओढ़े हुए अनुशासन में छीजते अस्तित्व की पीड़ा का वाहक ये पात्र अस्तित्ववादी चेतना का विस्तार है "अन्दर से यह मानकर चलना और बात थी कि मैं एक मज़बूरी में दूसरों की शर्तों पर जी रहा हूँ मगर उन शर्तों पर जीने के लिए मज़बूर किया जाना दूसरी बात थी।"

कहानी- अपने परिवेश की विसंगति के यथार्थ-बोध का विस्तार राकेश के कहानी-पात्रों में भी अर्थहीनता का बोध, अजनबीयत, खालीपन और लक्ष्यहीनता उत्पन्न करता है।

इस विस्तृत बोध को हम केसरी के द्वारा अच्छी तरह समझ सकते हैं। 'दोराहा' का केसरी सम्बन्धों में चोट खाकर 'धुंधला द्वीप' में स्वयं के अस्तित्व के प्रति हठधर्मिता की हद तक सजग और 'लक्ष्यहीन' में निरर्थकता-बोध से भरकर प्रतिक्रियावादी हो उठता है और अन्दर की कड़ुवाहट से उसकी भाषा तीखी हो उठती है- "यही कि एक तो उन्हें सवेरे सर की मालिश करवानी चाहिए और दूसरे रात के समय गरम दूध के साथ एक चम्मच फूट

साल्ट ले लेना चाहिए।" अपनी कहानियों में सामाजिक यथार्थ के परिदृश्य को उभारते समय राकेश तिलमिला देने वाले व्यंग्य से काम लेते हैं।

राकेश की कहानियों के पात्र अपने समस्याकुल रूप में प्रारंभ में विराट मानवीय चेतना का आभास देते हैं किन्तु अंत में वे अन्तर्मुखी हो जाते हैं। अपनी यथास्थिति के बोध और कुछ न कर पाने की विवशता में तुर्श, तंज़भरे या अन्तर्मुखी होकर अकेलेपन और अजनबीयत का बोझ ढोते रहते हैं। परिवेश से जुड़े रहने की अनिवार्यता की त्रासदी उनमें अस्वीकार-बोध एवं सार्थकता की तलाश की छटपटाहट भी जगाती है, यह छटपटाहट 'जानवर और जानवर' कहानी में उसी तरह नज़र आती है, जैसी 'न आने वाला कल' के मनोज, शोभा के सम्बन्धों के अलगाव-बोध को दर्शाती है।

'ज़ीनियस' कहानी का पात्र अपने व्यक्तित्व की सामान्यता की पीड़ा में डूबे इसी खंडित अस्तित्व-बोध का शेखी भरा विस्तार है जो आम ज़िन्दगी का निषेध करके अपनी ही दुनिया की कल्पना में खोया रहता है। उसका जीवन बौद्धिकता और उसके संवेगों की परिधि से बाहर न जाकर वहीं घूमता और परिवेश से अजनबीयत के बोध को ढोता रहता है। वह आत्मश्लाघा की हद तक बोलता है जिसमें उसकी त्रासदी व संकुलता का मूल कारण भी बक जाता है- "मैं उससे बहुत छोटा हूँ परंतु मुझे गर्व है कि मुझे उससे स्नेह मिलता है। मैं भी उसके लिए अपने प्राणों का बलिदान दे सकता हूँ। मैंने जीवन में बहुत भूख देखी है - हर वक्त की भूख और अपनी भूख से प्रायः मैं व्याकुल भी हो जाता हूँ। पर जब उसे देखता हूँ तो मैं शर्मिन्दा हो जाता हूँ। भूख उसने भी देखी है और मुझसे कहीं ज्यादा भूख देखी है। परंतु मैंने उसे कहीं जरा भी व्याकुल और विचलित होते नहीं देखा। वह कठिन से कठिन अवसर पर भी मुस्कुराता रहता है।" स्पष्ट है कि भूख और अभाव के यथार्थ में जीते मानव का यह बोध उस मनोवैज्ञानिक संकुलता से उपजा है जो अपने त्रासद अर्थ में मनुष्य की आत्म-प्रवंचना है।

इसमें संघर्ष है तो पलायन भी है। भय है तो अहं भी है। तलाश है तो भटकन भी है। ढहते जीवन-मूल्यों और समकालीन संकटों के बीच आधुनिक मानव के पारम्परिक भारतीय बोध को वहन करते इन पात्रों की संकुलता, अन्तर्मुखता, अजनबीपन, आत्मनिर्वासन। व्यंग्य और आत्मप्रवंचना के पीछे उनकी अस्तित्व-पीड़ा का बोध ही कारक है; और स्थितियों की नैराश्यपूर्ण त्रासदी उस बोध को ज्यादा बड़ा कर उन्हें रिक्तता-बोध से भर देती है। एक से अधिक यथार्थ-बोध उनके बोध को संश्लिष्ट कर उनके व्यक्तित्व में दुविधा उत्पन्न कर देता है। लेकिन कहीं-कहीं ये पात्र अपनी स्पृहाओं और उनकी अपूर्णता से सामंजस्य स्थापित करने का प्रयास भी करते हैं।

1. रेशम की डोरी पर खुबे बाजीगर के फटे पैर : बोध जो आदर्शपरक भी है, यथार्थवादी भी और आस्थावादी आदमी की निराशा का टूटता स्वर भी। जीवन की विखंडित स्थितियों में, सामाजिक संदर्भों की वंचनाओं में, बदलते मूल्यों में और अपने संस्कारों के कई परतीय संघर्ष में समकालीन मानव लगातार पिसता रहा है। उसकी इच्छाओं एवं बोध में द्वन्द्व भी होता है लेकिन वह अपनी विवशता के कारण अपनी सीमा और सामर्थ्य जानकर तथा कई बार व्यावहारिक बुद्धि के कारण उससे सन्तुलन भी बिठा लेता है। सामाजिक विसंगतियों के पाश पसारे परिवेश में फैले सारे कड़ुवे यथार्थों को वह जानता है पर अपनी इच्छाओं का भी वह कुछ नहीं कर सकता। इन दोनों के बीच राकेश का पात्र संतुलन कायम करने का प्रयत्न करता हैं। कई बार वह सफल होता है, कई बार स्वयं से संघर्ष करता है हार भी जाता है, कारण भले ही व्यक्तिगत हो या सामाजिक।

नाटक- राकेश के वो पात्र जो अपनी इच्छा एवं बोध के बीच संतुलन स्थापित कर लेते हैं, कम ही हैं। और जो हैं उनमें सर्वाधिक महत्वपूर्ण है- आषाढ़ का एक दिन की मल्लिका। मल्लिका, जो राकेश की आस्था-भूमि पर रोपित विश्वास-वृक्ष है, की एक सामान्य प्रेमिका की तरह अपने काम्य के साथ जीने की सामान्य सी इच्छा है। लेकिन उसे समय एवं परिवेश की सच्चाईयों का बोध भी है कि ये इच्छा उसके लिए आकाश-कुसुम ही सिद्ध होगी। ऐसे में वह सामान्य स्त्री से अलग व्यवहार करते हुए कालिदास के ग्रंथों और 'भावना में भावना' के साथ सामंजस्य बैठाने की कोशिश करती है। कालिदास को सयत्न उज्जयिनी भेजने के पीछे भी यही भावना कार्य करती है कि कालिदास हाथ आए अवसर का लाभ उठाए क्योंकि ऐसे स्वर्णिम अवसर बार-बार नहीं आते-

"मल्लिका- मैंने यह सब सह लिया। इसलिए कि मैं टूटकर कर भी अनुभव करती रही कि तुम बने रहो।"

वस्तुतः इस पात्र द्वारा राकेश ने सामाजिक जीवन में मानव की इच्छा और जीवन-अवसरों को हाथ से न जाने देकर सांमजस्य स्थापित कर जीने के प्रयत्न का चित्रण किया है।

दूसरी तरफ विलोम, जो कि एक पूरा दुनियादार पात्र है, जानता है कि सब को सब कुछ नहीं मिलता। मल्लिका को पाने की इच्छा और स्वयं के उपेक्षित होने के बोध में विलोम संयोजन कर लेता है। वह टूटने के स्थान पर प्रयत्नशील रहता है और अन्त में दैहिक स्तर पर ही सही, सफल भी होता है।

'लहरों के राजहंस' में यह संतुलन केवल अलका के पास है जो सुन्दरी का विलोम है। अपनी, नन्द एवं श्यामांग की सम्वेदनशीलता को जानते हुए भी, स्वयं के मन की संकुल

पीड़ा के बाद भी यह नारी अपनी स्थिति व सामर्थ्य के बोध को जानती है और स्वयं को नाटक का महिला 'श्यामांग' होने से बचा लेती है।

'आधे अधूरे' में मात्र बड़ी लड़की 'बिन्नी' अपने व्यक्तित्व के उतावलेपन और अस्थिरता के बावजूद अपनी समझदारी और संयमित व्यवहार के कारण सुलझी दिखाई पड़ती है। बाकी सारे पात्र इच्छा एवं बोध के द्वन्द्व में उलझे हैं।

उपन्यास- उपन्यास 'अंधेरे बंद कमरे के दोनों पात्र अपनी स्वतंत्र एवं महत्त्वाकांक्षी इच्छाओं और दाम्पत्य व सामाजिक बोध में संतुलन बिठाने की कोशिश करते दीख पड़ते हैं, पर साथ ही लौट आना उनकी विवशता भी है। मधुसूदन, जो कि नियामक एवं महत्त्वपूर्ण पात्र दोनों की भूमिका में है, भी उपन्यास के अंत में महानगरीय जीवन के यथार्थ, उच्चवर्गीय जीवन-शैली के सच एवं स्वयं की यथास्थिति के बोध को स्वीकार कर अंत में कस्साबपुरा की गलियों में निम्मो के पास जाने को विवश हो जाता है।

कहानी- राकेश की कहानियों में हमें इच्छा और बोध का सामंजस्य अधिक देखने को मिलता है। धनंजय के शब्दों में- "उनकी कहानियों में व्यक्ति-सत्य और समाज-सत्य पर समान आग्रह है। व्यक्ति-चेतना और समाज-चेतना के बीच किसी भी कृत्रिम द्वन्द्व का परिहार कर राकेश की कहानियाँ सम्वेदना और बोध के उस धरातल से शुरू होती हैं जिसे व्यक्ति और समाज की आंगिक सापेक्षता का धरातल कहा जा सकता है।"

देखा जाए तो 'मिस पाल' की मिस पाल, 'खाली' की तोशी, 'उर्मिल जीवन' की नीरा, 'आर्द्रा' की माँ, 'अपरिचित' की स्त्री, 'फौलाद का आकाश' की मीरा, 'चौगान' की संतो, 'मि. भाटिया' का मि. भाटिया, 'हकहलाल' की स्त्रियाँ और 'कटी हुई पतंग' की राजकरनी आदि सभी अपनी इच्छाएँ सीमित कर परिवेश के यथार्थ-बोध के साथ सामंजस्य करते पात्र हैं। व्यक्तिवादी इच्छा-स्वर के इन पात्रों को सामाजिक यथार्थ एवं बोध के साथ संतुलन बनाना ही पड़ता है।

'एक घटना' कहानी के मुख्य पात्र 'मैं' का इच्छा एवं बोध में संतुलन उसकी आर्थिक विवशताओं को जानकर है "मैंने बार-बार कहा कि नीलिमा से कहूँ चल बेटी, मैं तुझे पढ़ाऊँगा। तुझे वैसी ही विदुषी बनाऊँगा जैसी तेरे पिता की कामना थी। पर तुरंत अंकुश के रूप में भविष्य के चित्र खड़े हो जाते - "उसे पढ़ाना ही नही, उसके विवाह का प्रबंध करना होगा। और अभी मुझ पर अपनी बेटी के विवाह का ऋण बाकी है, जिसे चुकाने में कई वर्ष लगेंगे और मैं भी बूढ़ा हो रहा हूँ और मेरी पत्नी चिड़चिड़े स्वभाव की है, मेरी पेंशन कुल साठ रूपये हैं।"

स्पष्ट है कि राकेश के जिन पात्रों में सामाजिक सामंजस्य की भावना अधिक है, चाहे वह विवशता ही सही, वही पात्र अपनी इच्छा एवं बोध में संतुलन बिठा पाते हैं। राकेश इस बारे में कहते हैं- "व्यक्ति का जीवन एक इकाई का जीवन नहीं होता, एक समाज और समय के जीवन की प्रतिध्वनि भी उसमें सुनी जा सकती है।"

कह सकते है कि अधिक नहीं, हमेशा नहीं, हर जगह नहीं पर फिर भी राकेश के कतिपय पात्र अपनी इच्छा और बोध में संतुलन रखते हैं इसलिए वे मुक्त होकर भी मुक्त नहीं हो पाते। न घर से, न स्वयं से। ऐसा इसलिए भी कि राकेश का लेखक व्यक्ति को आसपास से कटी इकाई के रूप में नहीं देखता बल्कि सम्पूर्ण मानसिक, सामाजिक, राजनैतिक परिवेश को उसका अविभाज्य अंग समझता है।

यद्यपि यह भी उतना ही सत्य है कि संतुलन की अपेक्षा उनके पात्रों की इच्छा और बोध में द्वन्द्वात्मकता ही अधिक है क्योंकि उसके संक्रमणशील समकालीन परिवेश में सामंजस्य बैठाने की कोशिश समकालीन मानव करता भी है तो विवशता में। इच्छाओं और परिवेश-बोध में द्वन्द्वात्मकता उसके भीतर विद्यमान रहती ही है। पात्रों के परिवेश-बोध और सामंजस्य के बारे में लेखक ने अपनी किताब 'परिवेश' में लिखा है- "इकाई का अपने को जानना भी इसके उसके पूरे के अन्दर जीने का ही परिणाम है। चेतना के स्तर पर हर आदमी अपनी जगह एक है। अकेला हालांकि वहाँ भी नहीं, पर बोध के स्तर पर वह किसी भी तरह 'एक' या 'अकेला' नहीं है। बोध में वह प्रभावों को समेटता है और प्रभावों की शुरूआत से ही उसके एक होने की स्थिति समाप्त होती है।"

2. कुछ और ज़माना कहता है कुछ और ज़िद है मन की : राकेश के कथा-साहित्य का सम्बन्ध समकालीन समय के जीवित यथार्थ से ही है, उनके पात्र भी समकालीन समग्र परिवेश के जीवन, जीवन की विडम्बना और विभ्रमों के बीच से अपने अस्तित्व की लड़ाई के लिए जी रहे पात्र हैं। इन पात्रों को अपने परिवेश की समस्त बेईमानियों एवं त्रासदियों का भी ज्ञान है। परिवेश-बोध एवं व्यक्तित्व का संघर्ष, परम्परा एवं आधुनिक-बोध, आस्था एवं अनास्था का द्वन्द्व, समाजगत अपेक्षा एवं निजता का द्वन्द्व समकालीन मानव के सारे संताप ये पात्र वहन करते हैं और जानते हैं कि ये उनकी अनिवार्य स्थिति है इसलिए वे स्थिति को न तो स्वीकार पाते हैं, न नकार पाते हैं। बोध और इच्छाओं में सतत् द्वन्द्व उनके व्यक्तित्व में स्पष्ट दिखाई देता है। जहाँ-जहाँ इन पात्रों ने अपने बोध एवं इच्छा में संतुलन बिठाने का प्रयत्न किया है वहाँ भी वे अन्तर्द्वन्द्व-ग्रस्त दिखाई पड़ते हैं।

राकेश के पात्र दोहरी मार से दो-चार होते पात्र हैं- एक ओर बाह्य परिवेश में उसकी यथास्थिति का बोध है, दूसरी ओर अन्तर्परिवेश में उसकी सम्वेदनाएँ, उसके स्वप्न, उसकी

इच्छाएँ हैं। पात्र दोनों स्थितियों से टकराता है, जूझता है। वो कभी एक से आँखें मिलाता है तो कभी दूसरे की तरफ झुकता है और इस प्रक्रिया में द्वन्द्व-ग्रस्त व अकेला हो जाता है। ऐसे में उसका द्वन्द्व या तनाव परिवेश से कटे लोगों की अस्तित्ववादी ऊब-आतंक में परिवर्तित होने लगता है।

नाटक- 'आषाढ़ का एक दिन' में मुख्य पात्र कालिदास को राकेश ने परिवेश-बोध और इच्छा की द्वन्द्वात्मक स्थिति में पड़े दर्शाया है। कालिदास का द्वन्द्व सत्ता-बोध और सम्वेदना रूपी इच्छा के बीच का द्वन्द्व है।

"कालिदास- मैं अपने को आश्वासन देता कि आज नहीं तो कल मैं परिस्थितियों पर वश पा लूँगा और समान रूप से दोनों क्षेत्रों में अपने आप को बाँट लूँगा। परंतु मैं स्वयं की परिस्थितियों के आगे बनता और चालित होता रहा। जिस कल की मुझे प्रतीक्षा थी वह कल कभी नहीं आया और मैं धीरे-धीरे खण्डित होता गया।"

मल्लिका, जो विश्वास के तंतुओं से बनी राकेश की समर्पित पात्र है, आनुषंगिक भाव से यही द्वन्द्व की स्थिति मल्लिका के साथ भी है। उसकी इच्छा थी कि कालिदास यशस्वी बने और गाँव में प्रचलित अपवाद को खण्डित कर एक दिन वापस आए तो वह भी सर उठाकर जी सके। इसके विपरीत अभाव और समय ने उसे बहुत कुछ करने को विवश कर दिया।

'लहरों के राजहंस' में यह द्वन्द्व प्रेय-रूपी बोध और श्रेयरूपी इच्छा के बीच है। नन्द का अन्तर्द्वन्द्व सही अर्थों में न तो सुन्दरी से है न बुद्ध से, अर्थात न प्रवृति से न निवृति से। उसका द्वन्द्व जीवन की उन बंधनकारी स्थितियों से है जो आदमी की स्वतंत्रता में बाधक हैं और नैसर्गिक इच्छाओं को बाधित करती हैं- कभी धर्म के रूप में तो कभी जगत के रूप में। इसी कारण नन्द अन्त तक तय नहीं कर पाता कि वह फैसला किस के पक्ष में दे, सुन्दरी के अथवा बुद्ध के। वस्तुत: वह फैसला तो अपनी निजता के पक्ष में चाहता है पर उसे बोध है कि यह असम्भाव्य है। सुन्दरी और बुद्ध दोनों ही उसे जीवन के बंधनकारी बोध रूप दिखते हैं।

'आधे अधूरे' की मुख्य पात्र सावित्री सहित सभी पात्र अपने परिवेश के यथार्थ-बोध और स्वयं की इच्छाओं के बीच उलझे हैं। समकालीन जीवन में परिवेश की वक्रता के बोध और अभावों व अन्य प्रभावों से निरंतर बढ़ रही इच्छाओं को ढो रहे मनुष्यों के प्रतीक ये पात्र अपनी सामयिकता की दृष्टि से उत्तर आधुनिक बन पड़े हैं।

'स्त्री' उर्फ 'सावित्री', स्वयं उसी के शब्दों में अपनी सेकेण्ड हैंड गृहस्थी, उद्दण्ड और अकर्मण्य बच्चों तथा दरकते दाम्पत्य की वाहक है; वहीं वह मुट्ठी से रेत की तरह फिसलती उम्र के बावजूद भी जीवन में एक सफल पुरूष के प्रणय की इच्छा रखती है और इस चक्कर

में एक के बाद दूसरे पुरुष आजमाती है। राकेश के शब्दों में- "वो घिसे पुर्जे को रिप्लेस करना चाहती है पर उसे उसी में फिट होना पड़ता है।"

वस्तुतः सावित्री के बोध एवं इच्छाएँ दोनों सामयिक हैं जो समकालीन मानव की त्रासदी के पूरक हैं। उसे फ़्लर्ट कहने से भी नहीं चलेगा बल्कि अलग-अलग स्तरों पर पुरूष के साथ सावित्री के सम्बन्धों की स्वीकृति में भी राकेश बदलते मूल्यों को स्वीकार करते हैं।

उपन्यास- राकेश के औपन्यासिक पात्रों में भी इच्छा और बोध का यह द्वन्द्व पूरी तरह आधुनिक मनुष्य-जीवन से उठाया गया है। 'अंधेरे बंद कमरे' के हरबंस का यथार्थ-बोध जितना तीव्र है उतनी ही उसकी इच्छाएँ भी प्रखर हैं, और वह किसी तरह उनमें संतुलन कायम नहीं कर पाता। स्वयं को कुछ साबित करने की इच्छा, शुक्ला के साथ जीवन भर डेटिंग करने की इच्छा, घर में पारम्परिक मुखिया अथवा पति की हैसियत से रहने की इच्छा तथा आदर्श से जुड़ी अन्य इच्छाएँ उसके समग्र जीवन-बोध के पश्चात भी दमित नहीं होती और इसी द्वन्द्व में वह देश-विदेश भटकता रहता है।

'अन्तराल' की श्यामा में यह द्वन्द्व चिरस्थाई रूप में विद्यमान ही नहीं अपितु उपन्यास की मुख्य सम्वेदना है। उसका विवाहित अतीत, उसकी बच्ची, विवाहित-पूर्व की 'इमोशनल लाइफ' के 'कॉम्प्लेक्स' और अपनी यथास्थिति में सामाजिक अपवाद आदि सबका उसे पूर्णतया बोध है; साथ ही पुरूष साहचर्य, दैहिक एवं मानसिक भूख की नैसर्गिक स्त्री-सुलभ प्रबल इच्छा भी उसमें है। इन दोनों के द्वन्द्व में फँसकर श्यामा एक अन्तर्द्वन्द्व-ग्रस्त चरित्र में बदल जाती है।

सामाजिक मान्यता-बोध एवं इच्छाओं की निरंकुशता के दौर में सम्भवतः प्रत्येक मानव पिसता रहा है, कुमार भी इसी प्रकार का पात्र है जो अपनी इच्छा और आन्तरिक बोध, जो उसे अहंवादी भी बनाता है, के द्वन्द्व में फँसा है।

ठीक इसी तरह के द्वन्द्व में 'न आने वाला कल' का मनोज सक्सेना फँसा हुआ है जिसने उसके अहं को इतना प्रबल कर दिया है कि अपनी पत्नी शोभा से भी वह नहीं निभा पाता। समझता है कि वो परिवेश-चक्र में बुरी तरह जकड़ा हुआ है लेकिन उसकी मुक्ति की इच्छा भी प्रबल है। फलस्वरूप जो बनता है वह है अंत में 'मनोज का फटा हुआ वापसी टिकिट' जो उसे न आने वाले कल तक रोक देता है।

एकांकी- राकेश के एकांकी 'सिपाही की माँ' की वात्सल्यमयी माँ में सामाजिक ध्वंस में फँसे पुत्र की यथास्थिति के बावजूद शांति की इच्छा इतनी प्रबल है कि अचेतन मस्तिष्क में स्वप्न बनकर प्रकट होती है। यहाँ जीवन के कड़वे सत्य के बोध एवं मनुष्य की कोमल इच्छाओं के बीच द्वन्द्व है।

कहानी- राकेश की कहानियों के पात्र अपने त्रासद परिवेश-बोध और अस्मि में उमड़ी स्वाभाविक मानवीय इच्छाओं को ढोते मानव के चित्र हैं जिनकी संरचना में द्वन्द्व की संयोजना है। ये पात्र सामाजिक संदर्भो में अपनी प्रतिबद्धता को अनुभव करते हैं, पर स्वयं की इच्छा में व्याकुल भी हैं। 'सुहागिनें ' की मनोरमा अपने पारिवारिक बोध से वाकिफ है पर अपनी मातृत्व की इच्छा के हाथों द्वन्द्वग्रस्त भी। 'मिट्टी के रंग' में भी एक सिपाही की इच्छा एवं बोध के मध्य द्वन्द्व चलता है। 'पहचान' एक विखंडित परिवार के बच्चे की करुण गाथा है, जिसमें वह अपने बदले पारिवारिक परिवेश के बोध एवं स्वयं की पहचान बदलने के द्वन्द्व में जूझ रहा है। सचदेव उपनाम उसकी बचपन से चली आ रही आ रही पहचान है किन्तु 'अबरोल'होने के बोध के साथ ही पात्र में द्वन्द्वात्मकता की स्थिति उत्पन्न हो जाती हैं। इनमें संतुलन न बिठा पाने की स्थिति में बालक असामान्य व्यवहार करने लगता है- "तो अब असल में वह है क्या? सचदेव या अबरोल? या दोनों ही नहीं?" अस्मिता की पहचान में भटके इस बालक का द्वन्द्व चिन्त्य है।

'गुनाह बेलज़्ज़त' का मुख्य पात्र भी अपने नामर्द होने के बोध से परिचित है पर अपनी मर्दानगी दर्शाने की इच्छा में वह असामान्य होकर पत्नी से बदनामी भरे केस में फँसे होने की झूठी बात कहता है। दमित यौनेच्छा में पात्र की प्रतिक्रिया की यह मनोविश्लेषणात्मक कहानी है। 'क्वार्टर' कहानी में मुख्य पात्र को अपने महानगरीय स्थानाभाव का पूरा ज्ञान है पर उसके व उसकी पत्नी के बीच स्वातंत्र्य की चाह में जो द्वन्द्वात्मकता उत्पन्न होती हैं वह महानगरीय परिवेश के स्थान संकट में जूझते सामाजिक मानव की इच्छाओं का द्वन्द्व है।

"अगर खुद बिजनौर जाकर उसने पापा से न कहा होता कि वे उसके पास दिल्ली आ रहें... अगर चाचाजी की बात मानकर उसने हामी न भरी होती, कि गुन्नु और पुन्नु उसके पास आकर रह जाएँ तो वह उनके लिए नौकरियाँ ढूँढने की कोशिश करेगा... पहले बड़े भाई नाथ को लेकर ही इतनी परेशानी थी, छोटे भाई मुकुंद की जमानत का सवाल सामने था, और फिर ज़िम्मेदारियों को खुद ही अगर बुलावा न दिया होता।"

'सीमाएँ' की उमा को अपने परिवेश, समाज की बढ़ती अराजकता और स्वयं की सामान्य शक्लसूरत का बोध है पर अपनी उम्र की स्वाभाविक रोमानी इच्छाओं के चलते वह गले की चैन गँवा बैठती है। पात्र की इच्छा और परिवेश का द्वन्द्व यहाँ समाज की बुराई के रूप में विद्यमान है। 'ग्लास टैंक' की माँ को भी अपनी उम्र और पारिवारिक सीमाओं का बोध है पर भावुकता और रोमानी इच्छाओं में जीती यह स्त्री न केवल स्वयं द्वन्द्व को वहन करती है अपितु युवा पुत्री में भी इस का संक्रमण कर देती है। दोनों स्त्रियों की इच्छा एवं अपने बोध का द्वन्द्व कहानी में रोमानियत भरी ट्रेजेडी उत्पन्न करता है-

“नीरू” ममा कह रहीं थी - "तू मेरी तरह मत होना... मामा... ...तेरी ममा...

“ऐसे क्यों कह रही हो ममा? तुम्हारे जैसे दुनिया में कितने लोग हैं। मैं अगर तुम्हारे जैसी हो सकूँ तो..."

पात्रों की इच्छा और उनके अपूर्ण रहने की कुंठा के द्वारा राकेश ने अपनी यथास्थिति में मानव की अनिवार्य नियति एवं तद्जन्य दुख को प्रस्तुत किया है।

ङ. नियति की सूखी शाखा पर स्पृहाओं के फूल : बदलते समाज में मानवीय सम्बन्धों की जटिलता, पुराने सम्बन्धों का टूटना, अनाम सम्बन्धों का स्थापित होना, समाज के बीच रहकर भी स्वयं को अलग और एकाकी अनुभव करना, सम्बन्धों की अर्थहीनता का अहसास होने पर भी नकली चेहरा धारण कर के उसको निभाने का नाटक करना आदि उसमें प्रतिबिम्बित होते हैं।

राकेश के पात्रों को परिवेश की विसंगतियों का बोध है, अपनी इच्छाओं का भी, और इन दोनों के बीच भटकती अपनी अस्ति के सामर्थ्य का भी। पात्रों के जीवन-सत्यों ने उनके यथार्थ-बोध को पूरे प्रसार के साथ उनके सामने फैला दिया है, वे अपनी नियति को जानते हैं, इसलिए उनमें प्रयत्न-शैथिल्य उत्पन्न होता है।

महासमरोत्तर वैश्विक त्रासदियों से बने, हमारे समाज की घरेलू परेशानियों से जूझते ये पात्र निजता को त्यागना नहीं चाहते और परिवेश को भी नहीं छोडना चाहते यद्यपि ये फ़साने की हकीकत से बने पात्र हैं।

अपनी प्रबल कामनाओं में भटकते राकेश के सभी पात्रों को अपनी नियति का बोध है यह भी सत्य नहीं है। ‘सुन्दरी’ जैसे अपवाद भी राकेश की कलम से ही सृजित हुए हैं। साथ ही यह भी सत्य है कि सुन्दरी जैसे आकंठ कामनाओं में डूबे, यथार्थ से कटे पात्र कम ही हैं। साम्प्रत परिवेश से सम्बद्ध, सार्त्र के अस्तित्ववादी चिन्तन से गहरे तक भरे अधिकांश पात्र अपस्थापित होती अस्मि के नियति-बोध से गुज़रते पात्र हैं जो अपने दुखान्तों में मानव-सम्बन्धों की पुनर्व्याख्या की माँग करते हैं।

नाटक- कालिदास भौतिक इच्छाओं के पीछे भागते समकालीन मानव की स्पृहा का प्रतीक पात्र है जो अपनी महत्त्वाकांक्षी आपाधापी से फुरसत पाने पर देखता है कि उसे समय मिला तब तक समय हाथ से निकल चुका था तो वो टूट जाता है। खो देने के बोध ने इस पात्र को कमज़ोर चरित्र का बना दिया है। इसके पहले कालिदास नाटक में इतना कमजोर प्रतीत नहीं होता, किन्तु मल्लिका की यथास्थिति में वह आत्मनिर्वासित हो उठता है, क्योंकि मल्लिका के रुप में उसकी नियति का दर्शन उसे होता है। उसका अब तक मल्लिका की

द्वार-देहरी पर खड़ा व्यक्तित्व अपस्थापित होकर 'आउट साइडर' में तब्दील हो जाता है। और वह दोबारा अनिश्चित स्थान पर भाग खड़ा होने के लिए विवश हो जाता है।

कालिदास के विपरीत मल्लिका अपनी वारांगना की नियति को भी उसी आस्था के साथ स्वीकारती है जो उसकी चारित्रिक विशेषता है। संघर्षों के मध्य भी अपनी निष्ठा में अकम्प दीपशिखा सी खडी ये स्त्री-पात्र भारतीय स्त्री की सम्वेदना व आदर्श की झलक देती है। हालांकि मल्लिका का स्वर भी अन्त में यथार्थवादी हो उठता है, किन्तु इस नियति के पीछे स्वयं उसकी इच्छाओं भी हाथ रहा है, इसलिए अपने नियति-बोध में भी वह कुंठा-रहित है "यह मेरे अभाव की सन्तान है। जो तुम थे वह दूसरा नहीं हो सका परन्तु अभाव के कोष्ठ में किसी दूसरे की जाने कितनी आकृतियाँ हैं।"

रूखी सी दिखाई पड़ने वाली चरित्र-रेखाएँ और सम्वेदना से परे दो और दो चार की तरह गृहस्थी बसा कर ज़िन्दगी बिताने की बातों में अम्बिका का दुनियावी अनुभव बोलता है। वह सांसारिक दृष्टि से सम्वेदना और ऐसी इच्छाओं की नियति से परिचित है। वस्तुत: इस बोध से ही इसकी इच्छाएँ संचालित होती हैं।

राकेश के अधिकांश पात्रों को उनका नियति-बोध पलायन के लिए उकसाता है क्योंकि वे जानते हैं कि परिवेश की यथास्थिति में उनकी इच्छाओं का कोई स्थान नहीं। नन्द का व्याघ्र से भिड़ना, सिर मुंडाना और सुन्दरी से मिले बिना ही खो जाना इस बोध के कारण ही है। अपने अस्तित्व की पीड़ा में जी रहे इस पात्र को स्वतंत्रता और बन्धन के बीच खो गए सत्य की तलाश है। वह अपनी पूरी अस्मिता के साथ स्व-चयनित जीवन जीना चाहता है इसीलिए बुद्ध और सुन्दरी के उत्तरों से अलग अपने उत्तर की खोज में दुविधा-ग्रस्त है। इस उभयमुखता की स्थिति में उसे सत्वहीन और निस्तेज भी नहीं कह सकते, दरअसल वह तत: किम् की स्थिति में अपने तेज और सत्व को पहचानने की कोशिश कर रहा है जो नान्य पन्था कहती आधुनिक मानव की नियति बनती जा रही है।

"इतना समझ में आता है जिए जाने से जीवन धीरे-धीरे चुक जाता है, कि हर उन्मेष का परिणाम एक निमेष है और काल के विस्तार में उन्मेष और निमेष दोनों अस्थाई हैं।"

यहाँ राकेश का लेखकीय कौशल है कि उन्होंने जहाँ नन्द के नियति-बोध की पीड़ा को श्यामांग में फूँका है, वही सुन्दरी के नियति-बोध की पीड़ा (जिसे सुन्दरी अपने प्रबल अहं में देखकर भी नहीं देखना भी नहीं चाहती है) को अलका में रखा है। अपनी स्वामिनी के भविष्य से आतंकित अलका सम्वेदनशील पात्र है, "तू अपने सपने की बात कर रही थी न अलका, क्या कह रही थी? क्या देखा था, सूखा सरोवर, पत्रहीन वृक्ष और धूलभरा आकाश?"

यही नियति-बोध 'आधे अधूरे' तक आते-आते पात्रों को तुर्श, व्यंग्यात्मक और प्रतिक्रियाविहीन बना देता हैं। आधुनिक नन्द की पीड़ा को झेलते महेन्द्रनाथ का नियति-बोध उसे जहाँ निकम्मा और लिजलिज़ा बना देता है वहीं अपूर्ण आकांक्षाएँ स्त्री को चंचल, लड़के को आवारा और लड़की को जिद्दी, उद्दण्ड और यौन-उत्सुक बना देती है।

वस्तुतः अपनी इच्छाओं की भीड़ में दबे, अस्तित्व संकट को झेलते आधुनिक मानव की नियति और उसकी आत्मप्रवंचना को ही राकेश ने, आधे अधूरे के अनूठे कथावृत द्वारा उभारा है जिसमें नाटक कहीं से भी आरम्भ करके वहीं अंत करें; नाटक सही स्थान से पढ़ा ही प्रतीत होता है। अपनी इच्छाओं की औकात समझते इन पात्रों को इनकी यथास्थिति के बोध ने जो अस्थिरता दी है वह आधुनिक सन्दर्भो में मनुष्य की इच्छाओं और अपूर्णता के बोध में टूटने की स्थिति को दर्शाती है।

उपन्यास- 'अंधेरे बन्द कमरे' का हरबंस भी राकेश के अन्य पुरुष-पात्रों की तरह अपने यथार्थ से वाकिफ होकर घबराया हुआ पात्र है जो आधुनिकता के दौर में स्वयं भी आधुनिक है पर पारम्परिक सामाजिक-बोध उसे द्वन्द्वात्मक स्थिति में ला खड़ा करता है। प्रगति और अटकावों, द्वन्द्वों व गलत निर्णयों के बीच खड़ा ये पात्र अपने प्रारब्ध को चीह्न चुका है इसलिए गृहस्थी में रहने को बाध्य है। वस्तुतः यही नियति-बोध नीलिमा को भी फिर से घर ले जाता है।

यह नियति मात्र नीलिमा-हरबन्स की ही नहीं बल्कि भारतीय परिवेश में आधुनिकता, स्व-चैतन्य, स्वातंत्र्य-कामना और घर-गृहस्थी की पारम्परिक अवधारणा के बीच पिस कर मरने के लिए जीते प्रत्येक मानव की नियति है जो राकेश ने अपने औपन्यासिक पात्रों में प्रस्तुत की है।

'अन्तराल' में कुमार भी इसी नियति-बोध में विवाह नहीं निभा पाता जिसे स्वीकारता भी है- "बात अपने तक रहे किसी को पता न चले, जितना सड़ना है, अन्दर ही अन्दर सड़ो। जो ज़हर चखना है अन्दर ही अन्दर चखो, उसी सड़ाँध और ज़हर से बच्चे पैदा करो और उन्हें भी उसी ढंग से जीने की शिक्षा दो। अपनी स्वाभाविकता के साथ विश्वासघात करो और ऐसा करने की परम्परा को बनाए रखो।"

एकांकी- इसी ऊबाऊ, एकरस, फीके और लगातार एकाकी बनाते वैवाहिक साहचर्य के नियति-बोध के सर्वश्रेष्ठ वाहक हैं एकांकी 'शायद' के पात्र। इनके सम्वादों की टूटन, असम्बद्धता और दूसरे को सुने बिना बोलते रहने में उनकी अकेलेपन से उपजी त्रासदी झलकती है। समसामयिक शहरी परिवेश के ये दम्पत्ति "मैच्योर होने के नाम सात साल और सात दिन" गिनते जीवन गुज़रने का इन्तज़ार कर रहे हैं और इस बोध में इन की सारी इच्छाएँ मुरझा चुकी हैं।

‘ह:’ एकांकी पाश्चात्य प्रभाव से एकाकी पड़ते भारतीय वृद्ध दम्पत्ति की त्रासद कथा है। अपनी सन्तानों से स्नेह एवं देखभाल की आशा रखते ये पात्र अपने नियति-बोध में चिड़चिड़े व असहिष्णु हो उठे हैं।

पात्रों की इच्छा और उनकी नियति से जुड़ा बोध राकेश के पात्रों में केवल व्यक्गित हो, ऐसा नहीं है। ‘सिपाही की माँ’ एकांकी में लेखक ने पात्रों के द्वारा दर्शाया है कि युद्ध जैसी भयावह विभीषिका के बीच सैनिकों के व्यथित परिजनों की मिलने की इच्छा और भावी आशंका का बोध किस प्रकार उनके व्यक्तित्व में स्नेह का विस्तार कर देता है। यह बोध बिशनी में प्रबल रूप में देखा जा सकता है जो सरहद-देश, दोस्ती-दुश्मनी से उठा कर मनुष्य को आधिभौतिक सन्दर्भ देता है।

कहानी- राकेश के कहानी-पात्रों में इच्छा और नियति-बोध का द्वन्द्व विस्फोट की हद तक तीव्र है। ‘ग्लास टैंक’ की ‘ममा’ की इच्छा उसके नियति-बोध से टकरा कर कह उठती है "और जैसी भी होना अपनी ममा जैसी कभी न होना।" नन्हें शिवजीत को भी उसकी ‘अनचाही पहचान’ प्रभावित करती है जो उसके जीवन की अनिवार्य नियति है और वह अस्वस्थ मानसिकता की ओर मुड़ लेता है।

‘मरुस्थल’ कहानी की इन्दु की इच्छा और उसके पूर्ण नहीं होने की विडम्बना का द्वन्द्व लेखक ने मार्मिकता से उसके परिवेशगत यथार्थ के साथ रचा है। रुपजीवा बनने और न बनना चाहने की प्रक्रिया के बीच पिसती यह किशोरी अपनी टूटन में चिन्त्य है वहीं कहानी का ‘मैं’ अपनी व इन्दु दोनों की सामर्थ्य जानता है और इस नियति-बोध में उदास हो उठता है।

बेहतर को पाने की आशा में स्थान बदलकर भी यथास्थिति को जीती स्त्री की कहानी है- ‘मिस पाल’। परिवेश के यथार्थ में अपनी नियति को समझ कर इच्छाओं का स्थगन मिस पाल को जमने नहीं देता- न जगह पर, न जीवन में और न ही स्वयं में। उसका भाग्यवादी हो उठना भी इसी त्रासदी का द्योतक है।

“मिस पाल अपनी आँखें मूँदे हुए बताने लगी कि होशियारपुर में उसने कुण्डली निकलवाई थी। उस कुण्डली के फल के अनुसार इस जनम में उस पर यह शाप है कि उसे कोई सुख नहीं मिल सकता- न धन का, न ख्याति का, न प्यार का।"

ऐसे में वे पात्र अपने परिवेश की एकरसता से ऊब कर खीझ उठते हैं- "जैसे कि जो किया जाना था उसका सम्बन्ध पलंग से न होकर उन कपड़ों से हो।” कभी वे ‘उर्मिल जीवन’ की नीरु की तरह शिथिल पड़ जाते हैं तो कभी ‘हकहलाल’ की स्त्रियों की तरह असफल प्रयासों के पश्चात मन ही मन धधक कर समझौते को विवश हो जाते हैं।

'मि. भाटिया' का भाटिया अपनी सफल एवं उच्चस्तरीय जीवन-कामना में लगातार दीवालिया होता जाता है और अन्त में जीवन के यथार्थ में अपनी नियति चीह्न कर अनचाहा विवाह कर लेता है कि उस पैसे से जीतकर इच्छा तृप्ति कर ले। भाटिया, मि. राय, नत्था सिंह और वसन्त जैसे अपनी इच्छाओं की नियति से जूझते राकेश के असंख्य पात्र हैं जो परिवेश की त्रासदियों में टूट रहे हैं। 'मिट्टी के रंग' का सदानंद युद्ध के मैदान में मैथिलोन की मृत्यु से खौफजदा होकर स्वयं की मृत्यु की क्षणभंगुरता से भर उठता है, कीर्केगार्द की अस्तित्व-पीडा के बोध से भरे इस पात्र की इच्छाओं में राकेश ने मनुष्य की चाह और अस्तित्व-द्वन्द्व को सृजित किया है- "मैं नहीं जानता कि अब मेरे जीवन की कितनी घड़ियाँ शेष हैं। मैं चाहता हूँ कि मरने से पहले एक बार घर जा सकूँ, माँ और माधवी के चेहरे देखकर पहचान सकूँ। मेरे नीचे ठंडी ज़मीन है और मैं इस जमीन को नहीं पहचानता। मुझको लगता है कि मैं मर रहा हूँ।" त्रासदियों की भयावहता में जीने की कामना लिए मरते इस पात्र का नियति-बोध शाश्वत अस्मि-दंश से गुज़रते मनुष्य का हृदय-वदारक चित्र प्रस्तुत करता है।

स्पष्ट है कि राकेश के पात्रों का परिवेश और उनका यथार्थ-बोध उनकी सहज जीवन जीने की इच्छाओं पर प्रतिबन्ध लगाता है। स्वयं के अस्तित्व-बोध और प्रारब्ध की पीड़ा से भरे ये पात्र जीवन के प्रति आस्था और संघर्ष का भाव रखकर भी अन्तर्मुखी, आत्मनिर्वासित एवं अजनबी हो उठते हैं। पात्रों की जिजीविषा उन्हें संघर्ष के लिए प्रेरित करती हैं लेकिन अपने प्रारब्ध से विचलित होकर वे पलायन की राह पकड़ लेते हैं। अनाहूत परिस्थितियों एवं सम्बन्धों की जकड़ में स्वयं के लिए व्यथित मानव की विवश छटपटाहट और अस्मि-पीड़ा इन पात्रों की शाश्वत नियति है।

च. अंधकूप में गिरे सपनों को सागर में डुबोते श्यामांग, नहीं सर्वांग: मोहन राकेश के साहित्य में पात्र का बोध अपने परिवेश के सन्दर्भ में अत्यधिक सम्वेदनशील है। अपने परिवेश की जकड़न, अपनी इच्छाओं की सीमा एवं स्वयं की नियति में यथास्थिति का बोध राकेश के पात्रों के यथार्थ-बोध को संश्लिष्ट बना देता है। इस बोध को हम तथाकथित अतियथार्थवाद की श्रेणी में भी नहीं रख सकते। क्योंकि अतियथार्थ से उपजी वह तीखी बेधड़क प्रतिक्रिया इनमें नहीं है जो ज्ञानरंजन की कहानियों के पात्रों में मिलती है कि समयगत यथार्थ के प्रति सीधी सपाटबयानी से प्रतिक्रिया करे। 'खलनायिका और कागज़ के फूल', 'पैट्रोला', 'घंटा' आदि कहानियों के से मुँहफट प्रतिक्रियावादी पात्र राकेश के कथा-साहित्य में नहीं मिलते।

वस्तुत: राकेश के पात्र उस संक्रमण से गुज़रते दौर के पात्र हैं जो अपनी इयत्ता व स्वतंत्र व्यक्तित्व भी रखना चाहते हैं लेकिन समाजगत सन्दर्भों से कटे बगैर। मुश्किल यही है

कि सामाजिक सन्दर्भों से कटे बिना वह अपनी सारी इच्छाओं को पूरा भी नहीं कर सकता। रोज-ब-रोज उसके आदर्श परिवेश की कठोर चट्टान पर टूटते हैं और उसे अपनी इच्छाओं का गला घोटना पड़ता है। ऐसे में समकालीन व्यवस्था के यथार्थ के बीच से गुज़रते राकेश के पात्रों का यथार्थ-बोध संश्लिष्ट हो उठना स्वाभाविक है क्योंकि उसे अपनी यथास्थिति में सिर्फ एक ही यथार्थ से दो-चार नहीं होना पड़ता अपितु भिन्न-भिन्न यथार्थ उसे चारों ओर से घेरे हुए हैं। एक परिवेश का, एक उसके सम्बन्धों का, एक उसके समाज का और इन सबके बीच उसकी यथास्थिति का। इस संश्लेषण में पात्र का व्यक्तित्व गड़बड़ा उठता है जो उसके स्वरुप को भी प्रभावित करता है।

नाटक- 'आषाढ़ का एक दिन' में कालिदास अपने परिवेश के यथार्थ-बोध से संकुलित है क्योंकि सत्ता, अर्थ और समय का तिहरा यथार्थ उसके कोमल सम्वेदनशील मन को भी उथलपुथल से भर देता है।

नाटक के अन्त में जब कालिदास अपनी संवेदना-भूमि पर 'अथ से आरम्भ' करने लौटता है, जीवन के कटु यथार्थ से दो-चार होते ही इस पात्र के मूल में बैठा पलायन फिर उभर आता है। पात्र का पलायन आधुनिक जीवन की विसंगतियों में आत्मनिर्वासन को तत्पर आदमी का पलायन है। कालिदास की संरचना में दीख पड़ती दुर्बलता, अस्थिर चित्तता, स्वयं पर अविश्वास और निर्णय के क्षण में टूट जाने के पीछे यही संश्लिष्ट यथार्थ-बोध है। इस यथार्थ-बोध ने ही समसामयिक सन्दर्भों में कालिदास को पात्रात्मकता की दृष्टि से महान रुप दिया है, कहीं वह स्वार्थी दिखाई पड़ता है तो कहीं व्यावहारिक सा, कहीं अनन्य प्रेमी सा तो कहीं भगोड़ा सा। उसके व्यक्तित्व को राकेश ने खुला छोड़ दिया है और यही चरित्र-क्षेत्र में उनका अधुनातन योगदान है। हर व्यक्ति का व्यक्तित्व इस तरह स्पष्ट नहीं होता कि वह निश्चित रेखाओं में बँध सके, उसके अलग-अलग पक्ष अलग-अलग लोगों के साथ सम्बन्धों के भीतर से खुलते हैं।

'लहरों के राजहंस' में नन्द के चरित्र में जो असामान्य विचलन है, वह उसकी चेतना में एक से अधिक यथार्थ-बोध के आपस में टकराने से ही है। अपने व्यक्तित्व की कोमलता का अहसास, पत्नी के प्रभाव का बोध, हृदय में उठती अधिभौतिक आकांक्षाओं को काटती पार्थिवता और परिवेश में बुद्ध बन कर छा रही अपार्थिवता का भान सभी उसके व्यक्तित्व को द्वन्द्वात्मक बनाते हैं। ऐसे में उलझ कर वह खुद से लड़ पड़ता है। खुद की खुद से लड़ाई दर्शाने के लिए लेखक ने नन्द के चरित्र में संकुलता भर दी है- व्याघ्र से उलझ बैठना, केश कटवा लेना और भिक्षु आनंद से विवाद करना उसके संकुल यथार्थ-बोध की ही प्रतिक्रिया है और नन्द तो दोनों को जिता रहा है। वस्तुत: इस पात्र की संरचना में यथार्थ-जन्य मानसिक अवसाद को देखा जा सकता है।

यहाँ आस्था, व्यावहारिकता और यथार्थ-बोध की त्रिआयामी संकुलता इतनी बढ़ गई है कि अकेले नन्द से उठाए नहीं उठ रही थी इसीलिए इस पात्र की विस्फोटक संकुलता के लिए जो दर्पण राकेश ने नाटक में रखा, वह एक अन्य पात्र 'श्यामांग' है जो नन्द के आन्तरिक संकुल बोध को प्रतिच्छवित करता है। पात्र-संरचना की दृष्टि से यह अधुनातन प्रयोग है।

'आधे अधूरे' के सभी पात्र यथार्थ-बोध को वहन करते पात्र हैं। राकेश ने इस नाटक में यथार्थ एवं जीवन की टकराहट में जीते मानव को प्रतीक बनाकर पात्र-संरचना की दृष्टि से उत्तर आधुनिक प्रयोग किया है।

समकालीन समय-सत्य के अनुरुप मुखौटे बदलने वाला पात्र इस नाटक की उपलब्धि है। अपने रुप में भी यह पात्र इतना परिवर्तनशील है जितना इसका परिवेश-सत्य। आधुनिक मानव अपनी यथास्थिति में कभी निकम्मा हो उठता है तो कभी काइयाँ, कभी हताश तो कभी पक्का दुनियादार। 'पुरुष एक' की संरचना परिवेश में बदलते मानव के चित्रों का यही रुप दर्शाती है।

छोटी लड़की की बदमिज़ाजी, जुबानदराजी व धृष्टता में भी स्पष्ट है कि यह पात्र अपने परिवेश की कड़वी सच्चाईयों से त्रस्त होकर ऐसा रूप धर रहा है। आर्थिक तंगी, माँ-बाप की लड़ाईयाँ, बहन की घर से भाग जाने की बदनामी और भाई की आवारगी तो वह झेल ही रही है पर माँ की एक और बदनामी भी सुन कर यह पात्र पूरी तरह प्रतिक्रियावादी हो उठती है।

उपन्यास- राकेश के उपन्यास 'अंधेरे बन्द कमरे' में महानगरीय आधुनिक जीवन का समसामयिक सन्दर्भ कई समस्याओं व उनके बोध से भरा है। अस्तित्व की समस्या, रोटी की समस्या, स्थान की मुश्किलें और सम्बन्धों का द्वन्द्व, ये सब उपन्यास के नियमित पात्र तो वहन करते ही हैं, सभी के हिस्से का थोड़ा-थोड़ा अवसाद उठाता हुआ नियामक मधुसूदन भी पात्र बन जाता है। इस पात्र में हम नीलिमा और हरबन्स दोनों की व्यथा एवं संकुलता देख सकते हैं। यही कारण है कि बिना अधिक बोले भी यह पात्र पूरे उपन्यास में फैला है। उपन्यास के सभी पात्र अपनी निष्क्रिय, अर्थहीन चेतना में साँस ले रहे हैं वहीं उनकी यथास्थिति की जड़ता ने पात्रों को मनोविश्लेषणात्मक रुप से स्वप्नजीवी भी बना दिया है। वस्तुत: कथा का मुख्य पात्र हरबन्स एक 'साइकोलॉजिकल' केस है जिसे फ्रायड की प्रयोगशाला में ले जाने की आवश्यकता है।

'न आने वाला कल' की शोभा की संरचना भी लेखक ने अतीत एवं वर्तमान को मिश्रित कर उसमें उलझने वाले व्यक्तित्व के रुप में की है। समकालीन आधुनिक स्त्री जो पुनर्विवाह तो कर लेती है पर उसकी अतीत की स्मृतियाँ और वर्तमान की यथास्थिति उसे उलझाए रखती है।

इन सन्दर्भों में शोभा 'अन्तराल' की श्यामा के चरित्र-विस्तार को वहन करता पात्र है। श्यामा अपने अतीत, यथास्थिति और प्रेमी से सम्बन्धों के ऊहापोह में उलझी है तो शोभा विवाह करके भी अतीत से मुक्त नहीं हो पाती। परिणाम- दोनों स्त्रियों के असफल वैवाहिक सम्बन्ध। इन पात्रों की मुख्य और सबसे जटिल समस्या प्रेम-विवाह और यौन-तृप्ति की है। वो इन मामलों में समाज की रूढ़ धारणाओं एवं मान्यताओं में अनास्था रखते हुए मानसिक संघर्षो में उलझे रहते हैं। वे आत्मिक कष्ट और अन्तर्द्वन्द्व को लेकर जीते हैं जो उसके व्यक्तित्व को अपस्थापित करते हैं और अतृप्त वासनाएँ उसके जीवन को कुंठित कर उसे मानसिक रोगी बना देती हैं।

'न आने वाला कल' का मनोज भी अपने संश्लिष्ट यथार्थ-बोध के चलते ही विचलित व्यक्तित्व के चरित्र में ढल जाता है। अस्तित्ववादी स्वर का वाहक यह पात्र अचानक निर्णय बदल कर रुक जाता है, यहाँ लेखक ने आधुनिक मानव के द्वन्द्व और विवशता को रूप दिया है।

एकांकी- भीतरी अकेलेपन एवं वैवाहिक जीवन के अनिवार्य, अनचाहे सान्निध्य के आपस में गड़मड़ाते बोध से राकेश की प्रयोगवादी एकांकी 'शायद' के पात्र भी अजीब स्वभाव के हो गए हैं। इन पात्रों के द्वारा लेखक ने आधुनिक दाम्पत्य के सूनेपन को ढोते मानव की अन्यमनस्क यथास्थिति का वर्णन किया हैं। पात्रों का संवाद में रहकर भी न सुनना, सूत्रहीन बातें और संवादों के बीच सुनाई पड़ती भीतरी सम्वादहीनता बेजान वैवाहिक जीवन के खोखलेपन को दर्शाती है। दोनों ही पात्र इस यथार्थ-बोध से भरे हैं। एकांकी के घटना विहीन कथ्य में सिर्फ दो ही पात्रों की योजना इस यथार्थ-बोध को सुन्दर ढंग से व्यक्त करती है। वस्तुतः मध्यमवर्गीय समाज की यही स्थिति है- एकांकी, नीरस जीवन को ढोते जाने की विवशता।

'प्यालियाँ टूटती हैं' एकांकी के पात्र भी अपने जीवन की दो सच्चाइयों को ढोते वे पात्र हैं जो प्रत्येक समकालीन मानव के सच हैं। एक ओर किसी के द्वारा किया गया उपकार कई बार अपनी तीव्रता में आदमी को कृतघ्न बना देता है, वो अपने अवचेतन में उसे भूल जाना चाहता है और स्वार्थी व्यवहार करने लगता है। दूसरी तरफ आर्थिक आधार पर मनुष्य को मनुष्य से हीन समझने का समकालीन मानव का बोध भी माधुरी और उसके पति में कूट-कूट कर भरा है। जीजा दीवानचन्द के आने पर माधुरी का नर्वस होना और उससे एक के बाद दूसरी प्यालियों का टूटना जीवन में टूटती निष्ठा व मूल्यों की टूटन का द्योतक है।

कहानी- संश्लिष्ट होते यथार्थ-बोध की वाहक राकेश की प्रमुख कहानियाँ हैं- मिस पाल, खाली, आदमी और दीवार, वासना की छाया में, एक और ज़िन्दगी, दोराहा, लक्ष्यहीन,

धुंधला द्वीप, पाँचवें माले का फ़्लैट, जीनियस एवं नए बादल आदि। अपनी कमियों और समाज में हो रहे मखौल का सच जान कर 'मिस पाल' जगह बदल लेती हैं। पर नए परिवेश में भी वही सब अकेलेपन और ऊब के साथ मिलता है तो इस बोध से भरी मिस पाल ज्यादा लापरवाह, आलसी और अव्यवस्थित हो उठती है। स्त्री-मन की सम्वेदनशीलता और परिवेश के दबाव से संत्रस्त इस पात्र की संरचना सामयिक एवं मनोविश्लेषणात्मक दोनों स्तरों पर प्रभावशाली है। अपने बोध की सघनता में ही वह कहती है- "मैं बहुत बदकिस्मत हूँ रणजीत, हर लिहाज़ से मैं सोचती हूँ रणजीत कि मेरे जीने का कोई अर्थ नहीं है।"

राकेश की प्रसिद्ध कहानी 'एक और ज़िन्दगी' परिवर्तित हो रहे वैवाहिक सम्बन्धों के बीच यथार्थ से गुज़रते पात्रों की कथा है। प्रकाश राकेश का वह पात्र है जो पहला विवाह असफल होने पर दूसरा विवाह अन्य तरह की लड़की से करता है। पर दोनों ही विवाहों की असफलता से अहंवादी हो उठता है। जो बेबसी, ऊब, उदासी और अकेलापन प्रकाश के चरित्र में है वह इसी गलत चयन-बोध से उपजा है और इस दृष्टि से यह कहानी मानव-सम्बन्धों के यथार्थ की पुनर्व्याख्या भी है। एक और ज़िन्दगी में चलने वाली कहानी न केवल प्रकाश की कहानी है बल्कि उन सभी की कहानी है जो अपने मूल चयन से भटके हैं।

'नए बादल' राकेश की यथार्थ-बोध से जुड़ी प्रगतिवादी स्वर की कहानी है। धर्मशाला का चौकीदार मन में भ्रष्ट हो रहे परिवेश की धारणा बनाए जीता पात्र है और समाज में हर जगह गन्दगी ही देखता है। यही उसका रूढ़ बोध है और इस बोध से जब कोई नई बात टकराती है तो वह असमंजस में पड़ जाता है। ये बदलते समाज में स्त्री-पुरुष सम्बन्धों की बदलती धारणा से भौंचक परम्परावादी कहानी-पात्र के आधुनिकता व परम्परा दोनों के सच के संश्लेषण की विश्वसनीय कथा है।

'शिकार' कहानी में मोहन राकेश ने महानगरीय आपाधापी में आर्थिक अभावों की पीड़ा का सच और मनुष्य की नैसर्गिक सम्वेदना से उपजी पीड़ा के सच के टकराव से उत्पन्न मानवीय पीड़ा के बोध को पट्टवर्धन के माध्यम से प्रस्तुत किया है। किन्तु प्रयत्नहीनता उसे यथार्थ की भूमि पर ही रहने देती है। समकालीन मानव बिलकुल इन्हीं दो सत्यों में जीता है।

'जीनियस' का असफलता-बोध उसे झूठा और अतिसामान्यता-बोध अहंवादी बना देता है। अपने भीतर की जकड़न एवं टूटन को झेलते इस पात्र में बोध का यह संश्लिष्ट रूप मार्मिक है। 'जख्म' कहानी का पात्र परिवेश के अकेलेपन, बेकारी और व्यवस्था की अव्यवस्था के सच से बना है। आस्तित्विक सन्दर्भों में रचित इस पात्र को लेखक ने टूटता और जिजीविषा से जुड़ता एक साथ दिखाया है। यह जख्म समकालीन मानव का अहं पर लगा वो ज़ख्म है जो उसके अहं-बोध को और भी प्रबल बना देता है। बड़े शहरों की भीड़ में

इस व्यक्ति का चेहरा यह इशारा करता है कि युद्धोतर जीवन कितना जड़, निष्क्रिय, अर्थहीन और अकेलेपन से भर गया है।

'पहचान' के शिवजीत का संश्लिष्ट होता यथार्थ-बोध उसे उसकी पहचान के प्रति सशंकित बना देता है। बालक की चरित्र-रेखाओं में बीमार, चुप्पा, प्रतिक्रियावादी रूप भरकर लेखक ने टूटते विवाहों के बीच अपनी पहचान के संकट में डूबते बालकों की यथास्थिति एवं व्यथा को साकार रुप दिया है।

स्पष्ट है कि राकेश ने अपने परिवेश में बिखरे यथार्थ को अपने पात्रों के माध्यम से व्यक्त किया है। पात्र मिथकीय हों अथवा आधुनिक, अपनी अर्थवत्ता में वे समकालीन हैं। त्रासदियों, अस्तित्व संकट एवं मूल्य-संक्रमण से गुजरते ये पात्र इच्छाओं का पूरा जखीरा अपने-आप में समेटे हैं और उतने ही उनके जीवन के कड़वे यथार्थ हैं जो उनकी इच्छाओं को बनिए की तरह खुद के पास गिरवी रखे हैं। और जब एक से अधिक यथार्थ सूदखोरों की तरह इस सम्वेदनशील मानव को डराते हैं तो वह साम्प्रत स्थिति में नियति-बोध से भर कर संश्लिष्ट व्यक्तित्व धारण कर लेता है और आत्म संकुलता में डूब जाता है। स्पृहाओं की अपूर्णता एवं यथास्थिति-बोध आत्यंतिक रूप से उसके क्रियाकलापों, प्रयत्नों को भी प्रभावित करता है और वह कुंठित होकर वह प्रयत्न-शैथिल्य का शिकार हो उठता है।

5

खोखला सा कर गया है रंज-ए-बेकारी मुझे

क. हार हो या जीत, कोशिश तो होगी।

सर्वविदित तथ्य है कि मनुष्य एक सामाजिक प्राणी है और वर्तमान की अपनी सर्वोच्च स्थिति में वह उसकी सतत् प्रयत्नशीलता के कारण ही आया है। स्वयं को स्थापित करने के लिए प्रतिकूल भौगोलिक परिस्थिति को वश में करने की आदिम अवस्था से वर्तमान आधुनिक जीवन तक की यात्रा उसने अपने प्रयत्नों के बल ही तय की है।

यह प्रयत्नशीलता सामूहिक एवं व्यक्तिगत दोनों स्तर की होती है। व्यक्तिगत हित में वह अपनी लड़ाई खुद लड़ता है जबकि किसी समाजगत हित के महत्त्वपूर्ण कार्य हेतु मानव समूह के रूप में मिलकर कार्य करता है। कई बार मनुष्य के मन में भाव इतनी प्रबलता ले लेता है कि असम्भव से दिखते कार्य हेतु वह अकेला ही खड़ा हो जाता है। कभी-कभी किसी व्यक्तिगत बिन्दु को लेकर पूरा समाज उठ खड़ा होता है और वह व्यक्तिगत बात आन्दोलन का रूप लेकर समाज को उद्वेलित करने में सफल हो सकती है।

सामाजिक एवं आदर्शवादी विचारधारा वाले साहित्य में हमें सामूहिक प्रयत्न अधिक देखने को मिलता है। मार्क्स के साम्यवादी विचारों से पिष्टपोषित साहित्य में भी यही सामुदायिकता की अवधारणा पाई जाती है जबकि आधुनिक समय की त्रासदियों एवं व्यक्तिवादी चिन्तन-धारा से प्रभावित समसामयिक साहित्य में व्यक्तिगत प्रयत्न ही अधिक दृष्टिगत होता है क्योंकि इस युग तक आते-आते साहित्यकार यह जान चुका था कि साम्प्रत परिवेश में वह अकेला है, उसकी लड़ाई उसे खुद ही लड़नी है। समाज सदैव उसका साथ नहीं देता है, वो भी यह जान चुका था और समाज की परवाह करना भी एक सीमा तक छोड़ चुका था, किन्तु जो नहीं छोड़ पाता वही द्वन्द्व उसके विचलन का कारण भी बनता है।

समसामयिक पात्र अपने असहयोगी परिवेश, विकट जीवन-स्थितियों और अस्तित्व संकट के बोध के पश्चात भी समाज से कटना नहीं चाहते और परिस्थितियों को बेहतर

बनाने के लिए, परिवेश की विसंगतियों को बदलने अथवा कम करने के लिए सहज मानवीय स्वभाव से प्रयत्न करते नज़र आते हैं।

यह प्रयत्न पात्र दो स्तर पर करता है- 1. स्वयं के निमित्त 2. अन्य के निमित्त

1. स्वयं के निमित्त- ये मनुष्य ही नहीं प्राणीमात्र की सहज प्रवृति है कि वह स्वयं के लिए सबसे अधिक महत्त्वाकांक्षी व उत्तरदायी होता है और उसका सारा जीवन इस प्रयत्न में ही बीत जाता जाता है। लेकिन आधुनिक मानव की निजता और उससे जुड़े प्रयत्नों की दिशा एवं दशा दोनों परिवर्तित हो कर समाजाभिमुखता से वैयक्तिकता की ओर मुड़ गई है।

हताशा के दौर में अस्तित्ववाद ने मानव को उसकी हस्ती के प्रति चेतना का भाव दिया। आधुनिक समय में तथाकथित कल्याणकारी राज्य की मशीन से मानव को अस्तित्वहीन करने का प्रतिरोध कार्ल यास्पर्स ने किया; तो सार्त्र ने कहा कि मनुष्य के निर्णय, उसके जीवन के महत्त्व, अस्तित्व-अनस्तित्व सब उसी के अनुभवों और कार्यों द्वारा प्रदत्त हैं।

इन चिंतकों का गहरा प्रभाव राकेश के पात्रों में देखा जा सकता हैं। ये पात्र जीवन को बेहतर बनाने के लिए प्रयत्न को उद्यत दिखाई देते हैं किन्तु अधिकांश मामलों में उनका प्रयत्न असफल ही होता है और उनकी कुंठा का कारण बनता है।

नाटक- 'आषाढ़ का एक दिन' का कथित खलनायक 'विलोम' जो मानव की आदिम प्रवृतियों का प्रतीक पात्र है, में हम एक घोर दुनियादार आदमी को भी देख सकते हैं जो बुरी से बुरी परिस्थितियों में भी सतत् प्रयत्नशील रहता है और तब तक रहता है जब तक सफल न हो जाए। गहन सन्दर्भों में चाहे उसकी त्रासदी कालिदास से सघन हो लेकिन भौतिक रूप से विजय का श्रेय उसके जुझारूपन को ही जाता है।

परिवेश के जाल से स्वयं को मुक्त करके जीवन का सार पा लेने का प्रबल प्रयत्न 'लहरों के राजहंस' के नन्द में भी है लेकिन उसका सफल न होना त्रासद है। अपने श्रेय हेतु यह पात्र दोनों स्तर पर प्रयत्न करता है- दिल और दुनिया दोनों के लिए, लगातार। यह बात अलग है कि विरोधाभासी प्रयत्न सफल नहीं होते, नन्द के भी नहीं हुए और अन्तर्द्वन्द्वग्रस्त होकर पलायन ही उसकी अन्तिम लब्धि बचती है।

नाटक 'आधे अधूरे' की स्त्री भी मानव की अपने बेहतर जीवन की कामना से किये प्रयत्नों की वाहक है। नैतिकता, परिवार एवं रिश्तों की ईमानदारी आज के मनुष्य के लिए अपने सुख हेतु किए प्रयत्नों में बाधक नहीं होते, यह सावित्री के माध्यम से हम अच्छी तरह समझ सकते हैं। किन्तु उसकी बेरंग वापसी से उसकी प्रयत्न-असफलता स्पष्ट होती है। मध्यमवर्गीय अस्तित्ववादी जीवन-दर्शन की वाहक इस पात्र के सारे प्रयत्न अपनी व्यक्तिगत

अनुभूतियों को ही महत्त्वपूर्ण और सर्वोपरि मानते हुए निरन्तर अपनी कामनाओं की पूर्ति और स्वयं के अहम को अक्षुण्ण रखने के लिए हैं।

उपन्यास- 'अंधेरे बन्द कमरे' के दम्पति नीलिमा और हरबंस दोनों ही आत्मचेता शहरी उच्चम मध्यमवर्गीय समाज के पात्र हैं जो परिवेश में स्वयं को स्थापित करने हेतु लगातार प्रयत्न करते हैं। खुद के लिए किए जा रहे उनके प्रयत्नों से ही उनके वैवाहिक सम्बन्धों में दरार आती और बढ़ती रहती है। यही प्रयत्न सुषमा श्रीवास्तव में निर्मम व्यावहारिकता की हद तक देखा जा सकता है जो कुछ पाने के लिए कुछ भी कर सकती है। उसका स्पष्ट मत है-

"हम सब जानते हैं कि जीने की अपनी शर्तें हैं फिर उन शर्तों का पालन करने में हमें एतराज क्यों हो, बल्कि अगर हम अच्छी तरह जीना चाहते हैं तो अच्छी तरह उनका पालन करना चाहिये।"

जबकि 'अन्तराल' की श्यामा में यही प्रयत्न दुविधा भरा है। चेतन स्तर पर उसके प्रयत्नों की तीव्रता नज़र आती है लेकिन अवचेतन में बैठी कुंठाएँ उसी प्रयत्न में बाधा देती हैं।

कहानी - राकेश की कहानियों में ये प्रयत्न बहिर्मुखी होकर सामाजिक स्तर पर भी देखे जा सकते हैं। 'भूखे' की एवलीन समाज की लोलुप दृष्टियों की परवाह किए बगैर अपनी निष्ठा से जीवन-निर्वाह का प्रयत्न कर रही है जो आदर्शवादी जीवन-दर्शन का द्योतक है।

कहानी 'एक ठहरा हुआ चाकू' असामाजिक तत्वों के विरूद्ध आवाज़ उठाते आदमी की प्रयत्न-कथा है जो परिवेश में फैले भय से कमजोर भी पड़ रहे हैं। 'उसकी रोटी' ग्रामीण-बोध की कथा है, जिसकी नायिका आधुनिक समय में भी अपने मूल्यों को बचाए रखने के लिए प्रयत्नशील है। 'रोजगार' की मिस दारूवाला आधुनिक-बोध की स्त्री है, नैतिकता को ताक पर रखकर यह स्त्री अपने भाई को जीवित रखने का प्रयत्न करती है। दो ध्रुवों सी ये दो स्त्रियाँ अलग जीवन-मूल्यों के रहते भी सम्वेदना के स्तर पर एक सी हैं।

राकेश के समस्त पात्रों में स्वयं के लिए प्रयत्नशीलता का श्रेष्ठ उदाहरण है- 'परमात्मा का कुत्ता' का मुख्य पात्र, जो लालफीताशाही और बाबूवाद में सड़ती कार्य व्यवस्था को झेलते हुए तंग आकर बाँहें चढ़ा लेता है और सीधी लड़ाई लड़कर जीत जाता है। सामाजिक सन्दर्भों में व्यंग-स्वर की इस कथा का पात्र आदमी की बेचैनी से उपजे प्रयत्न का प्रतीक है-

"चूहों की तरह बिटर-बिटर देखने में कुछ नहीं होता। भौंको, भौंको, सब के सब भौंको। अपने आप सालों के कान फट जाएँगे। भौंको, कुत्तो भौंको।"

स्पष्ट है कि राकेश के अधिकतर पात्रों में स्वयं के निमित्त प्रयत्न अधिक दिखाई देता है जो अस्तित्वादी स्वर व जीवन-आस्था दोनों का द्योतक है, यह बात अलग है कि वह प्रयत्न सफल रहता है अथवा असफल।

2. अन्य के निमित्त- समकालीन मानव को उसकी अस्मिता और अकेलेपन का बोध है, वह स्वयं के लिए कटिबद्ध भी है किन्तु वह पूरी तरह अकेला होकर नहीं जी सकता यह बोध भी उसका है। इसीलिए अपने परिवेश के अन्य लोगों के लिए भी वह सोचता है। बिना किसी वाद विशेष के, आडम्बर के, क्योंकि वह जानता है कि अकेला वह नहीं रह सकता यद्यपि अकेलापन ही उसका प्रारब्ध होता है।

राकेश ने 'बकलमखुद' में लिखा भी है- "इस तरह अलग होने के साथ-साथ सहभागी होना भी उसके लिए अनिवार्य हो जाता है। वास्तव में अलगाव की रक्षा भी वह सहभागी होकर कर सकता है।"

अन्य के निमित्त की गई प्रयत्नशीलता को हम दो रूप में देख सकते हैं- (I) व्यक्तिगत प्रयत्न (II) सामूहिक प्रयत्न।

1. ताँबे एकला चाँलोरे

समस्त आधुनिक बोधों के बीच, सारे वादों से अलग, मानवीय भावनाओं से भरा, सामाजिकता को लेकर चलने वाला मानव जो अकेला भी खड़ा होकर किसी की लड़ाई लड़ सकता है, राकेश के पात्रों में कहीं-कहीं ही नज़र आता है क्योंकि यथार्थ में भी ये बस कही-कहीं ही रह गया है और जो समसामयिक अनास्था के अंधकार के बीच आस्था के स्फुलिंग सा चमकता है।

नाटक- 'मल्लिका' के सारे प्रयत्न इसी श्रेणी के, स्वयं के निमित्त न होकर कालिदास के लिए, हैं। कालिदास को उज्जयिनी भेजने के पीछे कालिदास के लिए मल्लिका की प्रगति-कामना है- "यहाँ ग्राम-प्रान्तर में रहकर तुम्हारी प्रतिभा को विकसित होने का अवसर कहाँ मिला... इसीलिए कहती हूँ, जाओ।"

कहानी- रोजगार की 'दारूवाला' द्वारा देह-व्यापार की कमाई से बीमार भाई के पालन-पोषण में अन्य हेतु मनुष्य की व्यक्तिगत प्रयत्नशीलता को देखा जा सकता है तथा 'जानवर और जानवर' कहानी में तानाशाह हो रही सत्ता और उसमें घुटते लोगों के लिए 'पाल' का खड़ा हो उठना भी इस श्रेणी में रख सकते हैं, यद्यपि स्वयं पाल भी इस वातावरण में दब कर स्वतंत्रता के लिए कसमसा रहा है-

"मेरा मतलब है पादरी, कि रात में तो हम गरीब जानवरों को गोली मारते हैं और सुबह गिरजे में उनकी रक्षा के लिए ईश्वर से प्रार्थना करते हैं, इसका कुछ मतलब निकलता है।"

एकांकी-व्यक्तिगत सम्बन्धों के लिए ही नहीं, समष्टिगत हितों के लिए अकेला तत्पर पात्र भी राकेश ने गढ़ा है। 'प्यालियाँ टूटती हैं' एकांकी का मुख्य पात्र दीवानचन्द इसी प्रयास में अपना सब कुछ गँवाकर भी प्रसन्न है जो महती मानवीय चेतना के उदात्तीकरण का उदाहरण है।

हालाँकि परिवेश के यथार्थ का बोध जो मनुष्य को दूसरों से, दूसरों के लिए कुछ करने की भावना से असम्पृक्त कर रहा है वह साहित्य के पात्रों मे भी प्रतिबिम्बत हुआ है। राकेश के साहित्य में भी इस प्रकार के पात्र गिने-चुने ही हैं।

2. साथी हाथ बढ़ाना-

राकेश के समस्त कथा-साहित्य में सामूहिक प्रयत्नशीलता का उदाहरण मात्र एक कहानी 'नए बादल' को छोड़ कर कहीं नहीं मिलता; और वहाँ भी यह परोक्ष रूप में ही है, स्पष्ट रूप में नहीं। संकीर्ण नज़रिये वाला चौकीदार स्त्री-पुरुष के साथ को बुरी नज़र से देखता है, जबकि लड़के-लड़कियाँ किसी सुधारवादी अभियान के तहत उत्थान कार्य हेतु निकले हैं

"वह व्यक्ति आरम्भ से अर्थ करने लगा- 'खेती और समाजवाद'- दो प्रतियाँ नालघेरा, दो प्रतियाँ दुर्गापुर, तीन प्रतियाँ बसन्तपुर। 'सामूहिक खेती बाड़ी'- एक प्रति नालघेरा, दो प्रतियाँ दुर्गापुर, दो प्रतियाँ बसन्तपुर।"

उक्त अध्ययन से स्पष्ट है कि राकेश के पात्रों में अन्य के निमित्त प्रयत्नशीलता बहुत अधिक मात्रा में दृष्टिगत नहीं होती। जहाँ भी यह प्रयत्न है वह पात्र के व्यक्तिगत प्रयत्न 'स्वयं' के लिए ही है। अन्य के निमित्त यह प्रयत्नशीलता अकेले पात्र के स्तर पर तो कहीं-कहीं दिखाई भी पड़ती है लेकिन पात्रों का सामूहिक प्रयत्न कहीं नहीं है। एक मात्र 'नए बादल' कहानी में है वहाँ भी लेखक ने उसकी विडम्बना पर तीखे-चुभते व्यंग्य के साथ प्रकाश डाला है।

प्रयत्नशीलता के प्रति पात्रों के शैथिल्य का मुख्य कारण है- समसामयिक क्षणभंगुर और विसंगत परिस्थितियों में आदमी का अस्तित्व-बोध से भरकर आत्मकेन्द्रित, एकांतिक और श्लथ हो उठना, कार्य करने के प्रति अरूचि से भर उठना। यदि वह अपने या किसी अन्य के हेतु प्रयत्न करता भी है तो स्वयं अपने दम पर, भीड़ या किसी अन्य पर उसे कतई विश्वास नहीं। कीर्केगार्द ने एक स्थान पर कहा है- 'भीड़ व्यक्तित्व की अद्वितीयता के लिए घातक है।' इन प्रयत्न-उदासीन पात्रों में भी यह दर्शन झलकता है।

ख. ये दुनिया अगर मिल भी जाए तो क्या है: बदलती परिस्थितियों एवं विचारधारा के कारण मनुष्य का समष्टि के प्रति मोहभंग होकर वह अन्तर्मुख हो उठा और सामूहिक प्रयत्न के प्रति अनिच्छुक हो उठा। यही नहीं, सामाजिक त्रासदियों ने उसे जीवन के प्रति अनिश्चयात्मक बना कर उसे स्वयं से भी विमुख कर दिया। बढ़ती व्यक्तिवादी भावना ने उसे ईश्वर और आत्मा के प्रति संदेही और अहंकारी ही नहीं बनाया प्रयत्न के प्रति उदासीन भी कर दिया।

प्रख्यात अस्तित्ववादी चिंतक फ्रेंज काफ़्का के पात्र आकर्षण रखते हुए भी लक्ष्य तक नहीं पहुँच पाते तब वह हताशा को स्वीकार करते हुए जो कहते हैं वह भी वह समकालीन मानव के निराशाजनक सोच व त्रासदी का आईना है- "पथ लोगों के लुढ़क कर गिरने के लिए बना है न कि चलने के लिए।"

जबकि प्रख्यात पाश्चात्य चिंतक गेब्रियल मार्सेल इस प्रयत्न-शैथिल्य का कारण "मानव के स्वयं अपने तत्व (बीईंग) को अनुभव करने की शक्ति को खो बैठना" मानते हैं।

वस्तुत: सामयिक परिवेश-सत्य में समकालीन मानव का जीवन एक नि:सत्व, अर्थहीन और थका देने वाली भागदौड़ में बदलकर रह गया है। ऊब, एकरसता, कार्य-असंतुष्टि तथा कठिन जीवन में कार्य करता आदमी स्वयं से यह पूछने के लिए बाध्य होने लगता है कि आखिर वह ये सब क्यों कर रहा है? और सच्चाई को न पकड़ पाने के कारण उस के प्रयत्नों में विसंगतियाँ उभरने लगती हैं। उसकी प्रयत्न-शिथिलता के पीछे का भाव कि 'उसके कार्य उसके प्रारब्ध को नहीं बदल सकते' मुख्य कारक के रूप में कार्य करता है।

राकेश चूँकि अस्तित्ववादी प्रवृति एवं प्रभाव को गहराई से समझकर व अपने लेखन में लेकर चलने वाले लेखक हैं अत: उनके साहित्य में परिवेश की विसंगतियों में फँसे व्यक्ति के यथार्थ-बोध से उपजी प्रयत्नहीनता मुख्यतया दिखाई देती है।

राकेश का पात्र अपने आप में उलझा सामयिक मानव है जो कभी निराशा में तो कभी अहं में, कभी अनिश्चय में तो कभी आत्म-पीड़ा में अपने कार्यो से विरक्त होकर विभ्रम की दिशाओं में खो जाता है।

नाटक- कालिदास अपनी सम्वेदना और व्यावहारिकता की खोज में स्व- प्रयत्न के प्रति उदासीन होकर स्वयं और मल्लिका का जीवन त्रासदियों से भर लेता है। वस्तुत: यह संवेदनशील व्यक्ति का जीवन के एक कोमल और सम्वेदनशील पहलू की यथास्थिति से घबरा का अस्तित्ववादी हो उठना है। मल्लिका के पतन में उसे अपना पतन नज़र आता है, जिस से वह दृष्टि मिलाना ही नहीं चाहता।

इन कमजोरियों के लिए कालिदास को काफी आलोचना भी सहनी पड़ी है, उसे कमजोर और स्वार्थी जैसे नाम भी मिले हैं; किन्तु मूल में उसकी अस्तित्व-असुरक्षा की भावना ही कार्य करती है।

यह प्रयत्न-उदासीनता 'लहरों के राजहंस' के नन्द में एक अलग रूप में नज़र आती है। वह दोराहे पर डगमगाता आदमी है, जिसे अपनी दिशा पहचानना है। किन्तु यह आदमी भी वास्तविकता से दृष्टि चुराता है और प्रयत्न-उदासीन हो उठता है। वस्तुत: उसका प्रयत्न-शैथिल्य लक्ष्य को लेकर नहीं, लक्ष्य-चयन को लेकर है। वह जानता है कि लक्ष्य-चयन होते ही उसे उस दिशा में जाना होगा और हर दिशा से उसे डर लगता है क्योंकि दोनों ही दिशाएँ उसे लुभाती और डराती भी हैं।

समसामयिक मानव की अनावृत तस्वीर 'आधे अधूरे' के पात्रों में यह प्रयत्न-विमुखता ज्यादा स्पष्ट नज़र आती है। वे अधिक बेबाक, बेलाग व बेलौस हैं। आधुनिक तेवरों वाले ये पात्र अपनी कमियों व कुंठाओं को किसी तथाकथित आदर्श में छुपाते भी नहीं हैं।

'आधे अधूरे' का महेन्द्रनाथ चाह कर भी घर नहीं छोड़ पाता। जीवन के चतुर्दिक दबावों से घिस-घिस कर अकर्मण्य हो गया ये पात्र अपनी ज़िन्दगी की लड़ाई हार कर अपने ही घर में मानसिक रूप से पंगु, निहायत लिजलिजा और घर-घुसरा बन जाता है। उसकी हड्डियों में जंग लग गया है क्योंकि उसकी जीवन-स्थितियों, पारिवारिक अवमानना और दाम्पत्य-असफलता ने उसे प्रयत्न-विमुख कर दिया है। एक ही सम्वाद से उसके व्यक्तित्व के निठल्लेपन का कारण पता चल जाता है- "हर वक्त की धुत्कार, हर वक्त की कौंच, बस यही कमाई है यहाँ मेरी इतने सालों की।" स्पष्ट है कि उसकी बेकारी-जन्य कुंठा उसके प्रयत्न-शैथिल्य का कारण है। महेन्द्रनाथ का हताश और निठल्ला बन कर बैठना आकस्मिक नहीं है, वह समकालीन मानव है जो अपनी खोई हुई 'कमाऊ' अस्मिता के बोध में परिस्थितियों के आगे घुटने टेककर एक फालतू जीवन जीने को बाध्य है।

उपन्यास- ठीक पुरुष एक जैसी प्रयत्नगत उदासीनता 'अंधेरे बन्द कमरे के हरबन्स और मधुसूदन में भी नजर आती है। अपनी थीसिस पूरी करने के लिए लन्दन तक भटक आया हरबन्स न उसे पूरी कर पाता है न किसी अन्य कार्य में डूब कर लग पाता है। अपनी मेधा के बावजूद कोई असफल आदमी कैसे बनता है, राकेश ने हरबन्स के द्वारा बड़ी कुशलता से चित्रित किया है।

"मेरा कोई घर-बार नहीं है, मैं अकेला हूँ, मुझे लगता है मेरे साथ अन्दर ही अन्दर कोई दुर्घटना हो रही है।" ये पात्र में घट रही भीतरी दुर्घटनाएँ हैं- उसकी व्यक्तिगत स्वतंत्रता को बाधित करते दाम्पत्य की अनिवार्यता, परिवेश में पसरी राजनीति और व्यावहारिकता के

नाम पर होती बेईमानियाँ। इन विसंगतियों ने मिलकर हरबन्स को असफल और अकर्मण्य बना दिया है।

अनिर्दिष्ट भविष्य की भयावहता से आक्रान्त, बंन्धनों से मुक्ति के लिए छटपटाते, आन्तरिक घुटन में डूबे आधुनिक मानव आने वाले कल की चिन्ता में न तो वर्तमान में बँध पाते हैं और न उसे छोड़ पाते हैं। 'न आने वाला कल' का मनोज श्रीवास्तव इसी अस्तित्ववादी जीवन-संशय में डूबा पात्र है। पूरे उपन्यास में अपने वर्तमान से ऊबा यह स्कूल-टीचर अन्त में बस स्टैंड से ख़रीदा हुआ टिकट फाड़कर उसी स्कूल में लौट जाता है जहाँ उसे उसका अस्तित्व बन्धक सा लगता है। उसकी यह प्रयत्न-उदासीनता उसके भविष्य के भय को लेकर उपजी है। उपन्यास में मनोज श्रीवास्तव ही नहीं अन्य भी कई पात्र हैं जो ऐसे ही भयों में डूबे चाह कर भी वहाँ से निकलने का सार्थक प्रयत्न नहीं करते।

एकांकी- राकेश अपने साहित्य में नौकरी-पेशा वर्ग और उसकी कार्यप्रणाली पर बारहा तीखे तंज कसते हैं, जिनमे अनुस्वार-अनुनासिक और रंगिणी-संगिनी जैसे पात्र निकम्मी व्यवस्था के खाँटी वाहक हैं। 'बहुत बड़ा सवाल' इसी वर्ग की एकांकी है जिसमें सरकारी 'नकद जँवाई' होने की मानसिकता वाले कई लोग एक प्रस्ताव-पारित करने के ध्येय से मीटिंग करते हैं किन्तु एक-दूसरे की टाँग-खिंचाई करने, नाश्ता करने व बहिष्कार के नाम पर उठ जाने के अतिरिक्त कुछ नहीं कर पाते। वस्तुत: व्यवस्था में कुछ इस तरह से प्रयत्न-हीनता फैली हुई है कि प्रत्येक व्यक्ति उसका अंग है। लेखक ने एकांकी में परिवेश में बढ़ते मानसिक दीवालियेपन और कागजों पर क्रियाशील सरकारी-तंत्र की खिल्ली उड़ाई है, जहाँ प्रयत्न के नाम पर केवल मीटिंग की जाती हैं। एकांकी में रामभरोसे और श्याम भरोसे चपरासियों का वार्तालाप सारे अकर्मण्य तंत्र की पोल खोलता है-

श्याम भरोसे : "बाबू लोग चले गए?"

राम भरोसे : "चले गए।"

श्याम भरोसे : "क्या-क्या पास कर गए?"

राम भरोसे : "पास कर गए कि राम भरोसे राम भरोसे के घर में रहेगा और श्याम भरोसे श्याम भरोसे के घर में।"

कहानी- राकेश की कहानियाँ जीवन के विभिन्न वृतों और खण्डों का विविधतापूर्ण चित्रण है। अनिश्चित जीवन, समय-संकट में उलझे मानव की कुंठा-निराशाओं से उपजी उत्साहहीनता और प्रयत्न-शैथिल्य का सर्वाधिक चित्रण आपकी कहानियों में ही प्राप्त होता है।

'मरूस्थल' कहानी का नायक 'मैं' इन्दु नामक किशोरी की मुक्ति-कामना से आगे कुछ चाह कर भी कुछ नहीं कर पाता क्योंकि वो अपनी बेगानी सी यथास्थिति और छोटी सी आर्थिक हैसियत से परिचित है।

'सुहागिनें' की मनोरमा सुशिक्षित और आर्थिक रूप से आत्मनिर्भर होकर भी पति की इच्छा से चालित वह भारतीय स्त्री है जो हमारे स्थानीय संस्कारों की जकड़ में फँसी है। माँ बनने की उत्कट चाह होते हुए भी वह भी वह कुछ नहीं कर पाती; उसकी प्रयत्न-उदासीनता भारतीय समाज में स्त्री की आर्थिक और सामाजिक विवशता से उपजे बोध के कारण है। इस पात्र की रचना में राकेश के सामाजिक सरोकार और चिंता झलकते हैं। सच यही है कि भारतीय समाज में नारी-स्वातंत्र्य एक नारा मात्र है, यथार्थ में नारी अभी तक पुरूष द्वारा शाषित सामाजिक-व्यवस्था में जीने को बाध्य है।

भारतीय स्त्री त्रासदी को दर्शाती कुछ इसी तरह की प्रयत्न-उदासीनता 'उर्मिल जीवन' की नीरू में भी दृष्टिगत होती है जो अपने जीवन को बिना किसी विरोध के अवांछित व्यक्ति से बाँध लेती है। यह हमारे परिवेश की गलत परम्परा में जड़ हो चुके मनुष्य की उदासी की प्रतिक्रिया है।

"नीरा हिचकिचाई, चाहा बाँहें झटक दे और जोर से तमाचा लगाए जिससे सारा वातावरण झन्ना उठे.... मगर हाथ नहीं उठ सका, आज वह नासमझ बालिका नहीं समझदार युवती है।"

महानगरीय सम्वेदनहीनता में दम तोड़ती मानवीयता के बीच दूर कहीं रोशनी की झलक सी कौंधती आस्था का प्रतीक है- 'शिकार' कहानी। अपने परिवेश की यथास्थिति में फँसा जेबकतरा पटवर्धन किसी यात्री की जब तराश कर दुखी है और चाहता है कि उसका पर्स फिर से लौटा दे, किन्तु चाह कर भी ऐसा नहीं कर पाता। उसकी प्रयत्नहीनता का कारण उसका निजी, सामाजिक व अर्थिक परिवेश है। बम्बई (अब मुम्बई) महानगर के रेलपेल भरे जीवन में मनुष्य की मरती सम्वेदना और चाहकर भी मानवीय न हो पाने की विवशता इस कथा में है-

"मगर अब उसका मन कह रहा था कि ज़िन्दगी लौट कर उस मुकाम पर चली जाए जब गाड़ी का आखिरी डिब्बा निकल रहा था और वह अभी प्लेटफार्म पर ही था। अन्दर कोई कह रहा था कि वह फ़ास्ट गाड़ी है और सीधी ग्रांट रोड जाकर ही रुकेगी।"

डॉ. सुषमा अग्रवाल का कथन इस पात्र की प्रयत्न-उदासीनता का कारण स्पष्ट करता है- "मनुष्य की अधिकांश बुराइयों की जड़ उसकी परिस्थितियाँ ही हैं। भूख की आग सारे

मानव-आदर्शों को निगल जाती है।" इसके विपरीत 'फटा हुआ जूता के मि. राय का प्रयत्न-शैथिल्य आर्थिकता विषमता में आकस्मिक रूप में मिले छोटे से धन के कारण उमड़ी इच्छाओं की भीड़ के कारण है।

'जानवर और जानवर' कहानी के कथा-पात्र परिवेश की बेईमानी और व्यवस्था की तानाशाही में फँसे समकालीन मानव हैं जो जानते है कि उनकी हैसियत पालतू कुत्ते से भी कम है। पर वे चाह कर भी वहाँ से जाने अथवा कुछ करने की दिशा में प्रयत्न नहीं करते क्योंकि उनकी नौकरी उनकी भूख से जुड़ी मजबूरी है। सांकेतिक रूप से यह प्रयत्न-हीनता आदमी की भूख और इच्छा के द्वन्द्व में भूख की विजय से उपजी आदमी की कुंठा का प्रतीक है।

राकेश की शुरूआती कहानियों में 'एक घटना' कहानी प्रमुख है। प्रस्तुत कहानी में मृत मित्र के अभावग्रस्त परिवार के प्रति अत्यधिक दुखी होकर भी कथा-नायक 'मैं' कुछ नहीं कर पाता। उसकी प्रयत्नहीनता के मूल में भी आर्थिक कारण ही प्रमुख है। अर्थ मध्यवर्गीय मनुष्य के जीवन की वह अनिवार्यता है जिसके कारण वह अपनी सम्वेदनाओं को भी व्यावहारिकता के पास गिरवी रख देता है, उसका प्रयत्न कुंद पड़ जाता है-

"मैंने बार-बार चाहा कि नीलिमा से कहूँ कि चल बेटी, मैं तुझे पढ़ाऊँगा तुझे वैसी ही विदुषी बनाऊँगा जैसी तेरे पिता की कामना थी, पर तुरन्त अंकुश के रूप में भविष्य के चित्र खड़े हो जाते- उसे पढ़ाना ही नहीं उसके विवाह का भी प्रबन्ध करना होगा, और अभी मुझ पर अपनी बेटी के विवाह का ऋण बाकी है जिसे चुकाने में कई वर्ष लगेंगे, और मैं भी बूढ़ा हो चुका हूँ, और मेरी पत्नी चिड़चिड़े स्वभाव की है, और मेरी पैंशन साठ रुपये है।"

'खाली' की तोषी अपने ऊबाऊ और नीरस जीवन तथा दाम्पत्य-जीवन की असंतुष्टि से बुरी तरह खीझी हुई है लेकिन अपनी यथास्थिति में वह सब कुछ बदलना चाह कर भी कुछ नहीं बदल पाती, यहाँ तक कि घर के सामान का स्थान तक नहीं बदल पाती। दाम्पत्य की नीरसता में क्रूर सन्तोषी होने की प्रवृति से भरे पति जुगल की तरह ही तोषी भी नहीं चाहती कि जुगल उसके न होने की स्थिति से प्रसन्नता का आनंद उठाए। किसी भी तरह दाम्पत्य निबाहते चले जाना मनुष्य की प्रत्येक इच्छा का दमन कर देता है, उसके प्रयत्न शिथिल हो जाते हैं, तोषी के माध्यम से लेखक ने इसी मध्यमवर्गीय स्त्री के ऊबे एकरस और निकम्मे जीवन का रेखाचित्र खींचा है "ये स्थितियाँ उसकी अपनी चुनी हुई हैं और इसीलिए चुनाव के क्षणों में ये मन:स्थितियाँ अनिश्चय और अनिर्णय की है।"

भारतीय उपमहाद्वीप के विभाजन और स्वतंत्रता की त्रासदी में आम आदमी ने काफी कुछ चुकाया भी है। परिवेशगत त्रासदी में लुटने-पिटने और खोने के एहसास के कारण

तत्कालीन मनुष्य का स्वाभाविक आत्मविश्वास, उत्साह और कुछ करने की चाह खो सी गई। इसका उदाहरण 'कटी हुई पतंगें' की राजकरनी है जो अपनी प्रखरता खो कर उस उदास परिवेश में कटी पंतग की तरह व्यर्थ डोलने को विवश है-

"राजकरनी फिर मुरझा गई। क्षणभर के लिए जो लाली उसके चेहरे पर आई थी वह अदृश्य हो गई और उसके स्थान पर वही निर्जीवता फैल गई जो पाँच साल से उसकी कोमलता को, उसके शरीर की चिकनाहट को, उसके कपड़ों की सफेदी को और उसकी रोटियों के स्वाद को खा रही थी।"

राकेश के कथा-पात्रों में प्रयत्न के प्रति उदासीनता स्वभावगत न होकर उनके परिवेश की नकारात्मक स्थितियों एवं उसकी भयावहता के बोध के फलस्वरूप है जिसे जानकर मनुष्य की इच्छाओं व प्रयत्नों में सामंजस्य कम होकर खत्म होता जाता है।

सारे विसंगति-बोध एवं तद्जन्य अनमनेपन के बाद भी राकेश के पात्रों का सामाजिक प्रतिबद्धता का भाव समाप्त नही होता, वह समाज में स्वयं को 'फिट' करने की कोशिश भी करता है और अपनी इच्छा, बोध व प्रयत्न में सामंजस्य स्थापित करने का प्रयास भी करता है।

ग. जतन है तो जीत है: राकेश के पात्र जिस परिवेश और समय के प्रतिनिधि हैं वो वैश्विक उथल-पुथल और आशा-निराशा के द्वन्द्व का समय था। सम्पूर्ण मानव-अस्तित्व अपनी इयत्ता की असुरक्षा के भय से आक्रान्त था, उसकी इच्छाएँ अपनी यथास्थिति में दब कर आहत हो रहीं थी, अपूर्ण रह रहीं थी और उसके प्रयत्न भी सामाजिक विसंगतियों एवं परिवेश के असहयोग में लगातार कुंठित हो रहे थे। ऐसी परिस्थिति में यदि मानव अस्तित्व पीड़ा में डूब कर मानसिक रूप से अकर्मण्य बन जाए तो अस्वाभाविक नहीं है।

मोहन राकेश ने परिवेश की असमता में सम्वेदनशील आदमी की निराश होती इच्छा और अनिच्छुक होते प्रयत्नों का ही चित्रण नहीं किया है, मानव की शाश्वत जिजीविषा और सतत प्रयत्नशीलता के उसके स्वाभाविक गुण का भी चित्रण किया है। वस्तुतः मनुष्य की सभी कुंठाओं के बीच हर परिस्थिति, हर परिवेश में उसके कर्म-बोध से ही समाज की यथास्थिति कायम रह सकती है, राकेश ने इसको गंभीर सामाजिकता के साथ अनुभव किया और पात्रों में इस मानव को स्थान भी दिया है।

यद्यपि इस प्रकार के पात्र राकेश की रचनाओं में बहुत अधिक नहीं मिलते क्योंकि समकालीन परिवेश-सत्य भी यही था, फिर भी एक 'मल्लिका' उनकी हर रचना में कहीं ना कहीं शाश्वत आस्था की तरह उपस्थित रहती ही है।

राकेश के पात्र परिस्थितियों के गहनतम परिपार्श्व में चित्रित हैं, उनमें व्यष्टि-बोध ही अधिक मिलता है फिर भी प्रत्येक तनाव की स्थिति में भी मानवीय संकट की गूँज पहचानता, समष्टि मे स्वयं को साझा पाता, प्रयत्नशील मानव का रूप भी आपके साहित्य में दृष्टिगत होता है।

नाटक - 'आषाढ़ का एक दिन' के पात्र मिथकीय परिस्थिति में समसामयिक मानव के अस्तित्व-संकट और उससे उपजी असुरक्षा-बोध के वाहक पात्र हैं, जो आधुनिक मानव को ही सही अर्थों में व्यंजित करते हैं। किन्तु इसमें मल्लिका भी है जिसे राकेश ने 'आस्था' की भूमि पर रोपित पौधा कहा है। समस्त त्रासदियाँ झेलकर भी मल्लिका अपने स्थान पर दृढ़ता से खड़ी है क्योंकि उसे अपनी कामना की स्पष्ट पहचान है और अपनी कामना की सीमाएँ जानकर भी वह नहीं लड़खड़ाती। कालिदास की कमजोरियाँ भी उसकी आस्था को विचलित नहीं कर पाती और पारिवारिक विरोध भी। इस पात्र का अन्दाज चाहे रूमानी हो पर मानव के शाश्वत विश्वास की प्रतीक इस नारी की बौद्धिकता व चिन्तना-शक्ति पर अविश्वास नहीं किया जा सकता। यद्यपि अन्त में वारांगना की नियति नाटक में उसकी त्रासदी की द्योतक है पर फिर भी वह अपना स्वरूप परिवर्तित नही करती। कालिदास के पीछे हटने पर भी वह एक बार उसे स्मरण कराती है-

"तुम कह रहे थे कि तुम फिर 'अथ' से आरम्भ करना चाह रहे हो।"

यही नहीं, कालिदास के पलायन पर वह उसे रोकने का प्रयास करती है, यह अलग बात कि उसकी यथास्थिति उसके पाँव की बेड़ी बन जाती है।

इस भावुक, विदुषी नारी की न विवाह की इच्छा थी न वह इसके लिए प्रयत्न करती है, अपितु वह एक आधुनिक नारी की तरह जीवन के यथार्थ को विवाह के सम्बन्ध में समझने का प्रयत्न करती है यही कारण है कि वह विपरीत परिस्थितियों में भी अभाव की सन्तान को जन्म देती है तब भी अपने 'भाव' के कोष्ठ को रिक्त नहीं होने देती, उसकी भावना का अन्तर्सूत्र कभी टूटता नहीं, भले ही वह स्वयं टूट जाती है।

विलोम, जिसे चाहे आलोचकों ने खलनायक कहा हो, एक जुझारू आदमी है। अपने लक्ष्य से पूर्णतया वाकिफ कि उसे क्या चाहिये और उसे क्या करना चाहिये। विलोम सम्वेदना के पचड़े में पड़ता नहीं, दुखी भी नहीं होता। व्यावहारिक भूमि पर रचित समकालीन स्वार्थी आदमी का प्रतीक यह पात्र अपनी इच्छा व प्रयत्न में सामंजस्य स्थापित करना खूब जानता है यही नहीं, अपमानित होकर भी डटे रहना व सफल होना भी जानता है।

'लहरों के राजहंस' की सुन्दरी भी अपने अहं की जमीन पर मज़बूती से खड़ी वह स्त्री है जो जानती है कि उसे पति और गृहस्थी को बचाए रखने के लिए क्या-क्या करना है, और वह करती है। त्रिया-चरित्र के सहारे अपनी इच्छा-पूर्ति के लिए किए प्रयत्नों में लेने वाली सुन्दरी अपने सार्वकालिक सन्दर्भो में भौतिकतावाद की प्रतिनिधि है। गहरे आत्मविश्वास, चातुर्य एवं नेतृत्व-क्षमता से भरी इस नारी का स्पष्ट जीवन-दर्शन है- जीवन एवं भोग। बुद्ध को वह पलायनवादी रूप में देखती है और यशोधरा को प्रयत्नहीन नारी के रूप में-

"वह पुरूष क्या जो जीवन-संघर्ष से भाग खड़ा हो? निवृति और वैराग्य का क्या अर्थ? जब चारों ओर जीवन है, मनुष्य भाग कर जाएगा कहाँ? देवी यशोधरा का आकर्षण यदि सिद्धार्थ को बाँध सकता तो क्या आज भी वे राजकुमार सिद्धार्थ ही न होते?"

सुन्दरी की ही तरह 'आधे अधूरे' की स्त्री सावित्री भी अगाध इच्छाओं से भरी है, उसकी कामनाएँ भी विलोम की तरह भौतिक हैं और नैतिक-अनैतिक उसके लिए बेकार की बातें हैं।

भग्नाशा से टूटते मानव के साथ जूझता आदमी और अकेले पड़ते मानव के साथ ही खुद के लिए लड़ता आदमी कहानियों में नज़र आता है। वे संघर्षो से गुजरते दिखाए गए हैं। भले ही उनका बाह्य संघर्ष अन्त तक पहुँचते-पहुँचते अन्तर्संघर्ष में परिवर्तित हो गया हो।

अपने परिवेश के असहयोग के बोध को समझकर भी अपने प्रयत्नों में पूरी तरह ईमानदार पात्र लेखक की कहानियों में अंधेरे में प्रकाश की तरह कौंध उठते हैं।

'मलबे का मालिक' का गनी खाँ भौगोलिक सीमा के अन्तर को नहीं मानता, उसका मन एक बार अपने छूट गए घर एवं बिछड़े परिचितों को देखने का है। और वह प्रयत्न करके देख भी आता है यद्यपि वहाँ जाकर उसे प्रत्युत्तर में शक और स्वार्थ ही देखने को मिलते हैं। इस कहानी में गनी के प्रयत्नों में विघटन और ध्वंस के बीच टूटते-ढहते विश्वास के कगारों पर भी एक आन्तरिक मानवीय आस्था और निष्ठा का एक पाखी बैठा मिलता है।

'परमात्मा का कुत्ता' हमारी व्यवस्था की बेईमानी पर चोट करता है जहाँ सरकारी बाबूवाद के बीच आम आदमी की कोई नहीं सुनता। ऐसा ही एक विस्थापित किसान महीनों चक्कर लगाकर भी कार्य नहीं करवा पाता तो अपनी इच्छा-शक्ति के बल पर अपने प्रयत्न में सफल हो जाता है

"हयादार हो तो सालहा-साल मुँह लटकाए खड़े रहो, अर्जियाँ टाइप करवाओ और नल का पानी पीओ। सरकार वक्त ले रही है। नहीं तो बेहया बनो। बेहयाई हजार बरकत है।"

इस कहानी और कहानी-पात्र के द्वारा राकेश कुरूप यथार्थ का परिचय मात्र नहीं देते, बल्कि उससे उबरने का रास्ता भी दिखाते हैं। व्यक्ति में अन्तर्निहित शक्ति का उद्घाटन और सत्य का पर्दाफाश करते हैं। राकेश की कहानियों और उनके पात्रों की सामाजिक प्रतिबद्धता के लिए इन्द्रनाथ मदान का यह कथन पुष्टि करता है- "राकेश की कुछ कहानियों के मूल में जीवन-दृष्टि व्यष्टि-चिन्तन से अनुप्राणित है और इनका अधिकांश कहानी-साहित्य सामाजिक चेतना से अनुप्रेरित है।"

आधुनिक परिवेश में जहाँ आदमी अपने अस्तित्व के भय और विसंगति-बोध में जकड़ा अपनी इच्छाओं में या तो इतना उलझ जाता है कि उसकी प्रयत्न से सुसंगति नहीं बैठती या हताश होकर अपने प्रयत्न शिथिल कर देता है, ऐसे दौर में भी राकेश के कुछ पात्र अपने प्रयत्नों के प्रति प्रयासरत दिखाई देते हैं। ये पात्र सामाजिक प्रतिबद्धता हेतु भी प्रयत्नशील हैं तो व्यक्तिगत स्तर पर भी।

राकेश के नाटकीय पात्रों में यह प्रयत्न सामंजस्य स्त्री पात्रों में अधिक दृष्टिगत होता है तथा ये स्त्रियाँ पार्थिव मूल्यों की वाहक हैं। अपनी कामनाओं में डूबी इन नारियों की इच्छाएँ प्रबल ही नहीं स्पष्ट व लक्ष्योन्मुख भी हैं जिनके लिए वे कमर कसे प्रयत्न करती दिखाई पड़ती हैं।

वस्तुत: ये नारियाँ राकेश की आधुनिक समाज में बदलती अवधारणाओं के प्रति स्पष्ट विचारों की वाहक हैं। राकेश ने स्वयं इस बदलाव को स्वीकारते, चाहते हुए लिखा है "अगली क्रान्ति होगी मानवीय सम्बन्धों में, हमारी सामाजिक संस्थाओं में। धर्म, नैतिकता और संस्कृति-सम्बन्धी हमारे संस्कार जिस सभ्यता की देन है वह अब खोखली पड़ चुकी है।"

अपनी इच्छाओं को कमजोर करते यथार्थ एवं परिवेश-बोध के पश्चात भी राकेश के कुछ पात्रों में उनकी इच्छा एवं बोध में सामंजस्य दृष्टिगत होता है। ये पात्र अपनी यथास्थिति में भी अपने प्रयत्नों से इच्छाएँ पूर्ण करने का भरसक व अपने स्तर पर ईमानदार प्रयास करते हैं और कई बार सफल भी हो जाते हैं किन्तु इसके साथ ही यह भी सत्य है कि राकेश के अधिकांश पात्रों में इच्छा एवं प्रयत्न की बीच विरोध ही अधिक चित्रित हुआ है जो समकालीन परिवेश-सत्य में मनुष्य की त्रासदी का कड़ुवा चित्र है।

घ. ये दुनिया अगर मिल भी जाए तो क्या है : अल्बेयर कामू के अनुसार 'संसार विसंगति से पूर्ण है।' मानव-मन विश्व में सुसंगति और सामंजस्य की अपेक्षा करता है जबकि अनुभव उसे विसंगति और असम्बद्धता का होता है। मन की आकांक्षा और यथार्थ की अनुभूति के बीच यह विसंगति-बोध मनुष्य के प्रयत्न में विरोध की स्थिति बनाता है।

समकालीन परिवेश में फैले सर्वांगीण अध:पतन ने मानव का आशावादी स्वर तो कुंठित किया ही, उसके व्यक्तित्व पर भी प्रश्नवाचक चिह्न लगा दिया है। और जब मानव अपने अस्तित्व में शंकास्पद हो उठता है तो स्वाभाविक ही है कि उसके प्रयत्न भी विरोधाभासी हो उठते हैं।

मोहन राकेश ने सर्वव्यापी सामयिक संकटों में जूझते, अस्तित्व-संत्रास से भरे, नैराश्य को ढोते मानव के दुख को वहन करते पात्रों की रचना की है और उपरोक्त विसंगति-बोध से जन्मा प्रयत्न-विरोध इनकी संरचना में प्रमुख कारक है। सामाजिक रूढ़ियाँ, समाज में फैली बुर्जुआ अवधारणा, रोजगार-सम्बन्धी चिंताएँ, ढहती नैतिकताएँ, नगरीय संत्रास, असफल प्रतिभा की कुंठाएँ तथा मनुष्य का प्रबल बोध व तद्जन्य उसकी कुंठाएँ इसका कारण है।

आधुनिकता बनाम विसंगतिजन्य पीड़ा, संत्रास, संघर्ष, स्वप्न आदि का मूर्त रूप ही आज का व्यक्ति है। अब व्यक्ति विसंगति से उत्पन्न संत्रास को जीने के लिए मज़बूर है, परिणामत: उसके जीवन में द्वन्द्व है। राकेश ने अपने पात्रों का चरित्र-चित्रण इसी भाव-बोध के आलोक में किया है। ये पात्र दुहरी परिस्थितियों में खड़े हैं- एक बाह्य परिवेश है दूसरा अन्त: परिवेश। पात्र दोनों स्थितियों से टकराते हैं, जूझते हैं। वे कभी एक से जुड़ते हैं कभी दूसरे से और दोनों ही परिस्थितियों में स्वयं को असहाय महसूस करते हैं। ये परिवेशगत कारण पात्रों को अस्थिर, द्विविध और प्रयत्न-शिथिल बनाते हैं।

नाटक- आषाढ़ का एक दिन का कालिदास पूरे नाटक में एक कमजोर और पलायनवादी ही नहीं, कथनी और करनी में अन्तर रखने वाला सत्तालोलुप मानव प्रतीत होता है जिसके लिए आलोचक नेमिचन्द जैन ने कहा है- "कालिदास बड़ा क्षुद्र और आत्मकेन्द्रित बल्कि स्वार्थी व्यक्ति है।" वस्तुत: इसके पीछे इस मुखौटे के पीछे यही विसंगति-बोध कार्य करता है। अपनी अर्थवत्ता में कालिदास एक आधुनिक युवक है जो संवेदना और श्रेय के साथ जीना चाहता है किन्तु आर्थिक एवं सामाजिक असुरक्षा जैसे जीवन के मूलभूत सवालों से जूझते हुए दुनियादारी के चक्रवातों में फँस जाता है। कह सकते हैं कि उसकी इच्छा और प्रयत्न में विरोध का मूल कारण एक कलाकार का आस्तित्विक भय ही है। नायक का ये अपस्थापित होता व्यक्तित्व समकालीन लेखक और कलाकार से अधिक साम्य रखता है, वह मानव जो अपने पास सत्ता, संवेदना और समय एक ही साथ रखना चाहता है।

कालिदास द्वारा मल्लिका को पाने में असमंजन का परिणाम प्रियंगुमंजरी से विवाह है तो अथ से आरम्भ करने का संकल्प लेते अचानक भाग खड़े होना समय से हार जाने की विवशता। अपने परिवेश के विसगंति-बोध से उपजी अज़नबीयत या 'आउटसाइडर' की भावना से उसके प्रयत्न शिथिल होकर विरोध आभासी हो उठे हैं।

'लहरों के राजहंस' में नन्द भी अपार्थिव की कामना लिए और पार्थिव के लिए प्रयत्न करता आधुनिक मानव है, अपनी स्पृहाओं को दबाए वह सुन्दरी की स्पृहाओं की पूर्णता में लगा रहता है किन्तु इस चक्कर में वह कहीं का नहीं रहता। एक तरफ तो अपनी ही क्लांति से मरे मृग के कंकाल को देखकर व्याघ्र से उलझ बैठना, सुन्दरी के श्रृंगार करते समय बौद्धिष्ठों की ध्वनि को सुनकर हाथ से दर्पण गिर जाना, और दूसरी तरफ अपार्थिव इच्छाओं को मन की गहराइयों में बसा कर भी भिक्षु आनन्द से तर्क करना "मैं तथागत के सामने कह चुका हूँ और अब फिर से कह देता हूँ कि वह दिशा मेरी नहीं है, कदापि नही हैं।" नन्द की इच्छा व प्रयत्नों में द्वन्द्व को दर्शाता है।

स्पष्ट है कि नन्द की स्पृहाओं और प्रयत्न में विरोध का कारण आधुनिक मानव की नियति का संत्रास है। वह किसी दूसरे का विश्वास ओढ़ कर जीना नहीं चाहता, प्रत्येक बिन्दु को वह देखना परखना चाहता है- अपनी स्वतंत्र मेधा के साथ। लेकिन वह पाता है कि प्रत्येक बिन्दु पर अन्य लोगों के मतों व पूर्वाग्रहों के दबाव उसे अपनी ओर खींचते हैं। इसी संशय और विवशता में उसका चरित्र द्वन्द्व-ग्रस्त हो जाता है, जिस के लिए स्वयं राकेश ने कहा है- "नाटक का मूल द्वन्द्व पार्थिक व अपार्थिव मूल्यों का द्वन्द्व है। सुन्दरी पृथ्वी के प्रतीक में पुरूष और उसकी चेतना को अपने तक बाँधे रखना चाहती है, पुरुष बँधना चाहकर भी उससे ऊपर उठना, एक अपार्थिव जिज्ञासा में अपने लिए उपलब्धि ढूँढना चाहता है। उसकी खोज है पार्थिव के अन्दर से अपार्थिव को पाने की इसीलिए वह संशयग्रस्त है, एक प्रश्नचिह्न है।"

नाटक में नन्द का छाया-प्रतीक श्यामांग भी नन्द की उलझनों को ढोता विक्षिप्त हो उठता है, बल्कि विक्षिप्त घोषित किया जाता है क्योंकि अपने मन की गुत्थियों को सुलझाने के चक्कर में उसके बाह्य क्रिया-कलाप विरोधाभासी हो गए हैं। राजहंसों पर पत्थर फेंकना, पत्तियाँ सुलझाते हुए अधिक उलझा देना आदि कार्यों से स्पष्ट है कि वो नन्द के अन्त:करण की गुत्थियों को सुलझाने के क्रम में विक्षिप्त बना वह रूपक है जिसके द्वारा पाठक-प्रेक्षक नन्द की मानसिक स्थिति को सहज भाव से हृदयंगम करता है।

'आधे अधूरे' बिना किसी मिथ, प्रतीक के सीधे-सीधे युगीन परिस्थितियों से जूझते मानव के प्रतीक पात्रों का नाटक है, किन्तु उसके त्रासद स्वरूप को कालिदास व नन्द की त्रासदी से अलग नही माना जा सकता। कालिदास की भागदौड़ और नन्द की उलझन पुरूष एक तक आते-आते अकर्मण्यता की सीमा पर आ गई। क्योंकि यहाँ जीवन का प्रमुख तत्व 'अर्थ' अपनी विकरालता के साथ कारण है।

सत्ता और संवेदना तथा श्रेय और प्रेय से भी ऊपर की चीज़ पेट और रोटी के बीच की लड़ाई महेन्द्रनाथ को निकम्मा, घरघुसरा, बेशर्म और लिजलिज़ा बना देती है, कम से कम

सावित्री तो यही मानती है। जिस घर में वह एक क्षण भी नहीं रहना चाहता, छोड़ कर चला जाता है, उसी घर में लौटना उसकी भाव अथवा कर्तव्य-गत विवशता न होकर अर्थ-गत विवशता है। इस दृष्टि से देखें तो पाते हैं कि पात्र की इच्छा व प्रयत्न का विरोधाभासी स्वरूप वो शाश्वत समस्या है जहाँ मानव व्यावहारिक मज़बूरियों के चलते न तो दाम्पत्य न गार्हस्थ्य खुशी से निभा सकता है और न ही उसे छोड़ कर जा सकता है।

उपन्यास- 'अंधेरे बन्द कमरे' उपन्यास के दम्पत्ति की त्रासदी भी यही है। हरबन्स आधुनिक शिक्षित, महानगरीय मानसिकता को वहन करता पात्र है जो आत्म-स्वांतत्र्य की चाह में सात समन्दर पार तक चला जाता है किन्तु लौटकर यही आने को विवश है। उसकी इच्छा व प्रयत्न के असंमजन में उसका संवेदनशील व परम्परावादी होना भी एक कारण है।

समकालीन संक्रमण को वहन करते, संक्रमित मन:स्थिति में जीते भारतीय आदमी की द्विविधा का प्रतीक यह पात्र अपनी इयत्ता में मनुष्य के प्राप्य के मूलाधारों पर प्रश्न लगाता है। शोध-कार्य के बहाने वह नीलिमा से भाग कर विदेश जाता है कि दाम्पत्य में घुल गई कड़ुवाहट से बचना चाहता है। किन्तु प्रस्थान के समय से ही नीलिमा के बिना बेचैन होकर लम्बे-लम्बे पत्र लिखना, शोध-कार्य भी पूरा न कर पाना, उपन्यास शुरू करके अधूरा छोड़ देना आदि उसकी इच्छा व प्रयत्न में विरोध को दर्शाते हैं। वस्तुत: हरबन्स एक विभाजित व्यक्तित्व है जो खुद नहीं समझ पाता कि वह क्या चाहता हैं? जिस शांति की खोज वह नीलिमा के प्रेम में, पारिवारिक जीवन में विदेश यात्रा में, शराब आदि में करता है वह अन्तत: उसे कहीं नहीं मिलती। राकेश के अन्य पुरुष-पात्रों की तरह वह भी एक कमजोर पुरुष-पात्र है जो अपनी पत्नी नीलिमा की निकटता और दूरी दोनों सहन नहीं कर सकता और बार-बार अपने आप से दूर दौड़कर पुन: लौट आता है।

यह विवशता नीलिमा में भी नज़र आती है। वह दाम्पत्य से ऊबी है, स्वतंत्र होना चाहती है, घर छोड़कर चली भी जाती है पर फिर उसी घर में लौट आती है; क्योंकि वह भारतीय परम्परा व परिवेश में बँधी स्त्री और माँ है जो न तो भारतीयता से निभा पा रही है न ही छोड़ पा रही है। उसका यही द्वन्द्व उसकी इच्छा और प्रयत्न में विरोध का कारण है।

'अन्तराल' में यह प्रयत्न-वैषम्य श्यामा में सर्वाधिक दिखाई पड़ता है। राकेश के अधिकांश स्त्री-पात्र प्रखर और अपनी स्पृहाओं में स्पष्ट हैं पर श्यामा इसके विपरीत इच्छा के स्वीकार-अस्वीकार में ऊब-चूभ है। यह युवा विधवा स्त्री परम्परा और आधुनिकता, प्रेम और कर्तव्य, बौद्धिकता और भावुकता से एक साथ भरी है। यही कारण है कि दैहिक एवं भावात्मक प्यास से छटपटा रही यह स्त्री इनका विरोध भी उसी तीव्रता से करती है। कुमार के सान्निध्य के मोह में श्यामा अपना शहर छोड़ देती है, उससे मिलती भी है पर अतीत के

अनुभवों, बोधों एवं तद्जन्य कुंठा के कारण उससे सम्बन्ध स्वीकार नहीं कर पाती। "बाँहों में कसे श्यामा के शरीर को लेकर एक साथ विरोध और आत्मसमर्पण की अनुभूति, उसे परे हटाने के लिए कंधे तक आए श्यामा के हाथ और होठों के दबाव के नीचे श्यामा की लम्बी खिंचती साँसें।"

श्यामा के प्रयत्न-वैषम्य एवं इच्छा की प्रबलता का क्लेश अकेले मनुष्य के परिवर्तित मनोविज्ञान को भी दर्शाता है। जो लोग अकेले होते हैं अथवा आत्मकेन्द्रित होते हैं, उनका मनोविज्ञान एक विशेष प्रकार का रूप धारण लेता है। वे छोटी-छोटी बातों को भी बहुत तीव्र सम्वेदना के साथ ग्रहण करते है। साथ चाहते हुए भी श्यामा कुमार से अलग छिटक जाती है क्योंकि देव और उसके बीच कटने का जो कारण था, उससे मिलता-जुलता कारण उसे कुमार और उसकी पत्नी के जीवन में अनुभव हुआ। यह सूक्ष्म तथ्य उसे कुमार के साथ रहने में, नारी-पुरुष के रूप में सम्बन्ध स्थापित करने में और उस सम्बन्ध के नामकरण में बाधक बनता है।

अस्तित्ववादी कलेवर में लिखे 'न आने वाला कल' उपन्यास में इच्छा व प्रयत्न के बीच का यह वैषम्य परिवेश में पूरे विपर्याय के साथ बिखरा दिखाई देता है। उपन्यास के पात्र अपने परिवेश की विसंगतियों से नाराज हैं। अपनी परिस्थितियों को न वे सहन कर पाते हैं और न ही उन्हें बदल पाते हैं, वे उन से निकलना भी चाहते हैं पर उनके प्रयत्न उनकी असंतुष्टि की तुलना में कमजोर पड़ जाते हैं; क्योंकि जीवन का मूलभूत प्रश्न अर्थ एवं आजीविका उनके निर्णय से जुड़ा है।

उपन्यास के मुख्य पात्र मनोज श्रीवास्तव द्वारा अन्त में टिकट फाड़ देना स्व-अस्मिता को स्वंतत्र रखने की स्पृहा और निर्णय में असंगति और आम आदमी की त्रासदी को रेखांकित करता है।

एकांकी- दुनिया के हर कोने में एक बड़ा वर्ग ऐसा है जो विवाहित तो है लेकिन बीतते समय में उनके भीतर एक अजीब सी ऊब भर जाती है। फिर भी बहुत सारे समीकरण-सामंजस्यों के चलते पति-पत्नी के मुखौटे में स्त्री-पुरुष बन कर रहने को विवश हैं, एकांकी 'शायद' के सन्दर्भ में यह बात पूरी तरह सच है। एकांकी बताता है कि ऊब भरे दाम्पत्य-सम्बन्धों को ढोते दो जन भीतर से कितने अकेले होते हैं और उसी मानसिकता में साथ रहने की औपचारिकता निबाहते रहते हैं। उनके वार्तालाप की असम्बद्धता, अप्रासंगिकता और बार-बार खंडित होने में उनकी मानसिक स्थिति व प्रयत्न-विषमता स्पष्ट दिखाई देती है-

स्त्री : "तब तुम कहते थे, देव कलकत्ता चला जाए उसके बाद ही कहीं जाने की सोचूँगा। अब तो देव को ट्रांसफर होकर गए भी तीन हफ्ते हो गए... हाथ में इतनी खुजली होती है कि बस...

पुरूष : "देखना कहीं नीचे तो नहीं गिर गया?... और जाने क्या बात आई थी अभी दिमाग में... अचानक गायब हो गई।"

स्त्री : "सच... क्यों नहीं अगले हफ्ते चले जाते तुम सूरत? पेन तुम्हारी कमीज में टँगा है.... वहाँ तुम्हारे इतने दोस्त हैं।"

कहानी- राकेश की अधिकाँश कहानियों में परिवेश में घुटती मध्यमवर्गीय चेतना की कुलबुलाहट, उसका त्रासदी-बोध और उससे उत्पन्न अस्तित्व-संघर्ष नजर आता है। पात्र संघर्षो से गुजरते हैं और अन्त तक पहुँचते-पहुँचते उनका संघर्ष अन्त: संघर्ष में परिणत हो जाता है। यहाँ बाह्य संघर्ष की अन्त: संघर्ष में परिणति उनका यथास्थिति-बोध है जो उनके प्रयत्नों को शिथिल एवं लक्ष्यहीन बनाता है।

'खाली' की बाशी की इच्छा और प्रयत्न में विरोध जहाँ ऊब में भी जीते चले जाने को विवश मध्यमवर्गीय नारी की अनिवार्य विवशता को दर्शाता है, 'मिस पाल' में यह विरोध एक युवती की परिवेश में फैली लुच्ची मानसिकता को झेलने से जनमी कुंठा के कारण है। मिस पाल कामना तो करती है- खूबसूरत पहाड़ी इलाके में रहकर चित्रकला व संगीत जैसी सुरूचि में जीवन गुजारने की "ठीक से जीने के लिए इन्सान को कम से कम इतना तो महसूस होना ही चाहिये कि उसके आसपास का वातावरण साफ और उजला है, और वह एक मेंढक की तरह गन्दले पानी में नहीं जी रहा।" लेकिन यथार्थ से मिले अनुभव उसके प्रयत्नों को कुंद कर के उनकी दिशा ही बदल देते हैं। गन्दगी और अव्यवस्था के बीच जी रही यह स्त्री पेट भरने तक से ऊबने लगती है और जो खाती है वह मनुष्य के खाद्य पदार्थो की श्रेणी में बड़ी कोशिशों के बाद ही आ पाता है।

"मिस पाल ने सन्दूक का ढकना उठा दिया। सन्दूक में पचीस-तीस खुश्क चपातियाँ पड़ी थीं। और उन सबने कई तरह की आकृतियाँ धारण कर ली थी... कई बार तो मैं एक सप्ताह का खाना एक साथ बना लेती हूँ और फिर निश्चित होकर खाती रहती हूँ... मिस पाल ने कहा।"

'सैफ्टीपिन' कहानी उच्च मध्यवर्गीय लोगों की पाखंडी मनोवृति को दर्शाती कहानी है, जिसमें मुख्य पात्र सबसे ऊबा और निस्संग है। उस सब में उसका दम घुटता है लेकिन पैंट में चुभते पिन की टीस की तरह वह इस सब को भी सहता चला जाता है। यही नहीं, वो इन सब में रूचि दिखाने का प्रयत्न भी करता है। सामाजिक आडम्बरों में बँधे मनुष्य की यथास्थिति में व्यवहार के नाम पर यह वैषम्य स्वाभाविक है जिसे राकेश ने कुशलतापूर्वक चित्रित किया है।

अपने जीवन को सम्मानपूर्वक जीने की इच्छा प्रत्येक मानव में होती है। वो इसके लिए छटपटाता है, आदर्श और क्रान्ति भरे स्वप्न भी देखता है पर जीवन की यथार्थवादी मजबूरियाँ उसकी आँखों से ये सुलेमानी सुरमा पोंछ देती हैं ओर वो अपनी यथास्थिति के घुटन, अपमान और बेईमानी-भरे परिवेश में ही रहने को बाध्य हो जाता है। यही नहीं, वो उसमें बने रहने के प्रयत्न भी करता है, इसका श्रेष्ठ उदाहरण 'जानवर और जानवर कहानी की मिस नानावती है।

वस्तुत: राकेश के पात्रों का बोध उन्हें कुंठित और दिग्भ्रमित करता है तथा उनकी इच्छाओं को जिजीविषा से अलग कर देता है। इन पात्रों का संघर्ष-तत्व कुंद हो जाता है और वह या तो स्वयं को धार में छोड़कर प्रयत्न-शैथिल्य का शिकार हो जाता है या प्रतिक्रिया-स्वरूप विरोधी प्रयत्न करने लगता है।

ये पात्र अपने सामयिक संक्रमण में अपनी इच्छाओं-आदर्शों को सांम्प्रत यथार्थ से हारते देखकर कुंठित हो रहे साहित्यकार का समय-सत्य है। अपने परिवेश की जिन विसंगतियों को राकेश ने निजी जीवन में भोग कर जाना कि कब और कहाँ मानव इच्छाएँ कुछ और होते हुए भी दबावों में आ कर कुछ और ही कर बैठता है, यही सत्य उन्होंने अपने पात्रों की संरचना में भी डाला है।

पात्रों की यह कुंठा उनके पात्रों के सामाजिक जीवन को ही नहीं अपितु व्यक्तिगत रोमानी सम्बन्धों को भी उतना ही प्रभावित करती है, और उनकी रोमानी इच्छाओं व इस दिशा में किए जाने वाले प्रयत्नों में भी संकोच आ जाता है जो उनके अंतरंग सम्बन्धों को प्रभावित करता है।

ङ. मोहब्बत कर तो लें लेकिन मोहब्बत रास आए भी : जो प्रयत्न-संकोच राकेश के पात्रों के बाहरी आचार-व्यवहार व सामाजिक जीवन में दृष्टिगत है वही प्रयत्न-संकोच उनके अधिकांश पात्रों के आभ्यंतरिक भावात्मक व्यवहार एवं रोमानी-बोध में भी दृष्टिगत होता है। यह स्वाभाविक भी है क्योंकि अपने परिवेश की विसंगतियों से घुटता, स्वयं की असफलता से क्षुब्ध होता मानव एक तरफ तो यथास्थिति से कुंठित होकर हीन भावना से भर उठता है और रोमानी सम्बन्धों के प्रति हतोत्साहित हो जाता है, वहीं उसके आर्थिक संकट भी उसे रोमानियत के प्रति हतोत्साहित करते हैं।

निजी जीवन की छोटी परिधि में सपनों के अथाह आकाश की असम्भाव्यता को सोच कर वह उन्हें निर्वासित करने को विवश हो जाता है। जहाँ चाँद में रोटी दिखती हो वहाँ नायिका का मुख देखने की कल्पना सामयिक मानव के लिए मानसिक अय्याशी में ही आती है।

राकेश के पात्रों के रोमानी प्रयत्नों में संकोच का दूसरा महत्त्वपूर्ण कारण है- अस्तित्व संकट के दौर में घुटते मानव का तीव्र अस्तित्व-बोध, तद्जन्य अहं और व्यक्तिगत स्वातंत्र्य की प्रबल भावना, जिसके चलते वह किसी से भी नहीं जुड़ पाता क्योंकि उसे वह भावगत प्रतिबद्धता गुलामी लगने लगती है और समर्पण कमजोरी लगता है। यह समकालीन मानव प्रेम की कीमत पर भी स्वयं को नहीं बाँटना चाहता।

कई बार इस रूमानी-बोध की राह में तीव्र दमघोटू नगरीय बोध, पूर्ववर्ती कटु अनुभव, एवं अधिकार-सजगता आदि भी कारण बनते हैं। स्वयं राकेश ने रोमानी सम्बन्धों के कड़ुवे-मीठे दंश सहे हैं और अपने सामयिक सन्दर्भो की प्रश्निल सतह पर खड़े आदमी को छायावाद की रेशमी दुनिया से उतर कर यथार्थ की कड़ी जमीन पर अकेले खड़ा भी देखा है। सम्बन्धों को लेकर राकेश का मत समकालीन मानव की आधुनिक दृष्टि को दर्शाता है- "कोई भी सम्बन्ध एक पक्षीय नहीं होता। सम्बन्ध वही है जिसमें व्यक्ति उतना ही दे जितना दूसरा इच्छा से ग्रहण कर ले, और उतना ही माँग करे जितना देने में दूसरे को बाधा न हो।"

नाटक- रूमानी सम्बन्धों में प्रयत्न-संकोच की दृष्टि से राकेश के नाटकीय पात्रों पर दृष्टि डालें तो पाते हैं कि 'आषाढ़ का एक दिन' में कालिदास और मल्लिका के सम्बन्ध द्वारा स्त्री-पुरूष के रिश्ते को इतिहास की रोशनी में देखा गया है, वह आधुनिक साहित्यकार की नियति का प्रतीक बन गया है। कालिदास अपने जीवन की यथास्थिति व आर्थिक विपन्नता के कारण कुंठित होकर हीन-भावना से ग्रसित चरित्र का निर्वाह करता पात्र है। इसी कारण मल्लिका से अगाध स्नेह रखने के पश्चात् भी वह अपने रागात्मक संबंधों को सफल बनाने के स्थान पर व्यावहारिक होकर प्रियंगुमन्जरी से विवाह कर लेता है, क्योंकि उसकी कुंठा व तद्जन्य स्पृहा की भावना ने उसे परिस्थिति के हाथों कठपुतली की तरह संचालित होते चले जाने का बाध्य कर दिया था। उसकी यह त्रासदी मल्लिका को रोमानियत के पश्चात् भी देह के खरीददारों के बीच अकेले रहने को विवश कर देती है।

यद्यपि कालिदास प्रियंगुमन्जरी के साथ भी मानसिक बन्धन में नहीं बँध पाता, मात्र अपनी रचनाओं में ही वह स्वयं की रोमानी भावनाओं की तुष्टि पाता है-

"लोग सोचते हैं मैंने उस जीवन और वातावरण में रहकर बहुत कुछ लिखा। जो कुछ लिखा है वह यहाँ के जीवन का ही संचय था। 'कुमारसम्भव' की पृष्ठभूमि यह हिमालय है और तपस्विनी उमा तुम हो। 'मेघदूत' के यक्ष की पीड़ा मेरी पीड़ा है और विरह-विमर्दिता यक्षिणी तुम हो - मैंने स्वयं यहाँ होने और नगर में तुम्हें देखने की कल्पना की। 'अभिज्ञान शाकुन्तल' में शकुन्तला के रूप में तुम्हीं मेरे सामने थी। मैंने जब-जब लिखने का प्रयत्न

किया तुम्हारे और अपने जीवन के इतिहास को फिर-फिर दोहराया। और जब उससे हटकर लिखना चाहा तो रचना प्राणवान नहीं हुई। 'रघुवंश' में अज का विलाप मेरी ही वेदना की अभिव्यक्ति है और...."

उसका यह कथन आधुनिक साहित्यकार के पलायन की प्रतिक्रिया है जिसे एडलर ने इस तरह स्पष्ट किया है- "आत्महीनता के भाव से पलायन करके ही व्यक्ति अपनी इच्छाओं की पूर्ति करते हैं और कला तथा साहित्य इस पलायन का सुन्दर क्षेत्र है। हीनता की भावना से उत्पन्न मानसिक व्यतिक्रम को कलाकार अपनी कलाकृतियों की रचना द्वारा दूर कर लेता है।"

यह रोमानी प्रयत्न-संकोच 'लहरों के राजहंस' नाटक की एक सहायक किन्तु महत्त्वपूर्ण स्त्री पात्र अलका में भी दिखाई पड़ता है। यहाँ भी उसका यह संकोच उसके अपने पद व हैसियत की सीमाओं और मर्यादाओं के कारण है। नाटक की मुख्य पात्र सुन्दरी के रोमानी उफानों के विपरीत यह स्त्री सम्वेदना, समर्पण व संयम से भरी है।

उपन्यास- 'अंधेरे बन्द कमरे' में रोमानी-बोध से जुड़ा प्रयत्न-संकोच उपन्यास के नियामक पात्र मधुसूदन में बड़ी सूक्ष्मता लेकिन गहरे रूप में शुक्ला के प्रसंग में दीख पड़ता है। अपनी आर्थिक यथास्थिति से उपजी ही- भावना तथा शुक्ला के सौंदर्य से दब कर उसका एकांगी प्रेम अन्तर्मुखी अहं में परिवर्तित हो जाता है। यहाँ मधुसूदन का प्रयत्न-संकोच आर्थिक असंगति से उपजी कुंठा को वहन करते तथा अपने रोमानी भावों को दबाकर जीते मानव का प्रतीक पात्र है। वो बार-बार वह शुक्ला के लिए 'शी रेडिएटस ब्यूटी' शब्द सोचता है, लेकिन प्रत्यक्ष बात नहीं कर पाता। यहाँ तक कि शुक्ला को भी उसके घमंडी होने का भरम हो जाता है।

सुरजीत के साथ शुक्ला को देख कर उसकी वही हालत हो जाती है जो 'उसने कहा था' कहानी में लड़की की 'कुड़माई' हो जाने की खबर सुनकर लहनासिंह की हुई थी-

"वो लौटते हुए सिंधिया हाउस के पास एक बस के नीचे आते-आते बचा। कनाट प्लेस में एक भले आदमी से टकरा गया। एक शरणार्थी के स्टॉल पर लकड़ी का एक खिलौना पैर के नीचे आकर चटक गया... घर पहुँचने के पहले गली के एक गडडे में पैर पड़ गया जिससे पतलून का पाँयचा कीचड़ से लथपथ हो गया।"

शुक्ला के विवाह की जानकारी मिलने पर भी कुछ इसी तरह की मानसिकता से मधुसूदन गुजरता है लेकिन यह सब उसके भीतर चुपचाप ही घटता है। अपनी कुंठा के चलते वह बाहरी प्रतिक्रिया व्यक्त नहीं करता।

'अन्तराल' में यह प्रयत्न-संकोच श्यामा के चरित्र में अन्तर्गुफित है जिसके पीछे उसके दोहरे-तिहरे व्यक्तित्व के विरोधाभासी अहं एवं कुंठाएँ हैं। मन में पुरूष-संसर्ग की गहरी कामना और कुमार के प्रति आकर्षण के बावजूद अपने रूमानी सम्बन्धों में पीछे हटने तथा प्रयत्न-संकोच का कारण उसके पूर्व-जीवन के अनुभव तो हैं ही, अपनी सामाजिक व पारिवारिक स्थिति को लेकर हिचक व संशय भी है। कहीं न कहीं भारतीय स्त्री के सनातन संस्कार भी उसके पैर पकड़ते हैं। एक आधुनिक शिक्षिता का अस्तित्ववादी अहं तो मुख्य कारण है ही। उम्र के परिपक्व पड़ाव पर कई वर्ष अकेले, स्वतंत्र रह चुकी स्त्री किसी भी प्रकार के बन्धन को लेकर आशंकित हो उठे, स्वभाविक है। श्यामा के मन में चल रही सतत् मनोविश्लेषण की प्रक्रिया उसके जटिल व्यक्तितव को दर्शाती है।

कुमार का उद्धत व्यवहार श्यामा को आशंकित व क्षुब्ध करता हैं, उसे लगता है कि कुमार से उसका मानसिक तादात्म्य नहीं हो सकता। अपने मृत पति देव के साथ भी श्यामा का वैवाहिक सम्बन्ध रोमानियत से कोरा, नीरस एवं ऊबाऊ ही रहा है। असफल विवाह की ये स्मृति भी श्यामा की काम-मूलक कुंठा का आधार है कि देव का व्यवहार श्यामा के प्रति प्रेमी का सा न होकर मास्टर का सा रहा था। उनके बीच दैहिकता एक व्यावहारिक विनिमय की तरह होती थी जहाँ प्रेम की जगह देह-तुष्टि एवं निर्लिप्त सम्बन्ध मात्र ही होते थे। इन्हीं आन्तरिक बोधों में जकड़ी श्यामा न सुख दे पाती है न ले पाती है, यद्यपि स्त्री-सुलभ कोमल रोमान-भाव उसमें भरपुर दैहिक प्यास के साथ मौजूद है। सम्पूर्ण जटिलता के बाद भी उसके अन्तर में निहित कोमलता व स्त्री-सुलभ तरलता उसकी फैंटेसी वाले प्रसंग से झिलमिला उठती है। इस प्रसंग में उसकी शारीरिक अतृप्ति व यौनेच्छा भी जाहिर होती हैं।

वस्तुत: उपन्यास में श्यामा की रूमानी त्रासदी और उसके व्यक्तित्व की कुंठा का कारण है- श्यामा पुरुष से जिस मानसिक-आत्मिक स्तर पर मिलना चाहती है वह उसे मिलता ही नहीं। यह आधुनिक जीवन की बड़ी विसंगति है जिसके लिए डॉ. सुमित्रा त्यागी ने लिखा है- "आधुनिक जीवन की सबसे जटिल व प्रमुख समस्या प्रेम-विवाह व सेक्स की है। व्यक्ति इन क्षेत्रों में समाज की रूढ़ सनातन धारणाओं एवं मान्यताओं में अनास्था रखता हुआ मानसिक संघर्षो से ग्रस्त रहता है।"

कहानी- राकेश के कहानी-पात्र संख्या और विविधता दोनों दृष्टि से अधिक हैं तो स्वाभाविक है कि राकेश के पात्रों में रूमानी बोध और प्रयत्न-संकोच भी ज्यादा और विविध रूपों में दिखाई पड़ता है।

'धुंधला द्वीप' का केसरी राधा के प्रति प्रेम-भावना से आप्लावित हो कर भी उसके जीवन से दूर चला जाता है क्योंकि उनके बीच के विश्वास को किसी अन्य के बहकावे से राधा कमजोर कर ले यह उसे सह्य नहीं है। खुद को खोकर प्रेम पाने की आदर्शवादी नीति के विरूद्ध अहंवादी एवं आत्मकेन्द्रित आधुनिक पीढ़ी का प्रतीक यह युवक अपने अहं-बोध में सामयिक है, जो अपनी निजता एवं व्यक्तिगत स्वतंत्रता में दखल बर्दाश्त नहीं कर पाता-

"वह अपने ढंग से जी रहा है, इतना ही सही। पर राधा उसे सिखाएगी? फिर भी राधा की बात सुन कर मान जाने को क्यों जी चाहता है? आत्मीयता का एक आवरण क्यों ढक-ढक लेता है? कमजोरी है, ऐसी कमजोरी दूर करनी चाहिये। तृतीय वर्ष की एक छात्रा उसे बदल देगी? अभी वह नहीं समझती, पर वह स्वयं क्या सभी कुछ समझता है।"

स्पष्ट है कि पात्र में हृदय के आकर्षण पर स्वातंत्र्य की भावना अंकुश बन कर रोमानी प्रयत्नों की राह में बाधा बनती है। इसी प्रकार 'पाँचवे माले का फ़्लैट' महानगर-बोध की त्रासदी से भरी कहानी है। रहने की जगह सहित जीवन की अन्य तंगियों को झेलता अविनाश समकालीन मध्यमवर्गीय शहरी युवक है जो जानता है कि प्रमिला उसे पसन्द करती है। वह स्वयं भी प्रमिला को पसन्द करता है लेकिन अपनी यथास्थिति-बोध के चलते वह सम्बन्ध को रोमानी मोड़ पर आने के पहले ही अपनी पलायन भरी अन्तर्मुखता से समाप्त कर लेता है; और उसी ऊब, अकेलेपन और विखंडित होती मानसिकता में एकरस जीवन जीने को बाध्य हो जाता है।

'एक और ज़िन्दगी' तथा 'गुंझल' कहानियों में नायक-नायिका के निजी अहं उनके दाम्पत्य सम्बन्धों को खा जाते हैं। समसामयिक सच यही तो था कि बदलते परिप्रेक्ष्य में बदल रही भूमिका के मानसिक स्तर पर पति-पत्नी अपने अहं की कीमत पर विवाह और गृहस्थी को बचाकर भी नहीं रखना चाहते। टूटते घरों और खत्म होते रोमानी बोध के पीछे एक महत्त्वपूर्ण कारण पति-पत्नी के आपसी अहं का टकराव एवं असहिष्णुता की भावना भी है। आन्तरिक रूप से वेदना सहकर भी वे बाहरी रूप से सन्तुलित नजर आना चाहते हैं ताकि कमजोर न दिखाई पड़ें। अपने हृदय की कोमल भावनाओं को खुद ही कुचलते ये दम्पत्ति बदलते भारतीय वैवाहिक ढाँचे पर राकेश की सूक्ष्म दृष्टि के परिचायक हैं। स्वयं राकेश ने भी निजी जीवन में इन त्रासदियों को भोगा है पर स्वयं के अहं को छोटा नहीं होने दिया। दो असफल विवाहों के पश्चात तीसरे विवाह में साथी अनीता का उनके लिए कथन है- "एक तरफ जबरदस्त अहं, दूसरी तरफ बहुत ही ज्यादा सैंसेटिव।"

वस्तुत: राकेश के कथा-पात्रों के भीतर मनुष्य का शाश्वत रोमांस-भाव विद्यमान तो है, विशेषकर स्त्री-पात्रों में यह भावावेश ज्यादा तीव्रता से देखने को मिलता हैं। उनके

मन में कोमल, श्रृंगारिक भाव अपने सुन्दर स्वरूप के साथ उमड़ते भी हैं जिन्हें पात्र अपने अहं-भाव के कारण उतनी ही शिद्दत से खत्म भी कर देता है। सुन्दरी व श्यामा इसके ज्वलंत उदाहरण हैं।

पुरूष-पात्रों के रूमानी भाव को बाधित करने में उनके अहं से अधिक परिवेश में निहित विसंगतियाँ एवं जीवन की यथास्थितियों का बोध कार्य करता है। यह बोध उनके रोमानी प्रयत्नों में संकोच उत्पन्न करता है जो कि समकालीन मानव के टूटते सम्बन्धों में स्वयं के टूटते जाने की त्रासदी को दर्शाता है। ये पात्र 'और भी गम हैं जमाने में मुहब्बत के सिवा' के स्पष्ट वाहक हैं जिनकी त्रासदी ये है कि ये गम न केवल ज्यादा हैं बल्कि उनकी मोहब्बत को भी निगल रहे हैं और उन्हें भाव के स्तर पर भी अकेला कर रहे हैं।

राकेश के पात्रों की संरचना में प्रयत्न उसके बोध व इच्छा की परिणति के परिणामों से संमजित-विमंजित होता रहता है। प्रत्येक पात्र में बोध की तरह प्रयत्न का रेशा भी लेखक ने कलात्मक वक्रता के साथ पिरोया है।

च. मन में मरते मंसूबों की लाश ढोते पात्र: किसी भी सम्वेदनशील लेखक के लिए यह असम्भव होता है कि वह अपने समय तथा अपनी परम्परा वे हटकर कुछ लिखे। अपने समय-सत्य से गुजरे बिना, उसे भोगे बिना, उसे आत्मसात किए बिना लिखना समाज के प्रति, लेखन के प्रति और स्वयं के प्रति अन्याय है। यह भोगना महज़ नारेबाजी और खेमेबाजी नहीं है, पर यह भी सत्य है कि 'लेखक अपनी परम्परा और अपने रचना-परिवेश के प्रति चाह कर भी तटस्थ नहीं रह पाता इस तरह अलग होने के साथ सहभागी होना भी उसके लिए अनिवार्य हो जाता है, वास्तव में अपने अलगाव की रक्षा भी वह सहभागी होकर कर सकता है।"

राकेश के इन शब्दों से परिवेश व मनुष्य के प्रति उनके जुड़ाव को हम समझ सकते हैं। अस्तित्ववादी विचारधारा से अनुप्राणित बहुत कुछ चाहते, बहुत कुछ करना भी चाहते ये पात्र अपनी इच्छाओं में पूरी तरह आम दुनियादार आदमी की तरह हैं। आकांक्षाओं से उफनते ये सामान्य पात्र वाँछित पा लेने पर शायद सामान्य ही रह जाते, सुख से जीवन के दिन काटते हुए। लेकिन राकेश के पात्र ऐसे नहीं हो सके, क्योंकि वे अपने परिवेश के प्रति तटस्थ नहीं हो सके। राकेश का समस्त साहित्य अपने युग-बोध की त्रासदियों को वहन करते पात्रों का उच्छवास है जहाँ आदमी अपने बोध में विचलित होता हुआ अपनी इच्छाओं की अपूर्णता का दुख ढोता रहने को बाध्य है। यथास्थिति का भान उसकी सम्वेदनाओं को ठेस पहुँचाता है और कुछ न कर पाने का बोध उसके प्रयत्नों में अवरोध डालता है। पात्र जिजीविषा होते हुए भी प्रयत्न के प्रति उदासीन हो जाता है, जीवन जीना चाहकर भी

जीवन के प्रति उदासीन हो जाता है, अपनी ही तलाश में भटक जाता है और यह बोध उसे आत्म स्थगन से भर देता है।

राकेश की पात्रगत संरचना में, विशेषकर उनके पात्रों की प्रयत्न के प्रति उदासीनता में यही स्पृहा एवं उससे जुड़े बोध की भावना व उसका प्रभाव महत्वपूर्ण कारक है। फ्रायड के अनुसार मानव के पूर्वानुभव उसके मस्तिष्क में बैठकर उसके प्रयत्नों को प्रभावित करते हैं। अस्तित्ववादी चिन्तन-धारा के अनुसार अपने आसपास की अनिच्छित स्थितियों एवं भीड़ में आदमी 'बाहरी' होने की भावना से भर उठता है। इस के मूल में निषेध की भावना काम करती है जिसके चलते आदमी 'एब्सर्ड' की भावना में डूब जाता है, जहाँ मन तो संगति की कामना करता है किन्तु विश्व में उसे विसंगति दिखाई देती है। राकेश के पात्रों की अन्तर्संरचना में यह मनोवैज्ञानिक विचलन एवं अस्तित्व-बोध उनके प्रयत्न-शैथिल्य का कारण है जो उनकी इच्छाओं को बाधित एवं कुठित करता है।

इसके साथ मन में नैसर्गिक रूप से विद्यमान अहं-भाव, जो उसे साधु और शैतान दोनों ही सीमाओं तक ले जाता है, भी एक मुख्य तत्व है। सघन सन्दर्भो में यह साधु व शैतान बनना भी मनुष्य के जीवन की घटनाओं व अनुभवों पर ही अधिक निर्भर है, कालिदास और विलोम इसके उदाहरण हैं कि अपनी यथास्थिति के बोध में मानव कुंठित हो कर कई बार अपने प्रयत्नों की दिशा भी बदल लेता है और आत्मनिर्वासित होकर अपस्थापित होने की दिशा में भटक जाता है।

नाटक- 'आषाढ़ का एक दिन' का कालिदास इसी कुण्ठा-जन्य आत्मनिर्वासन में भटकता पात्र है जो अपनी सम्वेदनशीलता और यथास्थिति के जाल में फँसकर पर्वतीय उपत्यकाओं से निकलकर मातृगुप्त तक पहुँच जाता है। जिस मल्लिका के लिए सब किया उसे अपने जीवन के हाशिये पर डाल देने वाले कालिदास के आस्तित्विक संघर्ष की त्रासद गाथा एक समकालीन साहित्यकार की त्रासदी एवं संघर्ष के रूप में आत्यंतिक प्रभाव छोड़ती है-

"तुम्हें यह बहुत अस्वाभाविक लगा होगा परन्तु मुझे इसमें कुछ भी अस्वाभाविक प्रतीत नहीं होता, अभावपूर्ण जीवन की यह एक स्वाभाविक प्रतिक्रिया थी।" स्पष्ट है कि दमित एवं दलित अहं की तुष्टि-भावना कालिदास के परिर्वतन का महत्वपूर्ण आधार है।

इसी अहं-बोध ने विलोम को विलोम बनाया है किन्तु वहाँ इच्छा के विस्फोट और अस्वीकृति के बोध ने प्रयत्न की दिशा को और तेज कर दिया है, इस दृष्टि से इस पात्र की अन्विति अन्य पात्रों से अलग है। वो जीवन के निषेधात्मक पहलू का प्रतीक है जिसकी

संरचना समकालीन मानव की नियति को व्यक्त करने में समर्थ सशक्त चरित्र के रूप में हुई है जो नकारों को स्वीकारते हुए गुजार देता है।

इन दोनो पात्रों से अलग मल्लिका के चरित्र का मुख्य रेशा उसकी आस्था है, वह मानवीय भावना जो कितनी भी आउटडेटेड, औरताना और कमजोर मान ली जाए, अनुपमेय और अनिर्वचनीय बनी रहती है। मल्लिका के प्रयत्नों की संजीवनी यही आस्था है। सम्बन्धों में आस्था की प्रतीक मल्लिका अपने आधुनिक सन्दर्भों में और बिम्बात्मकता में एक नारी की स्व की खोज एवं समाज में उसके संकटों को दर्शाती है जो उसे देश-कालातीत बनाती है।

'लहरों के राजहंस' में सुन्दरी का चरित्र भी विलोम की ही तर्ज पर संरचित है, किन्तु इसकी संरचना में मुख्य रेशा अहं का है। सुन्दरी में भौतिक इच्छाओं एवं स्वयं की महत्ता का बोध इतना प्रबल है कि यह स्त्री अपनी इच्छा-पूर्ति एवं उस दिशा में प्रयत्न के आगे और कुछ सोच भी नहीं पाती। सूक्ष्मता से देखने पर सुन्दरी की चरित्र-संरचना में एक अन्य तत्व भी नजर आता है, और वह तत्व है- असुरक्षा-बोध। नन्द के दुचित्ते स्वभाव एवं कमजोर व्यक्तित्व से गहरे तक आक्रान्त सुन्दरी वह स्त्री है जो अपने भय को अपनी बाहरी मजबूती की पीछे छिपाती रहती है।

प्रतीकात्मक रूप से सुन्दरी परिवर्तित परिस्थितियों में असुरक्षित होती गृहस्थी में उचाट होते पति को वश में करने के लिए जूझ रही सार्वकालिक स्त्री के प्रयत्नों की गाथा, अथवा कहें कि प्रत्येक युग में स्त्री के तिरिया चरित्र का एक कारण, यह खो देने के भय से जन्मा असुरक्षा-बोध भी है। वास्तव में ऐतिहासिक कथानकों के आधार पर श्रेष्ठ और सशक्त नाटकों की रचना तभी हो सकती है जब नाटककार ऐतिहासिक पात्रों और कथा-स्थतियों को युगीन बना दे तथा कथा के अन्तर्द्वन्द्व को आधुनिक अर्थ-व्यंजना प्रदान कर दे।

सुन्दरी के विपरीत नन्द की संरचना लेखक ने मनुष्य के मन में छुपे 'प्रकृति और पुरूष के उलझाव' की शाश्वत स्थिति को लेकर की है। माया और राम दोनों को चाह कर कोई जो प्रयत्न करता है, उसकी जो मनोगति होती है, वही तत्व नन्द का है। मनोवैज्ञानिक दृष्टि से वह एक द्विविधाग्रस्त पात्र है। जिस तरफ वह खड़ा होता है वही पहलू उसे सही लगने लगता है, इस जुड़ने की क्रिया में परिवेश एवं क्षण बदल-बदल जाते हैं, नन्द वहीं रह जाता है और उसी पूर्ववर्ती प्रसंग में डूबा अप्रासंगिक क्रियाकलापों का कर्ता बन जाता है। उसकी यह दुविधा ही नन्द को उलझनों में डाल देती है। पूरे ईमानदार प्रयत्न भी गलत समय पर किए जाएँ तो उन पर प्रश्नचिह्न लग ही जाता है। अपनी आधुनिकता में इस पात्र का महत्वपूर्ण तत्व स्वयं की खोज में भटकते मानव की त्रासदी है। जबकि श्यामांग की

संरचना परिवेश में मनुष्य की नियति बोध से उपजी अस्तित्व-पीड़ा और इस अस्तित्व-पीड़ा में जीते मानव के संभ्रम को दर्शाने के लिए है। जब मनुष्य अपनी पीड़ा के चरम पर होता है तो उसके मस्तिष्क में सत्य एवं कल्पना की महीन रेखा मिट जाती है और उसके प्रयत्न भी गडबड़ हो जाते है। आधुनिक सन्दर्भों में श्यामांग मानव मन की गुत्थियों का साकार रूप है।

सुन्दरी की तरह ही 'आधे अधूरे' की सावित्री भी अपनी अर्थवत्ता में एक विस्फोटक व्यक्तित्व की स्वामिनी है। आधुनिक सन्दर्भों में रचा यह पात्र अपने मंतव्य की दिशा में किए गए प्रयत्नों में प्रबल है। परिवेश एवं परिस्थिति से जूझती यह स्त्री अपनी इच्छाओं में प्रचंड एवं स्व-बोध में प्रखर है। उसे अपने सामने कोई सम्बन्ध महत्त्वपूर्ण नहीं लगता।

वस्तुत: महत्त्वाकांक्षा एवं यौन भावना से भरी दीख पड़ती यह स्त्री बदलते भारतीय परिवेश में खुद की जगह बनाने को कटिबद्ध मध्यमवर्गीय स्त्री के स्वरूप का आईना है जिसे पाप-पुण्य ज्यादा नही डराता और मोह भी ज्यादा नहीं व्यापता। अहं, जो राकेश के स्त्री चरित्रों की विशेषता है, भी इस स्त्री के चरित्र का महत्त्वपूर्ण तागा है, नाटक के सभी पात्र इस स्त्री की परिधि में हैं।

बड़ी लड़की 'बिन्नी' भी कमोबेश इसी प्रकार का पात्र है किन्तु वह माँ जितनी प्रबल नहीं, इसीलिए उसके चरित्र का सुर भी मद्धिम है। छोटी लड़की 'किन्नी' की संरचना में लेखक ने किशोर मनोविज्ञान का बड़ी सूक्ष्मता से विश्लेषण किया है। घर के अस्नेही, असंस्कारशील, अशांत एवं असुरक्षित वातावरण में एक उपेक्षित किशोर को जैसा प्रतिक्रियावादी उद्धत व्यवहार करना चाहिये वो सब किन्नी करती है। इस पात्र के निर्माण में असुरक्षा, भय एवं कैशोर्य के नाजुक दौर की मुश्किलों के बीच से गुजरते बालक की कुंठाजन्य चिड़चिड़ाहट, यौन-उत्कंठा एवं गुस्सा सभी हैं जो कि आधुनिक सन्दर्भों में महानगरीय कलह भरे परिवार के बालकों में सामान्य हैं, पड़ोस की बच्ची से अश्लील वार्तालाप, कुंडी लगाकर खुद को बन्द कर लेना एवं बड़ों से जुबानदराजी में उसकी अभद्रता नही बल्कि असुरक्षा से उत्पन्न भय झलकता है।

लड़के 'अशोक' के कार्य भी उसकी कुंठा, भावी जीवन के प्रति निराशा, असुरक्षा एवं भय से उपजी प्रतिक्रिया ही है। अपनी असंतुष्टि को छुपाने का बिलकुल प्रयत्न न करता अशोक कुछ भी करने हेतु प्रयत्न नहीं करता क्योंकि अन्य किसी जगह से उसे आशा नहीं और माँ के बताए लोगों में वह जाना नहीं चाहता। वस्तुत: भारतीय सन्दर्भों में कोई सन्तान पालकों के, विशेषकर माँ के उच्छृंखल सम्बन्धों को सहजता से नहीं लेती। इसीलिए वह किसी को 'कार्टून' कहता है तो किसी को 'चुकन्दर।' अनिश्चित भविष्य

मे डूब कर नई पीढ़ी प्रयत्न के प्रति शिथिल हो कर दिवास्वप्नी हो गई है और फिल्मी पत्रिकाओं से फोटो काटने के अलावा कुछ नही कर पाती इसका ज्वलंत उदाहरण अशोक की संरचना है।

'पुरूष' के पात्र की अन्तर्संरचना मोहन राकेश ने उत्तर आधुनिक भूमि पर प्रयोगधर्मी दृष्टि से की है। कीर्केगार्द ने विभिन्न नामों से रचना करके जीवन की गहराइयों में प्रवेश करने की कोशिश की थी, राकेश ने विभिन्न नामों से रचना तो नहीं की लेकिन इनका यह पात्र 'काले सूटवाला' आदमी अपने को विभिन्न लोगों के रूप में पाता है। आस्तित्विक विचार-दृष्टि से प्रभावित होने के कारण राकेश ने अपने पात्रों को विभिन्न कोणों से, विभिन्न परिवेश में रखकर आँकने का प्रयोग किया है जो समय, रुतबे एवं स्थान के अनुसार व्यवहार करता है। भारतीय पुरुष सत्तात्मक सन्दर्भो में यह पुरुष अलग-अलग मुखौटे लगा कर कार्य करता है। घर में मुँहजोर-अहंवादी पत्नी का असफल पति होकर उसके प्रयत्न विफल, विमूढ़ एवं कुंठ हो जाते है और व्यवहार परपीड़क, वही पुरुष तीन के रूप में सफल होकर कभी छैला तो कभी काइयाँ और कभी दुनियादारी भरे बनिए सा व्यवहार करने लगता है। महेन्द्रनाथ के रूप में उसका घर लौटना अपने त्रासद अर्थो में मनुष्य की वरण की अनिवार्यता की पीड़ा का द्योतक है।

स्पष्ट है कि इस काले सूट वाले आदमी के स्वरूप-निर्धारण में राकेश ने विभिन्न बाह्य प्रभावों के बावजूद मूल चिन्तन को भारतीयता के अनुकूल रखा है तथा अपनी शैली की निजता को भी बनाए रखा है।

उपन्यास- राकेश के औपन्यासिक पात्रों में 'अधेरे बन्द कमरे' के सभी पात्र स्वातंत्र्योत्तर जीवन-परिवेश में अस्तित्ववादी चिन्तन से, विशेषकर वरण की शाश्वत पीड़ा से जूझते पात्र हैं। दिल्ली महानगर के जीवन से उठाए ये पात्र, विशेषकर नीलिमा, राकेश के अन्य स्त्री-पात्रों की तरह ही इच्छाओं एवं कामनाओं से भरी स्वचेता आधुनिक स्त्री का प्रतीक हैं।

अहं, महत्त्वाकांक्षा एवं अपनी स्वतंत्रता के लिए आग्रह इस स्त्री की संरचना में महत्त्वपूर्ण तंतु हैं। बदलते भारतीय स्त्री-समाज की प्रतिनिधि नीलिमा अपने दाम्पत्य जीवन से खुश नहीं, वहाँ से निकलने का प्रयत्न भी करती है पर वहीं रहने को अभिशप्त है कि अन्य कोई विकल्प नहीं।

नीलिमा के प्रयत्न उसकी महत्त्वाकांक्षाओं को दर्शाते हैं, जो कि राकेश की अधिकांश नारियों का महत्त्वपूर्ण गुण है। नीलिमा के माध्यम से राकेश उस मध्यमवर्गीय नारी की महत्त्वाकांक्षाओं को सामने लाते हैं जो खुद को समाज में सक्रिय रखना चाहती है।

नीलिमा के विपरीत हरबन्स राकेश का टिपीकल पुरुष पात्र है जिसकी इच्छाएँ तो बहुत हैं किन्तु उसके व्यक्तित्व में गुँथे अन्तर्विरोधों से उसके प्रयत्न अवरूद्ध हो जाते हैं। अहं भाव, सम्वेदनशीलता, आधुनिकता और पारम्परिकता का द्वन्द्व तथा सदैव एक बिगड़ैल बच्चे की सी जिद इस पात्र की महत्त्वपूर्ण चारित्रिक रेखाएँ हैं। यह समसामयिक विद्वान पुरुष न तो पुरातन रह पाया है न ही आधुनिक बन पा रहा है। कहीं इसका अहं इसके प्रयत्न में बाधक है तो कहीं परिवेश में पनप रहा स्वार्थ और विसंगतियाँ उसे अजनबी-बोध से भर कर उत्साहहीन बना देती हैं।

उपन्यास के नियामक पात्र मधुसूदन का चरित्र आधुनिक मानव के आस्तित्विक संघर्ष के रेशे से बना है। अपने परिवेश एवं स्वयं की यथास्थिति के बोध के कारण यह पात्र अपनी भावात्मक इच्छाओं का दमन करता जाता है। मधु प्रयत्न आरम्भ ही नहीं करता क्योंकि अपने निम्न वित्तीय यथार्थ में अपने एक मात्र साथी अहं को वह किसी भी स्थिति में छोड़ना नहीं चाहता। उसका अस्वीकार उसके बोध एवं तद्जन्य अहं-चेतना के कारण ही है। इसी प्रभावान्विति के कारण यह सूत्रधार उपन्यास में पात्र बन बैठता है।

उपन्यास के अन्त में कस्साबपुरा की गलियों में लौटना उसके व्यक्तित्व में बसे विसंगति में जी रहे कुंठित मध्यम-वर्ग की मानसिकता को दर्शाता है।

राकेश ने 'शुक्ला' के रूप में आधुनिक सन्दर्भ में एक मल्लिका की रचना की है। मल्लिका जैसा, स्नेह, आस्था व दृढ़ता लिए यह स्त्री अपनी कमजोरियों में भी शक्तिवान है। जीवन में सम्बन्धों के प्रति उत्तरदायित्व समझते-निभाते ऐसे पात्र राकेश के साहित्य में विरले ही नजर आते हैं। शुक्ला के विपरीत सुषमा श्रीवास्तव के रूप में राकेश ने उस तेजतर्रार स्त्री की संरचना की है जो बदलते आधुनिक परिदृश्य की महत्त्वाकांक्षी नारी है, और जिसे सफलता पाने के सारे हथकंडे ज्ञात है और स्त्री-सुलभ कोमल सम्वेदना को जिसने राह का रोड़ा समझकर त्याग दिया है। स्वातंत्र्योत्तर परिवेश में मुहावरा सा बन गया 'प्रेक्टिकल' शब्द इस स्त्री के जीवन का मूल मन्त्र है और क्षण में जीने वाली इस स्त्री के प्रयत्न स्पष्ट एवं सटीक हैं।

'अन्तराल' की श्यामा राकेश के अन्य स्त्री पात्रों से इसी दृष्टि से अलग है। इस नारी की रचना में प्रयत्न का रेशा कमजोर है। वस्तुतः राकेश का यह स्त्री-पात्र अस्तित्व की खोज में भटक रही नारी के असुरक्षा-बोध एवं अहं के तानों से बुना है। अपने पूर्वाग्रहों से टूटी, विसंगतियों से क्षुब्ध श्यामा अपनी अस्मि-चिन्ता में अपनी इच्छाओं का निषेध करती है और अपने प्रयत्नों को लेकर शंकित है। व्यक्तिवादी वैयक्तिक अहं और संस्कारों का द्वन्द्व इस स्त्री की संरचना का मुख्य तत्त्व है। उपन्यास की दूसरी स्त्री सीमा के प्रयत्न

स्पष्ट एवं लक्ष्योन्मुख हैं क्योंकि यह पूरी तरह आधुनिक व्यक्तिवादी विचारधारा से बनी प्रैक्टिकल स्त्री है जिसे स्वयं के सुख एवं निजता से ज्यादा किसी की परवाह नहीं।

'न आने वाला कल' उपन्यास पूरी तरह से अस्तित्ववादी भाव बोध पर आधारित है। आधुनिक मानव की जीवन-निर्वाह से जुड़ी परिवेश की विवशता-बोध में उसकी अपनी निजता व अहं को बचाए रखने की इच्छा तीव्र से तीव्रतर तो होती जाती है पर अन्त में वह निष्क्रियता एवं पलायन में बदल जाती है। मनोज श्रीवास्तव, मिस पार्कर सभी इस परिस्थिति एवं मन:स्थिति में जी रहे हैं। चयन की शाश्वत पीड़ा उनके साथ है। स्वयं राकेश ने डॉ. कार्लो कपोला के साथ बातचीत में यह कहा- "मैं जो बात बताना चाहता हूँ वह यह है कि अपनी परिस्थिति के लिए आदमी अकेला जिम्मेदार नहीं होता, क्योंकि स्थितियाँ कुछ भी होतीं, उसे बार-बार उसी का चुनाव करना पड़ता। जिन्दगी में व्यक्ति कुछ भी करे उसमें एक विशेष आयरनी होती है, क्योंकि परिस्थितियाँ फिर-फिर वही बन जाती हैं।"

इस स्थिति-बोध में जो अजनबीयत, अकेलापन एवं अहं आ जाना चाहिये, राकेश के पात्रों की संरचना एवं उनके प्रयत्नों-पलायनों में मुख्य कारक के रूप में है। शोभा एवं मनोज का असफल दाम्पत्य भी इसी खीझ से उत्पन्न अहं के कारण है।

एकांकी- एकांकी 'बहुत बड़ा सवाल' के सभी पात्र सरकारी कार्यशैली पर व्यंग्य है। स्वयं की स्थिति से नाखुश अवाम अपने क्षुद्रता-बोध से असंतुष्ट होकर अपने कर्तव्यों के प्रति उदासीन हो जाती है। परिवेश-बोध एवं यथास्थिति से उपजी अकर्मण्यता को दर्शाती यह श्रेष्ठ एकांकी है जो कि समकालीन नौकरीपेशा आदमी के संकट को सामने लाती है हर व्यक्ति अपनी-अपनी जगह अपने को असंगत महसूस कर रहा है। असंगत होने की इस अनुभूति ने जीवन की विषमता को और भी गहरा बना दिया है।"

'शायद' एकांकी के पात्रों की संरचना राकेश ने नगरीय बोध को लेकर की है जहाँ मानसिक अलगाव, ऊब एवं एकरसता की भावना के बीच साथ रहने की विवशता के एहसास ने दोनों पात्रों को मार्मिक अवसाद से भर दिया है। ये दोनों पात्र असंगत वार्तालाप करते हैं क्योंकि वस्तुत: ये कुछ बोलना ही नहीं चाहते। लेकिन 'ह:' एकांकी के पात्र महानगरीय रिश्तों के अकाल में सूख रहे एकाकी वृद्धों की दशा को लेकर है। 'पपा' अपनी अशक्तता के बावजूद प्रयत्न को लेकर जिद्दी है, सारी बेज़ारी और दुख के बाद भी उसमें जिजीविषा है। मानव में शाश्वत विद्यमान ये भाव राकेश के पात्रों में रह-रहकर कौंध उठता है क्योंकि राकेश के पात्रों में इच्छित जीवन जीने की आकांक्षा बलवती है, जिसके लिए वे पारिवारिक एवं सामाजिक निषेध को तोड़ने की चेष्टा करते हैं।

कहानी- "राकेश की कहानियाँ भी पात्रों की स्थिति के अनुरूप अपने परिवेश में ढली “समकालीन जीवन के ‘ट्रेजिक विज़न’ और ‘टैंशन की यथार्थवादी अभिव्यक्ति है।" डॉ. सुषमा अग्रवाल के इस कथन से स्पष्ट है कि राकेश के कहानी-पात्र समकालीन जीवन-बोध एवं उसकी प्रतिक्रिया के आधार पर ही मुख्य रूप से संरचित हैं।

राकेश की कहानियों के पात्र अपनी संरचना में संघर्षजीवी तो हैं, पर अपनी यथास्थिति के बोध से उनकी इच्छाएँ कुंठित हो जाती हैं और उनका बाह्यसंघर्ष अन्त तक पहुँचते-पहुँचते अन्त:संघर्ष में परिणत हो जाता है, उनका विद्रोह करूणा में बदल जाता है।

‘मिस पाल’ हो अथवा ‘मरूस्थल’ का कथानायक, ‘खाली’ की तोषी हो या ‘उर्मिल जीवन’ की नीरू, ‘वासना की छाया में’ का ‘मैं’ हो या ‘एक घटना’ का मुख्य पात्र, ‘जानवर और जानवर’ के पात्र हो अथवा ‘पाँचवे माले का फ़्लैट ’ का आशुतोष, सभी की संरचना में हालात की विषमताजन्य बोध एवं उसके कारण उपजी उत्साहहीनता ही नज़र आती है।

आधुनिक जीवन में वैवाहिक संस्था के चरमराने का मूल कारण अहं है जिसके चलते जुड़ाव की दिशा में मनुष्य की इच्छा खत्मप्राय हो गई है, जीवन का कोमल रोमानी भाव सूख गया है, स्वयं को खोने का भय समर्पण में बाधक बन गया है। राकेश के कहानी-पात्रों में यह अहंजन्य तत्त्व बहुत मजबूती से गुँथा है, ‘क्वार्टर’ का रवि, गुंझल’ के दम्पत्ति, ‘लक्ष्यहीन’, ‘धुंधलाद्वीप’ और ‘दोराहा’ का केसरी इसी भाव से गढ़े पात्र हैं। इन पात्रों में ‘सीमाएँ’ की उमा भी है जो हीनभावना से उदास हो होकर डल पड़ गई है, वहीं ‘मिट्टी के रंग’ का महानन्द भी है जो अपनी असुरक्षित स्थिति के बोध में मृत्यु के बीच दो पल के स्पन्दित क्षणों को जीने के लिए स्वार्थी बने आदमी का प्रतिनिधित्व करता है।

राकेश के पात्रों की संरचना मूलत: अस्मि की छटपटाहट में भरमाए आधुनिक मानव के रग-रेशों से गुँथी है। वे किसी युग अथवा कालखंड के हों, अर्थवत्ता में समकालीन हैं। स्वयं की तलाश में खोते, भयजन्य अहं मे डूबे ये पात्र अपनी सम्वेदनशीलता की तीव्रता और बाहरी परिवेश की वक्रता के द्वन्द्व में दुखी होकर अपने प्रयत्नों के प्रति उदासीन हो उठे और चयन की शाश्वत पीड़ा से व्यथित मानव के रूप हैं।

इसका उदाहरण ‘अन्तराल’ उपन्यास में एक गौण प्रसंग है- एक अपरिचित पुरूष कुमार से यौन-विकृत व्यवहार करता है और कुमार उसके विरोध का कोई प्रयत्न नहीं करता, बस चुपचाप वहाँ से चला जाता है। कुमार के इस व्यवहार में राकेश के अधिकांश पात्रों की प्रतिक्रिया सम्मिलित है- अपने बोध में गुमसुम, बाहरी ऊर्जा से निष्प्राण एवं स्थितियों की बेईमानी के विरूद्ध बोलने की अरूचि एवं प्रयत्न-शिथिलता। वस्तुत:

समकालीन मानव के अस्तित्व-भय और विसंगति-बोध ने उसमें ये प्रतिक्रियाएँ भर दी थी जो राकेश ने अपने पात्रों की अन्त:सृष्टि में रेशों के रूप में ली है।

यद्यपि विलोम, सुन्दरी, सावित्री जैसे पात्र भी राकेश की ही सर्जना है, किन्तु अपने प्रयत्न में सजग इन पात्रों की अन्त:सृष्टि में भी उनकी असुरक्षा, अहं एवं अस्वीकार-जन्य हीनता-बोध ही कार्य करता है। पात्रों की उतावली, जिद और प्रखर क्रियाशीलता उनके आदर्श एवं लक्ष्य-बोध से उत्पन्न न होकर यथास्थिति एवं परिवेश-बोध से जनमी है। यह पात्रगत चरित्र-व्यवहार राकेश के युग के सामयिक जीवन एवं समस्त साहित्य में विद्यमान था।

6

मोहन राकेश के साहित्य की विभिन्न विधाएँ और पात्र-सृष्टि

क. विधा विशेष और मोहन राकेश की पात्र-सृष्टि

1. नाटकों में पात्र-सृष्टि का स्वरूप-राकेश ने मात्र तीन नाटक लिखे हैं- 'आषाढ़ का एक दिन', 'लहरों के राजहंस' और 'आधे अधूरे।' इन तीन नाटकों से ही राकेश हिन्दी-नाटक के क्षेत्र में विशेष प्रतिष्ठित हो गए। इस सफलता का मूल कारण उनकी मानव-सम्बन्धों में पड़ताल रही है।

मानव-चरित्र का वह रूप जो अपने भीतर के निविड़ अन्धकार में खुद की तलाश में छटपटाता है और खुद से खुद तक की भागदौड़ में थक-हार कर पस्त हो जाता है, इस मानव को राकेश ने पात्र-जीवन के सामान्य सरोकारों से ऊपर उठा कर अधुनातन प्रयोग एवं सार्थक चिंता के साथ रचा है।

तीनों नाटक भिन्न कालखंडों एवं भिन्न बोधों को लेकर रचे गए हैं और उनकी भिन्नता के अनुरूप ही लेखक ने पात्र-योजना की है।

क. आषाढ़ का एक दिन- अपने इस प्रथम नाटक में राकेश ने प्रख्यात संस्कृत-कवि कालिदास के जीवन से एक काल्पनिक प्रसंग लेकर, मिथकीय पात्रों का निर्माण किया है जो अपने आधुनिक सन्दर्भों में सामयिक मानव की सत्ता और संवेदना के बीच का द्वन्द्व है।

पारम्परिक स्वरूपानुसार पात्र-योजना से रचित इस नाटक में नायक-नायिका के अतिरिक्त सहनायक, विदूषक, सहायक आदि के साथ एक प्रतिनायक भी है जो पारम्परिक प्रतिनायक की छवि में फिट नहीं बैठता। अन्य पात्र भी पारम्परिक कलेवर में बने आधुनिक बोध में जी रहे पात्र हैं।

कालिदास जैसे पात्र के माध्यम से राकेश ने नायक के परम्परागत रूप को तोड़ा है। ये आधुनिक हिन्दी-नाटक में पहली बार हुआ कि पात्र को नायक को पद से उतारकर अन्तर्द्वन्द्व ग्रस्त, अवसरवादी, कुंठित और पलायनवादी मानव-चरित्र के रूप में रचा गया।

लेखक ने कालिदास के व्याज एक कमज़ोर कुंठा ग्रस्त मानव को ढूँढा है जो सत्ता के मोह में अपनी कोमल वृतियों का दमन कर के सत्ताधीश मातृगुप्त तो बन जाता है पर सारे सुखों और यश के बीच भी एक अनिश्चित, कुंठित मानव ही बना रहता है।

नाटक में मल्लिका की योजना भी इस दृष्टि से नव्य है कि पारम्परिक स्त्री के कलेवर में वह एक आधुनिक साहसी स्त्री है जो देहजीवा बनकर भी अपनी मानसिक पवित्रता को अक्षुण्ण मानती है। यह आस्था उसके अदम्य जीवट को दर्शाती है।

यहाँ राकेश ने विलोम की अवधारणा भी पारम्परिक खलनायक से हटकर आधुनिक मानव के सन्दर्भ में की है। यह खलनायक न तीर से लड़ता है न तलवार से, इसका खलनायकत्व यहीं तक है कि वह नायक की कमियों को बेधड़क कहता है और बेहया बनकर गालियाँ खाते हुए भी येन-केन-प्रकारेण लक्ष्य सिद्धि पा ही लेता है।

रंगिणी-संगिणी, अनुस्वार-अनुनासिक आदि गौण पात्र अपने बाह्य स्वरूप में पारम्परिक पात्र हैं किन्तु अर्थवत्ता में ये वर्तमान शिक्षा एवं नौकरशाही पर व्यंग्यात्मक प्रहार करते हैं मातुल भी गौण पात्र के प्रतीक में सम्बन्धों पर हावी होती समकालीन अर्थलोलुप चेतना का वाहक है।

स्पष्ट है कि 'आषाढ़ का एक दिन' के पात्र शास्त्रीय नाटक की पारम्परिक योजना के अनुरूप होते हुए भी अपनी अर्थवत्ता की गहनता में चिर सामयिक हैं। रंगमंच के नियमों के अनुसार रचित इन पात्रों की सर्जना सामयिक संकटों से गुज़रते मानव को ध्यान में रखकर की गई है।

ख. लहरों के राजहंस- 'आषाढ़ का एक दिन' का अगला पड़ाव 'लहरों के राजहंस' है। कालिदास के जीवन का वह पक्ष जो उज्जयिनी में गुज़रा, मानों नन्द के माध्यम राकेश ने इस नाटक में दर्शाया है।

शास्त्रीय कलेवर में रचे इस नाटक की पात्र-सृष्टि लेखक ने अत्याधुनिक बोध एवं प्रयोगधर्मी दृष्टि के साथ की है। ऐतिहासिक भूमि से उठाए ये मिथकीय पात्र अपनी अर्थवत्ता में समकालीन मानव के श्रेय व प्रेय के द्वन्द्व को आधुनिक दाम्पत्य की परेशानियों को और अस्तित्व के लिए पूरी व्यवस्था से जूझते मानव के प्रयत्नों को दर्शाते हैं।

नन्द एवं सुन्दरी के चरित्र शास्त्रीयता के कलेवर में आधुनिक जीवन में दाम्पत्य-विसंगति को ढोते दम्पत्ति की मुश्किलों को व्यक्त करते हैं। नाटक का गौण पात्र श्यामांग राकेश का प्रयोगधर्मी भूमि पर रचित पात्र है जो अपनी गौण स्थिति के बाद भी महत्त्वपूर्ण स्थान रखता है। सामयिक जीवन में अपने परिवेश की जकड़न में विचलित होते सम्वेदनशील मानव का मन स्वयं के अस्तित्व के प्रति गाफिल हो जाता है और वह सब के ग़म खुद पर ओढ़ लेता है, उसके प्रयत्नों का सामंजस्य टूट जाता है, यह सब राकेश ने श्यामांग के द्वारा उद्घाटित किया है।

'लहरों के राजहंस' की पात्र-सृष्टि में पारम्परिक स्वरूप के पात्रों की अर्थवत्ता में आधुनिक मानव के संकुल अन्तर्मन की वेदना की बानगी प्रस्तुत की है। इस नाटक हेतु इन्द्रनाथ मदान का कथन है- "लहरों के राजहंस का तो मूल संवेदनात्मक उद्देश्य ही नन्द के माध्यम से आज के मध्यमवर्गीय व्यक्ति की इस वरण की स्वतंत्रता की पीड़ा को उजागर करना है।"

ग. आधे अधूरे- उत्तर आधुनिक प्रयोगधर्मी सन्दर्भ में लिखे इस बहुचर्चित नाटक की पात्र-सृष्टि राकेश ने अपने पूर्ववर्ती नाटकों से आद्यंत परिवर्तित स्वरूप में की है।

नाटक की पारम्परिक शास्त्रीय शैली को छोड़ कर नव्य पात्र-स्वरूप में लिखे इस नाटक में एक ही पुरुष, जो चार भूमिकाओं का निर्वाह करता है, समसामयिक समाज के मुखौटे लगाए घूमते मानव का द्योतक है। वो मानव जो बदलते अनिश्चित समाज में स्वयं को लिए असुरक्षित पाकर डरा हुआ है और खुद को बचाए रखने के परिस्थिति के अनुरूप मुखौटे बदलता रहता है।

संज्ञा के स्थान पर सर्वनामों के प्रयोग से यह नाटक अत्यंत विश्वसनीय हो जाता है, क्योंकि सामयिकता यही है कि आधुनिक काल में 'ये, वो, स्त्री, पुरूष, शर्मा, वर्मा आदि' में ही आदमी की पहचान सिमट गई है। स्त्री-पुरूष के दाम्पत्य की कलह एवं स्त्री की चरित्र-संरचना में राकेश ने आधुनिक जीवन में हावी होती नारी को प्रामुख्य दिया है। यह पात्र बदलते युग में नारी-अस्मिता के साथ ही राकेश के निजी अनुभवों की कडुआहट को भी कह जाती है। कलह भरे घर में बढ़ते किशोरों के मनोविज्ञान के वाहक अशोक एवं छोटी लड़की भी नाटक के सम्वेदना भरे पात्र हैं।

राकेश ने 'आषाढ़ का एक दिन' की पारम्परिक पात्र-योजना से नाट्य-लेखन का आरम्भ किया जो 'आधे अधूरे' तक आते-आते उत्तर आधुनिक पात्र-योजना में बदल गया क्योंकि मानव भी उतनी ही तेजी से बदल रहा था।

रंगिणी-संगिणी और अनुनासिक-अनुस्वार जैसे लोग प्रत्येक युग की व्यवस्था में पाए जाते हैं तो काले सूट वाला आदमी भी प्रत्येक युग में विद्यमान रहता है। हाँ, इनके नाम एवं स्वरूप भिन्न हो सकते हैं, चिन्त्य स्वरूप में देखा जाए तो इस नाटकों में राकेश ने काल-निरपेक्ष पात्रों की रचना की है।

अपनी परिस्थिति, परिवेश, अनुभवों एवं बौद्धिक विचारों व मान्यताओं की दृष्टि के परिणाम स्वरूप राकेश अस्तित्ववादी चिंतनधारा में प्रभावित लेखक हैं, किन्तु यह राकेश का निजी कौशल है कि उन्होंने उस अस्तित्व-बोध से भरे व्यक्ति को पौराणिक एवं ऐतिहासिक सन्दर्भो में भी प्रस्तुत किया एवं अत्याधुनिक सन्दर्भो में भी। समय के साथ लेखक के विचार एवं विकास की दृष्टि से देखें तो स्पष्ट है कि बदलते युग के अनुसार नाटकों के चरित्रों में भी परिवर्तन आया है। कालिदास चाहे स्वयं से हारता है, बाह्य परिस्थितियों पर वह एक बारगी तो हावी हो ही जाता है। वहीं नन्द दोनों जगह लड़खड़ाता और दोनों जगह एक साथ जीने की कोशिश में संघर्षरत दीख पड़ता है, किन्तु आधे-अधूरे का महेन्द्रनाथ तो दोनों तरफ से हार मान कर, खुद को खोटा सिक्का स्वीकार कर हथियार डाले प्रयत्नहीन और अपस्थापित होते मानव का वाहक है।

यह यात्रा अपनी इच्छाओं के लिए भागते (कालिदास), अपने वरण की शाश्वत पीड़ा के बोध में जूझते (नन्द) और विसंगति-बोध से अपने प्रयत्नों के प्रति उदासीन हो चुके (महेन्द्रनाथ) निराश मानव की कहानी है। इस यात्रा में स्त्री-पात्र भी बदले हैं। मल्लिका की सर्वस्व समर्पित कर देने वाली निश्छल आस्था युग बदलने के साथ अपने पति को खुद के पाश में बाँध कर रखने की सुन्दरी की इच्छा से भी आगे बढ़कर हर कीमत पर स्वयं के व्यक्तित्व को महत्त्व देती स्त्री पर आ टिकी है।

उक्त अध्ययन बताता है कि राकेश के नाटकीय पात्रों की सृष्टि उनके रचनाक्रमानुसार पारम्परिक से चल कर आधुनिक और अंत में उत्तर आधुनिक हो गई है लेकिन हर योजना के गूढार्थ में उनके पात्र अधुनातन एवं सार्वकालिक हैं।

2. उपन्यासों में पात्र-सृष्टि का स्वरूप-

जहाँ राकेश के नाटकों की पात्र-सृष्टि व्यक्तिगत मानवीय सम्बन्धों को लेकर की गई है, उपन्यास में यह विराट समष्टि में स्वयं के अस्तित्व की बहुस्तरीय तलाश पर आ गई हैं। राकेश के तीनों उपन्यास आधुनिक महानगरीय भाव-बोध में जीते सामाजिक की कथाएँ हैं।

चूंकि उपन्यास कलेवर की दृष्टि से बड़ा होता है तो पात्रों की संख्या भी ज़्यादा है जो जीवन के सभी पक्षों एवं युगीन विचारों की तरह बहुपक्षीय हैं।

अंधेरे बन्द कमरे- नेहरू पुरस्कार से सम्मानित, दिल्ली महानगर की गाथा के इस उपन्यास की पात्र-सृष्टि राकेश ने मूलत: आधुनिक, शिक्षित, मध्यमवर्गीय परिवेश में पारिवारिकता, आधुनिकता एवं निजता के द्वन्द्व में पिसते स्त्री-पुरुषों को लेकर की है।

उपन्यास में मुख्य पात्र के अतिरिक्त नियामक की उपस्थिति एक नवीन प्रयोग है, खासकर इसलिए कि नियामक की अपनी कुंठा-कथा भी मुख्य पात्र के समानान्तर चलती रहती है।

उपन्यास के सभी मुख्य पात्रों में अस्तित्व-संघर्ष अलग-अलग स्वरूप में उभरता है। नीलिमा की महत्त्वाकांक्षा, हरबन्स का अहं, मधुसूदन का कुंठाजन्य अहं ये सभी कथा में उन्हें पात्र से चरित्र की विश्वसनीयता पर ला खड़ा करते हैं।

इन पात्रों की नियोजन अप्रत्यक्ष चरित्रांकन प्रणाली द्वारा की गई है। चूँकि पात्र बौद्धिक एवं व्यक्तिवादी हैं तो शारीरिक से अधिक मानसिक संघर्ष में ही व्यस्त दिखाई पड़ते हैं। कतिपय स्थितियों में हर पात्र का अपना मन व अकेलापन है, जो उसका नेपथ्य है। हरबन्स और नीलिमा इसी नेपथ्य में धुँधलाती आकृतियाँ हैं, एक दूसरे के लिए अर्थहीन हैं। इस अर्थहीन विविधता को इतनी भंगिमाओं में प्रतिष्ठित करने का अंधेरे बन्द कमरे में पहला प्रयास है, और कोई कारण नहीं कि इसे इस दृष्टि से (चरित्र-चित्रण) एक असामान्य उपन्यास न माना जाए।

'न आने वाला कल'- राकेश का यह उपन्यास उनकी अस्तित्ववादी दृष्टि एवं परिवेश-बोध से व्यतीत मानव की उचाट मानसिकता को दर्शाते पात्रों का वाहक है। मनोज श्रीवास्तव इसी भोगे हुए यथार्थ से उपजा चरित्र है जो अपने बोध में डरा हुआ अस्तित्व रक्षा के लिए जूझता हुआ अन्तर्द्वन्द्व ग्रस्त होकर एक जटिल चरित्र के रूप में उभरता है। अपनी स्थितियों एवं सीमाओं से परिचित पात्रों की कुंठा एवं विचलन इस उपन्यास में अपनी सीमा पर है।

अंधेरे बन्द कमरे के विपरीत इस उपन्यास के पात्र शारीरिक से अधिक मानसिक स्तर पर जीते हैं और बाह्य क्रियाकलापों एवं संवाद के स्तर पर क्रियाहीन हैं। उपन्यास के अन्य पात्र भी व्यवस्था के षडयन्त्रों के आगे हथियार डाल चुके नपुंसक प्रयत्न वाले लोग हैं जो अस्मि-भय में जी रहे हैं।

शोभा की परोक्ष उपस्थिति सामयिक सन्दर्भों में बढ़ते दाम्पत्य दुराव एवं घटते सामंजस्य को दर्शाने के लिए है। स्थितियों की त्रासदी में अपने अहं को पुचकारते यह दम्पत्ति आधुनिक एवं युगीन हैं।

कह सकते हैं कि राकेश ने इस उपन्यास के चरित्रों को परिवेश जन्य कुण्ठा एवं 'आउटसाइडर' की पीड़ा से जूझते मानव के स्वरूप में संयोजित किया है जो आत्मकेन्द्रित हो उठा है। उनकी नीरस बोझिलता उनके निहित वातावरण के कारण है।

अन्तराल- व्यक्तिवादी मनोवैज्ञानिक शैली में रचित इस अंतिम उपन्यास की चरित्र-सृष्टि राकेश ने जटिल अन्तर्गुफित शैली में रची है। समाज, घर एवं स्वयं में उलझी एक विधवा के मानसिक अन्तर्द्वन्द्व की गाथा यह उपन्यास अपने सूक्ष्म सन्दर्भो में समय एवं परिवेश के साथ बदलती स्त्री-अस्मिता के आस्तित्विक संघर्ष की कहानी है। श्यामा एवं कुमार दोनों पात्रों के चरित्र में अवचेतन के द्वन्द्व के कारण चेतन स्तर पर अनिश्चय एवं कुंठा की सृष्टि राकेश ने अप्रत्यक्ष चरित्रांकन-पद्धति द्वारा की है।

परिवेश के बदलते से लगते लेकिन पारम्परिक ढंग से जकड़े बोध में श्यामा अपने-आप को पकड़ कर रखना चाहती है। वो बदलना भी चाहती है किन्तु निजता के समर्पण के बिना।

यह स्त्री पात्र निरन्तर, निर्ममतापूर्वक खुद का एवं अन्य लोगों का पोस्टमार्टम अस्तित्ववादी चिन्तन की रोशनी में करता चलता है। वस्तुत: राकेश की यह स्त्री जटिलतर चरित्रवाली नारी है जिसकी सृष्टि राकेश ने नाटकीयता के साथ की है। भारतीय परिवेश में अपनी लड़ाई लड़ रही यह स्त्री न केवल उलझी है बल्कि उलझा भी देती है। कुमार का बौद्धिक प्रभामंडल राकेश ने श्यामा की अपेक्षा मद्धम रखा है वह भी इसी कारण है।

उपन्यास के पात्र महानगरीय उदासी में यंत्रचालित से घूम रहे अस्थिर मानव हैं। नर एवं मादा का शाश्वत द्वन्द्व यहाँ भी राकेश की विशेष शैली में विद्यमान है। वहीं सीमा नगरीय बोध में खुद को पूरी तरह सौंप चुकी कुंठा-रहित नारी है, वह दो में नहीं एक में जीती है। अतीतजीवी द्वन्द्व से परे यह नारी राकेश के प्रत्येक उपन्यास में विद्यमान है। कुमार के दाम्पत्य का संक्षिप्त वर्णन राकेश के सभी पात्रों के मन में बसे विवाह-संस्था में अविश्वास को दर्शाता है।

स्पष्ट है कि राकेश के तीनों उपन्यासों की पात्र-योजना में राकेश ने फ्रायड के मनोविज्ञान, विशेषकर अवचेतन के अनुभवों का चेतन मन पर परोक्ष प्रभाव एवं बदलती परिस्थितियों में स्वयं की तलाश में भटके मानव का आरोपण कर चरित्र-सृष्टि की है।

अर्थ, काम एवं तद्जन्य कुंठा भी इन उपन्यासों की चरित्र-संरचना का महत्त्वपूर्ण कारक है। क्रमश: 'अंधेरे बन्द कमरे' के दम्पत्ति जहाँ गृहस्थी को बनाए रखने के लिए थोड़ा सा प्रयत्न करते हैं, 'न आने वाला कल' में अपने बोध के चलते यह उपेक्षा-भाव में बदल गया

है और 'अंतराल' के मुख्य पात्र अपने-अपने द्वन्द्वों में फँसे इसे स्पष्ट नकारते चलते हैं। यहाँ तक आते-आते राकेश के पात्र सिर्फ अपनी उलझनों में उलझ कर सब से कट जाते हैं, वह सोचते हैं सिर्फ अपने लिए, भीड़ में गुम हो रहे अपने अस्तित्व के लिए और परिवेश में घट रहे उस सब के लिए जो उनके अनुसार नहीं घटना चाहिए। यह अस्मि-पीड़ा की उस विवश अनुभूति को दर्शाता है जिसे हीडेगर ने 'बीईंग एण्ड टाइम' में स्वातंत्र्य की अनुभूति से उपजी निर्णय-बोध की मिथ्या कल्पना एवं तद्जन्य पीड़ा की सृष्टि कहा है।

3. एकांकी में पात्र-सृष्टि का स्वरूप- राकेश के एकांकी संकलन 'अंडे के छिलके' में जीवन के विविध पक्षों से जुड़े सात एकांकी हैं। प्रस्तुत संकलन की समग्र पात्र सृष्टि पर विहंगम दृष्टिपात करने पर पाते हैं कि पारम्परिक कलेवर में लिखी 'अंडे के छिलके' से लेकर अत्याधुनिक प्रायोगिक सन्दर्भों में लिखी 'छतरियाँ' तक की यात्रा में लेखक ने जीवन के सभी पक्षों एवं स्थितियों से पात्र उठाकर चरित्र-सृष्टि की है।

'अंडे के छिलके' एकांकी में राकेश ने बदलते सामाजिक परिवेश में करवट बदल रहे परिवार एवं स्त्रियों के परिवर्तन को दर्शाया है वहीं अपने आप को उनमें संयोजित करते बुजुर्ग भी इस एकांकी में दिखाई पड़ते हैं।

'सिपाही की माँ' एकांकी में राकेश ने अपनी परिचित शैली से थोड़ा हटकर विराट समष्टिगत सन्दर्भों में पात्र-सृष्टि की है। महासमर के भयावह दुखों को झेलते सैनिक की माँ अपने पुत्र के वियोग से जन्मी करूणा को इतना उदात्त कर लेती है कि उसे सभी अपने से लगने लगते हैं। एकांकी के अन्य पात्र भी इसी थोपी हुई दुश्मनी के बवंडर में तिनके से उड़ रहे पात्र हैं जो वैश्विक मानव की त्रासदी के संवाहक हैं। अपनी अर्थवत्ता में सिपाही की माँ का चरित्र सार्वकालिक है जो राकेश की सामाजिक चिन्तना को दर्शाता है।

'प्यालियाँ टूटती हैं' तथा 'बहुत बड़ा सवाल' एकांकियों में राकेश ने समाज एवं व्यवस्था के क्षुद्र होते जा रहे मुखौटे को उघाड़ने के लिए पात्र-सृष्टि की है। परिवेश में बढ़ रहे स्वार्थ व अकर्मण्यता मनुष्य के कार्य व्यवहार पर हावी होते जा रहे हैं, उसके संकट-बोध ने उसे आत्मकेन्द्रित बना दिया है, यह इन दोनों एकांकियों की पात्र-सृष्टि के द्वारा समझा जा सकता है।

'प्यालियाँ टूटती हैं' के दोनों पुरूष पात्रों का अन्तर हमें मानव-मन के परिवर्तित होते मूल्यों का बोध कराता है तो 'बहुत बड़ा सवाल' के सभी पात्रों द्वारा सरकारी कार्यशैली और उनकी पहचान बनती जा रही अकर्मण्य सामाजिकता को दर्शाता है।

'शायद' तथा 'हः' एकांकी राकेश के उक्त एकांकियों से पूरी तरह अलग भाव-बोध एवं पात्र-योजना के साथ रचित है।

समकालीन समाज में दाम्पत्य-सम्बन्धों की गतिहीनता को दर्शाने हेतु 'शायद' में सिर्फ दो ही पात्र एवं उनके बीच पसरी उबासी भरी, ओर-छोर विहीन बातें एक आधुनिक प्रयोग है। महानगरीय परिवेश के ठंडे गृहस्थ जीवन को ढोते दोनों पात्र अपने अर्थों में सामयिक जीवन के भीतरी चेहरे हैं। 'हः' एकांकी हमारे नगरीय समाज में आधुनिकता के नाम पर निराश्रित छोड़ दिए गए बुजूर्गों की दारुण गाथा है। 'ममा' तथा 'पापा' के चरित्र इसी महानगरीय यथार्थ में अकेले बुढ़ापे के बोध के सूने सन्दर्भों को करुण ढंग से कहते पात्र हैं।

'छतरियाँ' एकांकी में एक ही पात्र है और उसके साथ बहुत सी छायाएँ और आवाजें हैं। वस्तुतः ये एकांकी एवं उसकी पात्र सृष्टि अधुनातन प्रायोगिक भूमि पर सृजित है। महासमरोत्तर त्रासदियों से किंकर्तव्यविमूढ़, निविड़ अन्धकार में अपना मार्ग तलाशने निकल पड़े, विज्ञान की विभीषिका से डरे, भय एवं मृत्यु- बोध में दबे मानव को अपने आसपास की प्रत्येक वस्तु डसती लगती है, वह आसपास की प्रत्येक वस्तु के प्रति शंकास्पद हो उठा है, इसका प्रभावी चित्रण इस एकांकी के एक मात्र पात्र के माध्यम से राकेश ने किया है।

आधुनिक 'एब्सर्ड' नाटक का प्रभाव इस नाटक पर ('शायद' और 'हः' पर भी) स्पष्ट देखा जा सकता है। यह अलग बात है कि मोहन राकेश ने यह स्पष्ट महसूस कर लिया था कि 'एब्सर्ड' नाटक भारत के अनुकूल नहीं है, इसीलिए वे विसंगत-नाटक की ओर उन्मुख नहीं हुए।

स्पष्ट है कि राकेश ने अपने एकांकियों की पात्र-सृष्टि समाज के सर्वांगीण सरोकारों के साथ की है। पारम्परिक भारतीय समाज का करवटें बदलता सुखद स्वरूप और तथाकथित आधुनिक समाज में अकेले बुढ़ापा भुगत रहा त्रासद स्वरूप, युद्ध की समस्या में दुखी होकर समष्टि की विराटता में जुड़ते लोग, तो अपने स्वार्थ में अंधे होकर उपकार को भुलाते लोग, सभी चरित्र इस एकांकी-संकलन में हैं। व्यक्ति की विसंगतियों को राकेश ने अपनी नव्यप्रयोगधर्मिता द्वारा बीज एकांकी तथा पार्श्व एकांकियों के पात्र-संयोजन में प्रस्तुत किया है।

4. कहानियों में पात्र सृष्टि का स्वरूप- राकेश ने बड़ी संख्या में कहानियाँ लिखी हैं, वस्तुतः राकेश ने अपने लेखन का आरम्भ कहानी रचना से ही किया है। राकेश की कहानियाँ पाँच संकलनों में प्रकाशित हैं और उनकी मृत्यु के पश्चात उनकी समस्त कहानियों का एक संकलन 'मोहन राकेश की सम्पूर्ण कहानियाँ शीर्षक से प्रकाशित हुआ जिसमें राकेश की अप्रकाशित दुर्लभ बारह कहानियाँ भी संकलित हैं। इस प्रकार कुल छियासठ कहानियाँ इस संकलन में हैं।

पात्र-सृष्टि के स्वरूप की दृष्टि से इन कहानियों की पात्र-योजना आधुनिकता एवं पारम्परिकता का मिला जुला रूप है।

जीवन के सभी पक्षों की तरह अच्छाइयों-बुराइयों, द्वन्द्वों और अन्तर्विरोधों के साथ, परिस्थितियों के साथ बनते-बिगड़ते अधिकांश पात्र अपने परिवेश के विसंगति-बोध के कारण असहमति एवं अजनबी-भाव से रचित हैं, वहीं कुछ पात्र शाश्वत संघर्षजीवी एवं प्रगतिशील स्वभाव वाले स्वस्थ एवं समर्पित चरित्र भी हैं। अकेला अनुभव करते हुए भी ये पात्र जीवन के साथ हैं और अपनी यथास्थिति के बोध में कहीं-कहीं व्यंग्यात्मक भी हो गए हैं।

'नन्हीं' एवं 'भिक्षु' कहानियों का आरम्भ छायावादी महादेवी-प्रसाद शैली में होता है किन्तु अपने चरम पर पहुँच कर पात्रों का स्वरूप बोध में आधुनिक हो उठता है। यद्यपि आरम्भ की कहानियों में यह स्वरूप अधिक परम्परागत एवं अपने पूर्ववर्ती युग का प्रभाव लिए नज़र आता है पर समय के साथ इसमें आधुनिक भाव-बोध एवं राकेश की निजी वैचारिक प्रवाहमानता के कारण यह अन्तर स्पष्ट होता जाता है।

कहानियों के अधिकांश पात्र मध्यम वर्गीय नगरीय परिस्थिति में ज़िन्दगी की मार से टूटे, अस्तित्ववादी शंका से घिरे लोग हैं जो सम्बन्धों के निर्मम आलोचक एवं दाम्पत्य के प्रति उदासीन हैं। इनके प्रयत्न फीके पड़ गए हैं और इनकी जिजीविषा तीव्र धधकती स्थिति में रह कर भी भ्रमित हो गई है।

'मिस पाल' जैसे 'आउटसाइडर' की कुंठा से अपस्थापित होते पात्रों को राकेश ने अपनी कहानी में स्थान दिया है तो 'ग्लासटैंक' की ममा जैसे रोमानी पात्र भी गढ़े हैं जो सिद्ध करते हैं कि किसी की विवाहिता हो जाने से मन की कोमल भावनाओं का कुआँरापन ख़त्म नहीं हो जाता और वह कहीं भी जुड़ सकता है। 'जख्म' का नायक अपने बोध के कारण अड़ियल है तो 'हवामुर्ग' का बहती धारा के अनुसार रंग बदलने वाला कायर व्यक्ति का पात्र संतराम भी राकेश की कहानी में है।

बदलते परिप्रेक्ष्य और नवविकसित जीवन-मूल्यों के परिणाम-स्वरूप यथार्थ जीवन के भोगे हुए अनुभवों के दस्तावेज राकेश के कहानी पात्र हैं जिसे उन्होंने कहीं सपाट बयानी से रचा है (वासना की छाया में), कहीं मनोविश्लेषणात्मकता के साथ (पहचान), कही ह्यूमरस अंदाज में (गुनाह बेलज़्ज़त), कही ये पात्र आस्था की भूमि पर दृढ़ खड़े हैं (उसकी रोटी), तो कहीं अविश्वास से गुजरते हैं (दोराहा, धुंधला द्वीप, लक्ष्यहीन।)

'एक और ज़िन्दगी' तथा 'जानवर और जानवर' कहानी राकेश के निजी अनुभवों की कथा है, जिसके पात्र बहुत कुछ उनके अपने निजी जीवन से उठाए गए हैं।

'उसकी रोटी', 'वारिस', 'एक घटना', 'चाँदनी और स्याह दाग' जैसी कुछ कहानियों के चरित्र आदर्श मूल्यों के समर्थक, जीवन के सार्थक सरोकारों से भरे पात्र हैं वही अधिकांश कहानियों के पात्र अकेलेपन और आत्मनिर्वासन की त्रासद स्थिति भरे नैराश्य को जीते हैं।

राकेश के कहानी-चरित्र समष्टि के नुमाइंदे हैं जिन्हें राकेश ने निस्संग भाव से प्रस्तुत किया है। मोहन राकेश ने कहानी-चरित्रों के बारे में स्वयं कहा है "कहानी की सफलता बहुत कुछ इस बात पर निर्भर करती हैं कि कहानीकार चरित्रों और उनकी परिस्थिति के विधान में कहाँ तक नि:संग, तटस्थ और अयुक्त रह पाता है।"

परिवेश के सरोकारों और बोध से भरे इन कहानी पात्रों को छोटे दायरे में नहीं बाँधा जा सकता, राकेश की दृष्टि की तरह ही ये भी विस्तृत सन्दर्भो में हैं। इन पात्रों के चरित्र-विश्लेषण में कहीं अभिधा से, कहीं इतिवृत से, कहीं सांकेतिकता से और कहीं स्थितियों के सन्दर्भ से काम लिया गया है।

स्पष्ट है कि राकेश ने अपनी पात्र-सृष्टि का मूल आधार आधुनिक भाव-बोध ही रखा है। नाटक एवं एकांकी-विधा में उन्होंने पात्र-संयोजना प्रयोगधर्मिता के साथ की है तथा रंगमंचीय अवधारणा में प्रतीकात्मकता के साथ की है। पात्रों को मिथकीय सन्दर्भो में गहन आधुनिक अर्थवत्ता के साथ, आस्तित्विक अर्थो के साथ प्रस्तुत किया है।

राकेश के उपन्यास के पात्र पूर्णत: आधुनिक स्वरूप में अस्तित्व-बोध से जुड़े और परिवेश-बोध में सबसे कटे पात्र हैं। सपाटबयानी से रचित इन पात्रों का बोध इन्हें महत्त्वपूर्ण बनाता है।

राकेश की कहानियों के पात्र सर्वाधिक सामाजिक विडम्बनाओं की सर्वमुखी त्रासदी को प्रस्तुत करते हैं। महानगरीय बोध, सम्बन्धों की लड़ाईयाँ, टूटती आस्था, अर्थ, यौन, अहं जन्य कुंठाओं, बालमनोविज्ञान, अस्मिता की लड़ाई जैसे सभी मुद्दों को लेकर सपाटबयानी एवं आत्मव्यंग्य करते हुये ये पात्र परिवेश से कट कर भी समाज में खुद की भूमि को ढूंढते पात्र हैं। राकेश ने अपनी लेखन-यात्रा कहानी से ही शुरू की थी, शायद यही कारण है कि ये पात्र सामाजिकता के प्रति कुछ आशान्वित दिखाई पड़ते हैं, उनमें मोहभंग का स्वर इतना अधिक नज़र नहीं आता जितना 'अन्तराल' और 'आधे अधूरे' के पात्रों का हो उठा है।

ख. मोहन राकेश का रचना-वैभिन्य एवं पात्र-संरचना वैशिष्ट्य:

राकेश के पात्रों में हमें आधुनिक एवं पारम्परिक दोनों प्रकार के स्वरूप में पात्र-योजना दिखाई पड़ती है। लेकिन विधागत वैशिष्ट्य के कारण उनकी पात्र-संरचना में एक विशेष अन्तर नज़र आता है जो किसी भी विधा की विशेषता होता है। समय एवं वैचारिक

विकास के साथ आया लेखकीय परिवर्तन भी राकेश की पात्र-संरचना में दिखाई पड़ता है।

कहानी- राकेश ने अपने लेखन का आरम्भ कहानियों से किया और यह वह समय था जब एक लेखक के रूप में राकेश कटु अनुभव, त्रासद-यथार्थ और परिवेश की बेचैनियों को भोगते हुए भी सामाजिक आस्था और आशाओं में लिखते थे। और यही कारण है कि उनकी पात्र-योजना भी भिक्षु जैसे कहानी-पात्रों से आरम्भ हुई जिसमें पारम्परिक आदर्शवादी पात्र हैं।

यद्यपि 'नन्हीं', 'मन्दिर-मन्दिर की देवी' और 'सतयुग के लोग' जैसी कहानियों से ही राकेश की पात्र-संरचना सामाजिक वंचनाओं की त्रासदी को तीखे ढंग से प्रस्तुत करने लगी थी।

'नए बादल' संकलन की 'नए बादल', 'उसकी रोटी', 'मलबे का मालिक' और 'छोटी सी चीज़' कहानियाँ भी यथार्थवादी स्वर की होते हुए भी समष्टि-अन्विति की कहानियाँ है, और पात्र भी मानव के शाश्वत मोह को जगाते हैं; किन्तु समय के साथ ये पात्र कटु यथार्थ के वाहक, एकाकी, अन्तर्मुख, उदास एवं वीतरागी से होते गए।

राकेश के कहानी-पात्र विधा की दृष्टि से समाज एवं तदयुगीन सच के वाहक वे लोग हैं जो कहानी के छोटे कलेवर में ही अपनी बड़ा सच व्यापक ढंग से कह देते हैं।

लम्बी, मनोविश्लेषण भरी चीरफाड़ से गुजरते, दर्शन भरे सम्वाद बोलते या आत्मविस्मृति में भूले पात्र राकेश के साहित्य में नही हैं। कहानी-पात्रों में संरचना की दृष्टि से अत्यधिक प्रयोगात्मकता का सहारा भी राकेश ने नहीं लिया क्योंकि कहानी में उपन्यास की तरह लेखक को पात्र के लिए अवकाश व स्थान नहीं मिलता। जितना वस्तुगत अभीष्ट है उसी कथ्य में विश्वसनीयता एवं सम्प्रेषणीयता दोनों बरकरार रखते हुए पात्र-संरचना राकेश के पात्रों की विशेषता है। इनमें परिवेश भी है (मलबे का मालिक), नगरबोध भी है (पाँचवें माले का फ़्लैट), आस्तित्विक संघर्ष भी है (पहचान), प्रतिक्रियावादी दृष्टि भी है (जख्म), सम्बन्धहीनता भी है (खाली) और आदर्श भी है (उसकी रोटी, चाँदनी और स्याह दाग.) लेखक के निजी जीवन की त्रासद झाँकियाँ (एक और ज़िन्दगी, उलझते धागे, जानवर और जानवर) तथा भारतीय समाज का दोगला चेहरा (आदमी और दीवार) भी यहाँ है, और प्रत्येक कहानी के पात्र अपने प्रारब्ध में सहज हैं। पात्र-योजना कहीं भी अतिबौद्धिक, आरोपित और प्रयोग के लिए लिखी कृत्रिम योजना नहीं लगती।

राकेश की कहानी के पात्रों के लिए कह सकते हैं- सभी अपनी लड़ाई खुद लड़ रहे हैं किन्तु वैयक्तिक विशेषताओं के होते हुए भी वे समष्टिगत आधारों की उपेक्षा नहीं करते।

राकेश द्वारा चरित्रों को परिस्थितियों के अधिक गहरे परिपार्श्व में चित्रित किया गया है। यहीं लेखक का व्यष्टि और समष्टि-बोध प्रकट होता है। अधिकांश कहानियों के पात्र किसी न किसी तनाव की स्थिति से गुज़रते हैं। कारण भले ही व्यक्तिगत हो या सामाजिक, वे आर्थिक व नैतिक संकटों से गुज़रते हुए मानवीय संकट की अनुगूँज पैदा करते हैं।

उपन्यास- राकेश के उपन्यासों की पात्र-संरचना के लिए भी यही कह सकते हैं। आपके उपन्यासों की पात्र-योजना में सर्वाधिक महत्त्वपूर्ण तथ्य यह है कि वे पात्र और स्थितियों को एक ब्यौरे के रूप में प्रस्तुत न करके उन्हें एक कलात्मक उलझन देते हैं। उनकी औपन्यासिक पात्र-योजना ऐसे आधुनिक पात्रों को लेकर चलती है जो अपने परिवेश एवं समाज की विसंगतियों के भोक्ता एवं प्रस्तोता स्वयं ही हैं, और स्वयं ही कथा सुनाते हैं।

'अंधेरे बन्द क़मरे' में नियामक कथा का वाहक है, लेकिन वस्तु-योजना का एक अंश भी। 'न आने वाला कल' का मनोज ही मैं बनकर कथा का नरेशन करता है। इसी उपन्यास में शोभा नामक पात्र की संरचना इस दृष्टि में नवीन है कि उपन्यास में कहीं नहीं होकर भी वह उपन्यास में है। यही बात 'अन्तराल' उपन्यास में देव पर भी लागू होती है, वह सम्पूर्ण उपन्यास में एक शेष स्मृति है लेकिन मुख्य पात्र श्यामा के उद्वेग एवं द्वन्द्व का प्रत्यक्ष कारण है।

तीनों उपन्यासों के पात्र अपने समय-बोध से दंशित वे पात्र हैं जो हम में से कोई भी हो सकता है। पात्रों का न होकर भी होना उनकी पात्र-योजना का वह नवीन आयाम है जो परोक्ष पात्र की उपस्थिति को सम्प्रेषणीय बनाता है।

उपन्यासों के अन्य गौण पात्र जैसे शुक्ला, सुषमा श्रीवास्तव, सीमा, सुरजीत, ठकुराईन, बॉनी हाल, ज़ेन आदि पात्रों की रचना उपन्यास में पात्र एवं घटनाक्रम के विकास के साथ ही समाज में विद्यमान दृष्टिगत वैविध्य, दृष्टिगत मतभेद तथा परिवेशगत असमंजन को दर्शाने हेतु हुई है।

समसामयिक कुटिल परिवेश, जो राकेश के आसपास भी पंजे पसारे था का बोध, उसमें अस्तित्व-संकट से गुज़रते मानव की व्यथा एवं राकेश के निजी अनुभव, सभी इन उपन्यासों की अन्तर्संरचना के मुख्य कारक हैं।

'अंधेरे बन्द कमरे' की सुषमा श्रीवास्तव का 'न आने वाला कल' में बॉनी हाल बन कर 'अन्तराल' में सीमा का रूप ले लेना भारतीय समाज में बदलती स्त्री-अस्मिता एवं ढीली पड़ती नैतिकता पर राकेश की दृष्टि को दर्शाता है। लेखक द्वारा पात्रों को उनके परिवेश

सहित चित्रित करने की बजाय उन्हें सीधे ज़िन्दगी की धारा में लाकर खड़ा करने से पात्र और परिवेश स्वत: ही प्रामाणिकता पा जाते हैं।

पात्रों की संरचना में मनोविश्लेषणात्मकता का प्रयोग उन्हें अधिक मार्मिक एवं आधुनिक यथार्थ-बोध प्रदान करता है। हरबन्स के लम्बे-लम्बे पत्र, श्यामा का आत्मप्रलाप, मनोज की अनमनी मानसिकता में सफाई करने वाली के साथ शारीरिक सम्बन्ध बनाने को प्रस्तुत हो जाना, नीलिमा का ऊबानू के साथ होटल में रहने का प्रसंग, कुमार का बार-बार उत्तेजित हो उठना जैसे प्रसंगों के द्वारा लेखक ने पात्र की मानसिक अवचेतन अवस्था का उनके कार्य-कलापों पर पड़ता प्रभाव चित्रित किया है।

राकेश की औपन्यासिक पात्र-संरचना में अकुलाहट है तो आस्था भी, यथार्थवादी कटुता है तो स्वप्नजीवी भावुक रोमान भी। जिसके लिए स्वयं राकेश ने कहा है- "यथार्थ का चित्रण करने वाला लेखक जब उचित संगति में चरित्र की कल्पना या भावुकता का चित्रण करता है तो वह यथार्थ का ही चित्रण है। यथार्थवादी रचना का क्षेत्र मनुष्य का अन्तर्मन और उसकी अन्तर्वृतियाँ भी हैं, जहाँ तक अनुकूल संगति में चित्रण किया जा सकता है।"

राकेश की औपन्यासिक पात्र-संरचना युगानुकूल आधुनिक स्वरूप एवं भावबोध को ले कर की गई शैली में है जिसके पात्र अपनी अन्तर्संरचना में विशेष हैं।

नाटक- राकेश के नाटकों एवं एकांकियों के पात्र सर्वाधिक प्रभावशाली हैं। अन्य विधाओं में राकेश के पात्र अपनी सम्पूर्ण प्रामाणिकता एवं संप्रेषणीयता के बावजूद उनके नाटकीय पात्रों की तरह अप्रतिम रूप से अविस्मरणीय नहीं बन पाए हैं। इसका एक कारण उनका वैचारिक विकास भी मान सकते हैं जो कहानी से नाटक तक आते-आते 'समष्टि से व्यष्टि' एवं 'परम्परा से प्रयोग' की दिशा में विकसित हुआ है।

'आषाढ़ का एक दिन' तथा 'लहरों के राजहंस' में राकेश के पात्र आधुनिकता तथा परम्परा के बीच द्वन्द्वग्रस्त जीवन में पिसते पात्र हैं। उन्हें आधुनिकता से उपजी अपनी लालसाओं के साथ मुक्तिबोध भी सताता है। उनकी छटपटाहट अपने परिवेश की बद्धता को लेकर है। वे समझते हैं अपने आग्रहों की कमजोरी एवं स्पृहाओं की सीमाओं को, जानते हैं अपने परिवेश की विडम्बनाओं को। उनका अपना बद्ध संस्कार भी उन्हें बाधित करता है अपने हिसाब से जीने और विद्रोही कदम उठाने में। यही कारण है कि वे त्रिशंकु की तरह असमंजस के अधर में लटके रह जाते हैं, भटक जाते हैं अपने मार्ग से, च्युत हो जाते हैं अपने लक्ष्य से।

कालिदास अपने वातावरण से भागना चाहता है पर भाग नहीं पाता, क्योंकि अपने संस्कारों की आस्था से मुक्त नहीं हो पाता। लेकिन वापिस लौट कर भी वह भाग जाता है क्योंकि मल्लिका की साम्प्रत अस्मिता की असलियत भी उसके संस्कारी मन को सहन नहीं हो पाती। यहाँ इस पात्र का आस्तित्विक संघर्ष व्यक्तिगत स्तर पर अहं से संचालित होता है, उसके मन की रूढ़ स्थिति उसे दोनों तरफ से खदेड़ देती है।

कालिदास की विडम्बना को प्रभावी बनाने के लिए विलोम के रूप में राकेश ने शुद्ध दुनियावी पात्र रचा है जो अधिक संयोजित है क्योंकि वह अपने द्वन्द्वों को खा गया है और सामयिक सन्दर्भों में विश्वसनीय मानव है। अपने द्वन्द्वों को पीकर जो, जैसी भी स्थिति में मिले उसे बेशर्म समझोते के साथ स्वीकारता, अपने प्राप्य के लिए किसी से भी छीन लेता यह मनुष्य इस नाटक का वह पात्र है जो राकेश की समाज पर गहरी दृष्टि से उत्पन्न हुआ है।

वहीं मल्लिका आस्था है और रंगिणी-संगिणी, अनुस्वार-अनुनासिक हास्यास्पद व्यवस्था की झलकियाँ, जो अनिवार्य रूप से परिवेश में त्रासद तथ्य बन कर खड़े हैं।

'आषाढ़ का दिन' तक एक क्षीण आशा सा रोमानी-बोध और सम्बन्धों के प्रति लड़खड़ाती आस्था लेखक के मन में रही जो 'लहरों के राजहंस' में वह अधिक संशयात्मकता के साथ उभरती है। 'लहरों के राजहंस' की पात्र-संरचना गूढार्थ में पौराणिक कलेवर में आधुनिक चरित्र-बोध की योजना है। कालिदास की गरीबी से परे, भरे पेट के नन्द की अपार्थिव आकांक्षाओं और भौतिक स्पृहाओं को लेकर द्वंदात्मक हुए इस नाटक में मल्लिका ने सुन्दरी का रूप ले लिया है जो जानती है कि इस सम्बन्ध में समर्पण को कमजोरी समझा जाता है और जरा सी ढील देने पर पुरूष गया तो फिर लौट कर नहीं आएगा। पूरी अधिकार-भावना से पति से लड़ती यह स्त्री वो गृहस्थिन है जो अपने अधिकारों के लिए कहीं समझौता नहीं करना चाहती, किसी भी कीमत पर बाँटना नहीं चाहती, चाहे पति को कुछ भी महसूस हो।

नन्द एवं सुन्दरी के बीच चल रहे अनकहे क्लेश को बताने के लिए श्यामांग है। यह प्रतीक पात्र आधुनिक पुरूष का अन्तर्मन है जो दीन-दुनिया दोनों अधिकार में रखना चाहता है और इस लड़ाई में टूटता है। अपनी अस्मि-पीड़ा में सबको छोड़कर खुद को पाने की इच्छा में टूटता नन्द और सब कुछ पा लेने की कोशिश में एकाकी हो गई सुन्दरी, दोनों का मुख्य मुद्दा आधुनिक अस्मि-बोध है जिसे बचाए रखने की लालसा में असामान्य प्रयत्न करते ये पात्र नाटक की पात्र-संरचना को आधुनिक प्रतीकात्मकता प्रदान करते हैं। पति-पत्नी के आधुनिक स्वरूप की वक्रताएँ चरित्र-संरचना में मुख्य तंतु हैं जिसके साथ अहं एवं बोध भी संगुम्फित हैं।

सुन्दरी के हाथ में नन्द तो मात्र मोहरा है, यह अभिमानिनी स्त्री टूटकर भी विकल्प-बिन्दु नहीं खोजती बल्कि अपनी खंडित अस्मिता में धधक कर नन्द को विकल्प-बिन्दु खोजने भेज देती है तो अचानक सामयिक हो उठती है। मल्लिका का आध्यात्म को छूता समर्पण उसके लिए आउटडेटेड वस्तु है जिसे वह ड्राईंगरूम तक में नहीं रखना चाहती, न वह नीलिमा (अंधेरे बन्द कमरे) और शोभा (न आने वाला कल) की तरह घर छोड़ कर जाना चाहती है।

राकेश के वैचारिक विकास एवं आस्तित्विक सन्दर्भों के दृष्टि-बोध का नवीन रूप 'आधे अधूरे' तक आते-आते पात्र की चरित्र-संरचना में स्पष्ट नज़र आता है। यहाँ पात्र-योजना पूर्णतः नव्य प्रतीकों में है। समय के साथ ही एक ही मानव में इच्छा, बोध एवं प्रयत्न अपना रूप बदल लेते हैं और तब मानव भी अपने मुखौटे बदल लेता है कि समाज की दौड़ में जहाँ वह खड़ा है, वहाँ बने रहने के लिए भी उसे दौड़ना पड़ता है।

कालिदास की नन्द से होते हुए महेन्द्रनाथ तक आते-आते स्थिति इतनी बिगड़ चुकी है, परिवेश इतना जटिल हो चुका है और बोध इतना संकुल हो चुका है कि उसे जीवन के प्रति कोई मुग़ालता बाकी नही रह गया है। न अपार्थिवता के प्रति न संवेदना के प्रति, न सम्बन्धों के प्रति और न स्वयं के प्रति। इस खंडित अस्मिता के बोध में उसके विकल्प-बिन्दु भी आधे अधूरे और त्रासद हो गए हैं, और स्वाभाविक है प्रयत्न की परिणति भी अस्पष्ट व त्रासद हो उठी है। इस सामयिक मानव का खंडित अस्तित्व क्रूर परपीड़ा से होता हुआ आत्म स्थगन पर आकर ठहर जाता है। जिस जगह साँस तक लेने को मन नहीं करता, वहाँ रहना उसकी ही नहीं, स्त्री, लड़के, व लड़की सभी की अनिवार्य त्रासदी है क्योंकि विकल्प-बिन्दु कोई है ही नहीं।

स्त्री के रूप में यह आधुनिक सुन्दरी एक नहीं, कई नन्दों को आजमा कर देख चुकी है और समझ गई है कि उसकी मान्यतानुसार समग्र उसे कहीं नहीं मिलेगा, इसीलिए वह भी अपनी चंचल चेतना को घोट कर वहीं रहने को बाध्य है। पर उसके मन में न तो मल्लिका वाली आस्था है, न सुन्दरी वाला मुगालता। परिवेश की दोहरी मार सहती यह स्त्री लौट कर भी मन से नहीं लौटती। सावित्री की संरचना का यह परिवर्तन समय का परिवर्तन है। उसकी टूटन उसकी अस्मि-चेतना को जिद में जड़ता की सीमा तक ले आई है। अपनी व्यक्तिवादी दृष्टि में हठधर्मी इस स्त्री की चरित्र-संयोजना में राकेश ने सामयिक अल्ट्रामॉड स्त्री को गढ़ा है जो स्व-बोध में नैतिकताओं को अस्वीकार करती है।

प्रस्तुत नाटक में राकेश ने किशोर पात्रों की योजना भी की है जो इस बात के सूचक हैं कि दाम्पत्य की टूटन का प्रभाव केवल पति-पत्नी ही नहीं अपितु सारे परिवार पर पड़ता

है। घर के बालक आर्थिक तंगी से, पारिवारिक सौहार्द की कमी से और नैतिक मूल्यों की अवमानना से विभ्रम के शिकार होकर एक संशयग्रस्त और अपस्थापित होती नई पीढ़ी के वाहक बन रहे हैं।

नाटक की पात्र-संरचना में राकेश ने ध्वनि एवं प्रकाश के सहारे अत्यन्त मार्मिक प्रभाव उत्पन्न किए हैं। स्त्री की अनर्गल-असम्बद्ध बड़बड़ाहट एवं क्रियाकलाप, कैंची की कचकच, प्रकाश का गहराते जाना आदि पात्रों की मन:स्थिति एवं नाटकीय द्वन्द्व की अभिव्यंजना में प्रभावशाली बन पड़े हैं।

एकांकी- राकेश के कुछ एकांकियों की पात्र-संरचना में भी यह आधुनिक बोध देखने को मिलता है। अंडे के छिलके, सिपाही की माँ तथा बहुत बड़ा सवाल की पात्र-योजना जहाँ अपने आधुनिक भाव-बोध के बीच भी पारम्परिक कलेवर में है वहीं 'शायद' 'ह:' तथा 'छतरियाँ' एकांकी अपने मर्यादित रूपबन्ध के बीच भी नवीन पात्र-अवधारणा के साथ संरचित हैं। 'शायद' एकांकी में मात्र दो पात्र हैं जो इतने बड़े दाम्पत्य-संसार में दो लोगों के बीच पसरे एकांत को दर्शाने में सशक्त रूप में समर्थ रहे हैं। तीसरे पात्र के आते ही युद्ध-विराम में जारी उस जंग में व्याघात उत्पन्न हो जाता और एकांकी के मूल स्वर में अवरोध आ जाता। अपने परिवेश-बोध एवं ऊब को इस एकांकी में इन पात्रों की बुदबदाहटों ने पूरी आवाज के साथ प्रकट किया है।

'छतरियाँ' एकांकी पूरी तरह एब्सर्ड-बोध की अवधारणा से रचित एकांकी है जहाँ मनुष्य की निजता को लीलने को आतुर परिवेश में अकेली खड़ी उसकी अस्मिता का संघर्ष उन्होंने एक पात्र के द्वारा दर्शाया है। एक आदमी और व्यवस्था के कुकुरमुत्ते, विसंगतियों का शोर और.... बस।

न यहाँ विलोम है न भिक्षु आनन्द, न श्यामांग, न मुखौटे बदलता मानव, क्योंकि एकांकी के सीमित दायरे में अपनी लघु अस्ति की बड़ी पीड़ा को दर्शाने के लिए इतना ही स्थान था। नाटक के पात्रों के स्थान पर एकांकी में एकाध पात्र के द्वारा अपने बोध की त्रासदी को दर्शाती पात्र-संरचना लेखक के भाव, शिल्प एवं रंग-कौशल को दर्शाती है।

विधा-वैशिष्ट्य के साथ ही राकेश के पात्रों की संरचना में भी परिवर्तन आया है। इस परिवर्तन में समय के साथ विकसित हुआ लेखकीय दृष्टि-बोध भी महत्त्वपूर्ण कारक है। 'भिक्षु' और 'नन्हीं' कहानी के पात्रों का हल्का सा आधुनिक-बोध पाँचवें माले के फ़्लैट तक आते-आते पूर्ण यथार्थवादी हो गया है।

'अंधेरे बन्द कमरे' का वैमनस्य 'आधे अधूरे' की यात्रा पूरा करते-करते सारे प्रयत्न व मुगालते छोड़कर गृह-पलायन से भी आगे आत्म-पलायन में बदल गया है। 'छतरियाँ' तक आते-आते वह सारे सम्बन्धों से अलग सिर्फ खुद को सीने से लगाए अकेला खड़ा है। उसके अस्तित्व के साथ न ख़ुदा बचा है न विसाले सनम। बस व्यवस्था के कुकरमुत्ते उसके गले पड़े हैं जो न उससे उठाए जा रहे हैं, न छोड़े जा रहे हैं।

इस परिवर्तन में राकेश की निजी ज़िन्दगी एवं उसके प्रभावों का भी महत्त्वपूर्ण योगदान है। अपने जीवन की वैवाहिक त्रासदियों का वर्णन उन्होंने अपने उपन्यास की नारियों द्वारा किया है और परिवेश से खुद के अस्तित्व-संघर्ष की लड़ाई का मनोज श्रीवास्तव के द्वारा। किन्तु 'छतरियाँ' का अकेला आदमी वह बौद्धिक राकेश है जो सारे मुगालते त्याग कर स्वयं को समष्टि-संकट से जोड़कर देखता मानव है।

राकेश के चरित्रों में विधागत वैभिन्न्य के साथ जो अन्तर आया है उसमें उनका समयगत विकास एवं दृष्टि-परिवर्तन अधिक मायने रखता है। विधागत वैभिन्न्य के लिए तकनीकी रूप से जो अनिवार्य वैभिन्य आवश्यक है वह ही राकेश के चरित्रों में नज़र आता है। इसके अतिरिक्त चरित्र-संरचना की दृष्टि से देखें तो स्पष्ट होता है कि राकेश के कहानी के पात्रों की संरचना में सामाजिक सन्दर्भो के तंतु प्रमुखता से देखने को मिलते हैं। अपने परिवेश की विविध विसंगतियों के जितने संवाहक कहानी के पात्र हैं, उतने नाटक एवं उपन्यास के नहीं। 'मिस पाल' का आत्म-पलायन अधिक यथार्थ है, 'ग्लास टैंक' की ममा का रूमान अधिक त्रासद, 'खाली' की ऊबी स्त्री, 'पाँचवें माले के फ़्लैट' का युवक, 'वासना की छाया में' का बूढ़ा, 'आदमी और दीवार' का दोहरे मानदंड़ों में जीता भाई, 'परमात्मा का कुत्ता' की त्रासदी, 'नए बादल' की रूढ़ि-ग्रस्त मानसिकता, 'जानवर और जानवर' की अस्तित्व को घोटती फ़िज़ा, 'मि. भाटिया' का टूटे सपनों को ढोता भाटिया, 'एक ठहरा हुआ चाकू' का आतंकित नागरिक, 'हवामुर्ग' का बदलती हवा के साथ बदलता अवसरवादी, 'जंगला' का दुखी लेकिन अड़ियल पिता, 'मलबे का मालिक' का संवेदनशील गनी और 'मिट्टी के रंग' का अस्मि-भंगुरता के बोध में क्षणजीवी हो उठा सिपाही सभी अपनी समाजगत वंचित स्थिति के वाहक हैं जो अपने परिवेश में स्वयं की औकात से परिचित हैं। और करने, होने व पाने के बीच अपने अनमने प्रयत्नों के साथ द्वन्द्व ग्रस्त हो उठे हैं। कह सकते हैं कि बदलते समय के तेवर का सबसे सटीक दर्पण राकेश के कहानी-पात्र ही हैं, इनमें पूरा का पूरा युग-बोध बोलता है।

भाव-तीव्रता और प्रयोगधर्मी बनावट की दृष्टि से देखें तो राकेश के नाटकों की चरित्र-संरचना अत्यधिक प्रभावशाली है, जिसने समकालीन साहित्यधारा में राकेश को चर्चा व

प्रतिष्ठा दोनों प्रदान की। श्यामांग की अवधारणा हिन्दी-साहित्य में एक अनूठा प्रयोग है जिसकी संरचना अन्य पात्र के दुखों को ढोने के लिए ही हुई है उसकी बनावट के रेशों में किसी अन्य पात्र का सोच व दुख है, इस पात्र का अपना कुछ नहीं है। फिर भी जो मार्मिकता व संवेदनशीलता श्यामांग के प्रलाप से उपजती है, वह नाटक के प्राण है।

'छतरियाँ' का अकेला व 'शायद' के दो पात्र भी नाट्य-प्रयोग की दृष्टि से प्रयोगधर्मी चरित्र कहे जा सकते हैं।

राकेश की औपन्यासिक चरित्र-संरचना में आत्मालोचन तथा आत्मविश्लेषण अधिक है। निजता की रक्षा के असफल हो रहे बोध में रचे ये पात्र टूटते सम्बन्धों की दारुण-गाथा के वाचक हैं। समाज में कटने और जुड़ने के बीच लटके इन चरित्रों की लम्बी-लम्बी, स्वयं के प्रति निर्मम पोस्टमार्टम भरी पड़ताल (सम्बन्धों और लोगों के प्रति भी) इन्हें सामाजिक सन्दर्भों में संघर्षरत मनुष्य का रूप देती है।

मुख्य पात्र के चरित्र-विकास हेतु अन्य पात्रों की संरचना उपन्यास में भी की जाती रही है, क्योंकि लेखक के पास इसका अवकाश होता है। राकेश के उपन्यासों में भी मुख्य पात्र के अतिरिक्त सहायक व गौण पात्र हैं जो कथ्य के प्रवाह व मुख्य पात्र के चरित्र को उद्घाटित करने में सहायक हैं, लेकिन उनकी अपनी इयत्ता भी है।

'अंधेरे बन्द कमरे' की चरित्र-योजना इस दृष्टि से विशेष महत्त्वपूर्ण है। इसमें सूत्रधार से पात्र बन बैठा मधुसूदन भी है, गरीबी में निर्वाह करती खुशमिज़ाज़ ठकुराईन भी है, अपनी सरल भावुक रूमानियत के साथ शुक्ला भी है, स्वाभिमानी खुर्शीद, आत्मरूग्ण मिस ए. बी. सी. और ऊबानू भी हैं जो जीवन के रंग और पात्रों के मन दोनों का खुलासा करते हैं।

लेखक की निजता का कुछ अंश उसकी रचनाओं में अवश्य आता है, राकेश के औपन्यासिक पात्रों की संरचना में राकेश की निजी ज़िन्दगी की झलक स्थान-स्थान पर दिखाई पड़ जाती है चाहे वह मधुसूदन हो, मनोज श्रीवास्तव हो अथवा कुमार। नीलिमा, श्यामा एवं शोभा की गढ़न पर ध्यान दें तो सब हमें जानी-पहचानी सी लगती हैं, राकेश के जीवन की नारियों सी।

राकेश के कहानी-चरित्रों की संरचना में सामाजिक परिवेश-जन्य त्रासदी के बहुमुखी बोध से उपजे, विविधता भरे और अपने दर्द में निर्मम व्यंग्यात्मकता के साथ जीते चरित्रों की अधिकता हैं तो प्रभावान्विति, भाव-तीव्रता और प्रयोगधर्मिता की नवीनता की दृष्टि से राकेश के नाटकीय पात्रों को अनुपम कहा जा सकता है। राकेश के औपन्यासिक चरित्र-संयोजन के विषय में कहा जा सकता है कि ये कलेवरानुसार जीवन के विविध पक्षों से

उठाए गए, समाज की भीड़ में अकेले, आत्मविश्लेषक एवं मनोविश्लेषणात्मक निर्ममता से भरे पात्र हैं जो जीवन के सन्दर्भों को ढोते चलते हैं। ये बिना किसी काल एवं परिवेश विशेष के सार्वकालिक आधुनिक नगरीय-बोध से भरे मनुष्यों के प्रतिनिधि पात्र हैं। लेकिन सबसे महत्त्वपूर्ण तथ्य यह है कि राकेश के चरित्रों में विधागत वैभिन्य के साथ जो अन्तर आया उसमें राकेश की समय के साथ विकसित लेखकीय दृष्टि अत्यधिक महत्त्व रखती है। समकालीन साहित्य की प्रवृतियाँ, लेखक एवं सामाजिक स्थितियाँ भी एक लेखक व उसके साहित्य को प्रभावित करती हैं।

ग. मोहन राकेश की पात्र सृष्टि और समकालीन हिन्दी-साहित्य के पात्र: किसी भी लेखक के सृजन से जुड़े विभिन्न बिन्दुओं का सम्यक् अध्ययन करने के लिए उसकी समकालीन साहित्य-धारा व लेखकों की रचनाओं को देखना आवश्यक है। समसामयिक सन्दर्भों एवं रचनाओं की रोशनी में ही हम अध्ययन की वांछित उपलब्धि पा सकते हैं। राकेश की पात्र-सृष्टि एवं उनकी विशिष्टताओं को समझने हेतु हमें समकालीन लेखकों की रचनाओं एवं रचनाओं में निहित चिन्तन धारा व पात्र-सृष्टि को समझना होगा।

मोहन राकेश ने अपना लेखन उस समय आरम्भ किया था जब स्वतंत्रता के पश्चात् साहित्यकारों ने किसी भी पूर्वाग्रह से नाता तोड़कर अपना सम्बन्ध सिर्फ व्यक्ति से जोड़ा था। उसी से प्रतिबद्ध होकर उन्होंने उस आम व्यक्ति को अपनी रचना का नायक बनाया। अधूरे पड़ते जा रहे स्वयं-बोध और परिवेश तथा समाज की प्रतिकूलता के बीच प्रताड़ित व्यक्ति चेतना के बोध से भरी, संस्कारों की घुटन में विद्रोही होती मानसिकता में निजी अस्मिता की तलाश इस युग के लगभग प्रत्येक रचनाकार की रचनाओं में देखने को मिलती है। चाहे वह उपन्यास हो, कहानी हो अथवा नाटक। इस युग के साहित्य में तथ्यों एवं सत्यों को देखने पहचानने की दृष्टि नए सन्दर्भों की देन थी, यह दृष्टि मानवीय मूल्यों के पुनर्मूल्यांकन की थी। इस दृष्टि ने जीवन के यथार्थ-बोध और अभिव्यक्ति की सम्पूर्ण प्रक्रिया को ही बदल डाला। इस युग से पूर्ववर्ती अज्ञेय-जैनेन्द्र की अवधारणाएँ, जहाँ विचार या धारणा की कोई अमूर्त सी कल्पना रचनात्मकता पर छा जाती थी, इस युग में बदल गईं।

इस युग का गल्प भोगे हुए यथार्थ व अनुभूत सत्य को जीते हुए चरित्रों का वाहक बन गया। पात्रों का परिवेश से अधिक संवेदनशील रिश्ता पनपा तथा पात्रों ने इस रिश्ते के भिन्न-भिन्न पहलुओं और रूपों को अपने साहित्य में उजागर किया।

समसामयिक साहित्य के कथ्य में पूर्व गठित प्लाट और सैद्धान्तिक से दिखते पात्रों की जगह जीवन के व्यावहारिक यथार्थ के भोक्ता मनुष्य के चिरन्तन प्रश्नों-संशयों को लिए, परम्परा पर प्रश्नचिह्न लगाए प्रत्येक दृष्टि से मुक्तिकामी पात्र नज़र आते हैं।

समकालीन लेखकों ने इन्हें पौराणिक सन्दर्भों में रचा हो अथवा नवीन सन्दर्भों में, अपने गूढ़ार्थ में ये अस्मि-संकट से जूझते प्रश्नाकुल मानव के प्रतिनिधि चरित्र हैं, जिनका संरचना-स्वरूप आधुनिक से भी बढ़कर प्रयोगधर्मी एवं प्रतीकात्मक रूप में आ गया।

उपन्यास- तत्कालीन उपन्यास-साहित्य पर युग की छाप स्पष्ट देखी जा सकती है। 'अंधेरे बन्द कमरे' के समकालीन लिखे गए अज्ञेय के 'अपने-अपने अजनबी' के पात्र मृत्यु के प्रति जिन दो विरोधी भावों की टकराहट में आन्दोलित हैं, वह दो विरोधी जीवन-दृष्टियाँ हैं- पूर्व एवं पश्चिम के जीवन-मूल्यों की दृष्टियाँ।

पात्र-प्रयोग की दृष्टि से भी यह युग एक नवीन प्रक्रिया से गुज़र रहा था। भारती कृत 'सूरज का सातवाँ घोड़ा' में भारती की अन्य रचनाओं के पात्र लिए गए हैं जो अपनी पूर्ववत् अक्षुण्णता के साथ उपन्यास में अपना स्थान बनाए रखते हैं। ये पात्र लेखक की नव्य प्रायोगिक दृष्टि का परिचय देते हैं जहाँ वह अपनी वैचारिकता को इतना विकसित कर लेता है कि एक प्लॉट और एक रचना में एक पात्र-योजना की अवधारणा से ऊपर उठ जाता है। लेखक ने वहाँ समाज के अनुरूप ही पूर्वानुभवों की तरह पूर्वपात्रों से ग्रसित-प्रभावित समाज को देखा है। उपन्यास का 'माणिक मुल्ला' परिवेश के दबाव व भीरुता के चलते प्रवंचनाओं का शिकार और कुंठा-ग्रस्त है।

यौन-जीवन और उससे जुड़े अच्छे-बुरे पहलुओं को दर्शाते पात्र राकेश के समकालीन उपन्यास-साहित्य में सामान्य रूप से नज़र आ जाते हैं। राजेन्द्र यादव लिखित 'अनदेखे-अनजाने पुल' में एक काली और कुरूप लड़की निन्नी की मन:स्थितियों के माध्यम से सामाजिक रूप-बोध के बीच सामान्य नारियोचित इच्छा के संघर्ष से उत्पन्न हीन-भाव और उसके मानसिक घात-प्रतिघात का सूक्ष्म विश्लेषण है। दैहिक हीनता से ग्रसित इस पात्र को लगता है कि उसकी ज़िन्दगी का हर दरवाजा बन्द है। वह सोचती है वह अकेली है, उसका कोई नहीं, पाप ही उसकी नियति है। वह कहती है- "मैं कुरूप हूँ, करो किसको क्या करना है। उसे किसी से शादी नहीं करनी, प्यार नहीं करना है।"

डॉ. देवराज लिखित 'दोहरी आग की लपट' में वासना एवं विवेक के बीच डोलती इरा संस्कारों की घुट्टी में मिले आदर्शवाद को लेकर वफादार आदर्श पत्नी बनना चाहती है किन्तु प्रेमी के प्रति झुकाव उसकी दमित कामेच्छा एवं परिवेश में परिवर्तित होती नारी-मान्यताओं को दर्शाते हैं। इरा का अपनी बच्ची को स्वयं की राह में बाधा समझना मनुष्य की बढ़ती व्यक्तिवादिता को दर्शाता है जहाँ वह सन्तान को भी स्व-अस्तित्व में बाधक मानता है।

समकालीन उपन्यास-साहित्य में निम्न मध्य वर्ग के सामाजिक बोध एवं दोहरे परिवेश में पिसते पात्र उपेन्द्रनाथ अश्क के उपन्यास-साहित्य की विशेषता रही है। मध्यवर्ग की

विवशता भरी यथास्थिति को यथार्थ ढंग से वहन करते ये पात्र जैसे अपने युग-बोध के वाहक हैं। वहीं राजेन्द्र यादव का 'प्रेत बोलते हैं' उपन्यास मध्यवर्गीय जीवन की विकृतियों का यर्थाथ चित्र प्रस्तुत करता है जहाँ प्रेत का प्रतीकात्मक प्रयोग मध्यवर्ग के रूढ़िबद्ध संस्कारों के लिए किया गया है जिसे वे मर कर भी पेरे जा रहे हैं।

नरेश मेहता कृत 'डूबते मस्तूल' की मुख्य नायिका को भी हम बदलते जीवन-मूल्यों में अपने बन्धनों को तोड़कर, यौन-शुचिता के प्रश्नों को अप्रासंगिक बनाकर उन पर सवाल खड़े करते नए युग की प्रतिनिधि के रूप में पाते हैं।

निर्मल वर्मा, जो मोहन राकेश के समकालीन साहित्यकारों में एक विशिष्ट स्थान रखते हैं, के उपन्यासों के पात्र परिवेश से सर्वाधिक प्रभावित होते हैं। अस्तित्व-पीड़ा को झेलते ये पात्र महासमरोत्तर दिशाहारा पीढ़ी के संत्रास, घुटन, तनाव और उसके रीतेपन को अपनी अन्तर्मुखी पीड़ा के द्वारा रूपायित करते हैं।

अपने पात्रों में सामाजिक जीवन की ऊब, छटपटाहट, संत्रास एवं परिवेश में बढ़ रहे अकेलेपन को उषा प्रियम्वदा के उपन्यासों में प्रमुखता से स्थान मिला है। 'पचपन खम्भे-लाल दीवारें में नायिका सुषमा सामाजिक विडम्बना के मध्य अपने जीवन को बस व्यतीत होता देख रही है लेकिन विवशता-बोध में चाहकर भी कुछ नहीं कर पाती।

कमलेश्वर राकेश के समकालीन लेखक ही नहीं अपितु मित्र भी रहे हैं। कमलेश्वर के उपन्यास के पात्र सामयिक युग-सत्य में यथाजीवन की विसंगतियों को रेखांकित करते पात्र हैं। परिवेश में घुटता, महानगरीय दड़बों में साँस तोड़ता, संवेदनाओं को भींचता, प्राकृतिक इच्छाओं का दमन करता मानव कमलेश्वर के पात्रों का मुख्य तंतु है।

कमलेश्वर रचित 'तीसरा आदमी' उपन्यास के आवरण पर लिखा ये वाक्य पात्रों की मूल संवेदना पर प्रकाश डालता है- "प्रेम अथवा प्रतिद्वन्द्विता के नाते तीसरा आदमी आदिकाल से स्त्री एवं पुरूष के बीच आता रहता है, लेकिन कमलेश्वर का तीसरा आदमी आर्थिक और सामाजिक परिस्थितियों की उपज है।"

राकेश की समकालीन चर्चित लेखिका मन्नू भंडारी का बाल-मनोविज्ञान पर आधारित उपन्यास 'आपका बंटी' में मुख्य पात्र एक बच्चा है जिसके लिए राकेश ने खुद स्वीकार किया है कि यह उनके बच्चे का यथार्थ है। सुशिक्षित आधुनिक दम्पत्ति के आपसी अहं के टकराव और तनाव से उत्पन्न स्थितियों की कीमत एक निर्दोष बालक को चुकानी पड़ रही है। यह एक ज्वलंत सामयिक समस्या है जिसे बंटी का चरित्र मनोवैज्ञानिक दृष्टिकोण से प्रस्तुत करता है।

फ्रायड, मार्क्स व गाँधी के तीव्र प्रभाव से गुज़रते, औद्योगिक क्रांति के दौर वाले इस युग के उपन्यासकारों के पात्रों में व्यक्ति और समाज के द्वन्द्व, मान्यताओं एवं रूढ़ियों में परिवर्तन तथा पात्रों की नवीनता के युग में राकेश के औपन्यासिक पात्र भीड़ में अकेले, अस्मि-पीड़ा में अन्तर्मुख पात्र हैं जो अपने समय एवं उसकी अनिवार्य यथास्थिति के संवाहक हैं। राकेश अपने समय की सारी विसंगतियों के भोक्ता थे इसीलिए उन्होंने साम्प्रत परिवेश और आधुनिक बोध से भरे संकुल चरित्रों की सर्जना अपने साहित्य में की है।

कहानी- जिस युग में राकेश ने कहानी-लेखन के द्वारा साहित्य क्षेत्र में अपना कदम रखा, पूर्ववर्ती कहानीकारों की छाया उनके साहित्य में दिखाई पड़ी। लेकिन फौरन ही हिन्दी-कहानी का वह क्रान्तिकारी परिवर्तनकारी दौर आ गया जिसे हिन्दी की 'नई कहानी-धारा' के नाम से जाना जाता है।

राजेन्द्र यादव, कमलेश्वर, निर्मल वर्मा, भीष्म साहनी, मन्नू भण्डारी, ज्ञानरंजन, कृष्ण बलदेव वैद, धर्मवीर भारती, मार्कण्डेय, अमरकान्त, नरेश मेहता आदि इस युग के शीर्षस्थ कथाकार हैं। जीवन की सचाइयों को यथार्थ के सन्दर्भ में सत्यान्वेषी दृष्टि से देखने के आग्रही तथा परम्परा के नाम पर पलते सड़े-गले मूल्यों को छोड़ने के लिए तत्पर इस कथा-युग के पात्र सांकेतिकता, प्रतीकात्मकता एवं बिम्ब-विधान की दृष्टि से भी नवीन थे। इस बारे में लेखक कमलेश्वर का कथन है- "ज़िन्दगी में आए पात्रों के निर्माण को मैंने रेखांकित किया है। जीवन और उसके परम्परागत मूल्यों के प्रति उन पात्रों की असहमति ही मेरी असहमति भी है।"

इस युग के कहानीकारों ने अपने चरित्रों की संरचना में परम्परागत मूल्यों एवं शिल्प के स्थान पर संक्रान्त मन:स्थितियों के बीच पिसते आम मानव को नए तेवर के साथ गढ़ा है।

कमलेश्वर की कहानी 'राजा निरबंसिया' में लेखक ने पात्र एवं नैतिकता के परिवर्तित होते बोध दोनों की संक्रान्त मन:स्थिति को पकड़ने के लिए एक समानान्तर 'कथा' का सहारा लिया है। वस्तुत: कमलेश्वर ने स्थिति के मध्य पात्रों को सृजित किया है, पात्र-योजना बना कर कथा-रचना नहीं की। इस विषय में उनका कहना है- "पात्रों ने मुझे कभी कहानियाँ नहीं दी हैं, मुझे हमेशा उनकी स्थितियों ने ही कहानियाँ दी हैं।"

मन्नू भण्डारी की 'यही सच है' कहानी की पात्र संरचना बदलते परिवेश में अपनी भावनाओं के द्वैत में फँसी स्त्री के असमंजस को उजागर करती नवीन चेतना से आप्लावित है। धर्मवीर भारती की कहानी 'सावित्री नं दो' की पात्र-योजना मनोवैज्ञानिक यथार्थवाद को स्पर्श करती है तो निर्मल वर्मा की अधिकांश कहानियों में परिवेश के दबाव में अपने संवेदनशील आहत मन को सहलाता मनुष्य है जो वहाँ रहकर भी उससे कटा है।

ज्ञानरंजन इस युग के वह कहानीकार हैं जिन्होंने अपने परिवेश की विसंगतियों एवं दोगलेपन को गहरे व्यंग्यात्मक अन्दाज में पात्रों के द्वारा अभिव्यक्त किया, और यही कारण है कि उनकी कहानियों को प्रतिक्रियावादी कहा जाता है। वस्तुतः इस दोगलेपन को भुगतता और कुछ भी न बदल पाने की विवशता को समझता मानव इससे अधिक अच्छी तरह प्रतिक्रिया कर भी नहीं सकता था। पाठक 'खलनायिका और बारूद के फूल' के पात्रों के द्वारा समाज की जड़ता में पलते दोहरेपन को समझ सकते हैं।

राकेश के समकालीन कथाकारों की रचना में यौन-सम्बन्धों के बदलते स्वरूप को मान्यता देती दृष्टि के पात्र भी बहुतायत से रचे गए। इनकी संरचना में लगाव-हीनता, प्रणयहीनता और रोमानीयत से ऊब व दैहिक प्यास को न छिपाने की प्रवृत्ति स्पष्ट नज़र आती है। सांत्वना निगम की कहानी 'बीतते हुए' के पात्र पूर्ववर्ती रूमान की खुमारी की पीड़ा से पूरी तरह मुक्त हैं। राजेन्द्र यादव की 'प्रतीक्षा' के पात्र बदलते सामाजिक 'टेबूज़' के वाहक हैं, इसके पहले समलैंगिक पात्रों को मुख्य योजना में स्थान देने की प्रवृत्ति नहीं थी। 'ढोल' जैसी कहानियों में राजेन्द्र यादव ने मिथकीय पात्रों को नवीन अन्दाज में रचा है। राजेन्द्र यादव का मानना है- "कुछ मिथों को फिर से जाँचने की जरूरत हर युग में होती है।"

आँचलिकता से महकती कहानियाँ इस कहानी-युग की एक नवीन प्रवृत्ति है जिन के पात्रों में महज ग्राम्य-जीवन का चित्रण न होकर नवीन वैचारिकता एवं जीवन्तता भी है। 'तीसरी कसम उर्फ मारे गए गुलफाम' का हीरामन अपने परिवेश में जिस संवेदना का वाहक है वो उसे सार्वकालिक बनाता है। 'पचलेट' कहानी में ग्रामीण परिवेश में बदलते युग और युवा का चित्रण रेणू ने बेहद सुन्दर शैली में किया है- 'हम तुम से महोब्बत करके सलम' गाता गोधन बदलती ग्रामीण संस्कृति का दर्पण है।

अमरकान्त व भीष्म साहनी की कहानियों के पात्र सामाजिक वंचनाओं एवं बदलते मूल्यों के दर्द को ढोते वे मानव हैं जो अपने कलेवर में पारम्परिक हैं और नए जमाने का नयापन जिनके लिए मारक बन गया है। अमरकान्त की 'ज़िन्दगी और जोंक' का चाचा और भीष्म साहनी की 'चीफ की दावत' की वृद्धा माता ऐसे ही पात्र हैं।

इस युग की कहानी में पूर्व-नियोजित कथ्य एवं पात्र दोनों ही दृष्टि से परिवर्तन आया। अब अपने उद्देश्य की प्राप्ति के लिए कथाकार जिन कथा-सूत्रों को आवश्यक समझते हुए ग्रहण किया था, उन्हें भी वो सूत्रबद्ध करने की जरूरत नहीं समझता। बल्कि उन्ही के माध्यम से वह अपने पात्रों के मानस का विश्लेषण करते हुए उनका व्यक्तित्व गढ़ता है।

अपने यथास्थिति-बोध में इस कहानी-युग के पात्र अपने लक्ष्य को लेकर विद्रोह-भावना रखते हैं, स्थितियों से निष्कृति भी चाहते हैं पर अपने प्रयत्नों के प्रति पूर्ण प्रतिबद्ध नहीं हैं।

क्योंकि उनके युग का सामाजिक परम्परा-बोध उन्हें हड़काता है और वे दुविधा में जीने लगते हैं।

समकालीन कहानी-लेखकों के बीच राकेश के कथा-पात्र भी अपने परिवेश की घुटन को जी रहे हैं। समाज के शोर में अन्तर्मुख होते जा रहे व अस्तित्व-बोध में फैलती जा रही भीतरी उदासी और तीव्र अहं-बोध के कारण ये समाज से उदासीन हो कर जीते पात्र हैं जिनके भीतर जिजीविषा, संघर्ष-भाव, एवं प्रगति-कामना तो है किन्तु यथास्थिति-बोध में वे मद्धम पड़कर प्रयत्न-शैथिल्य का कारण बनती है। राकेश की दृष्टि में "कहानीकार की सफलता इस पर निर्भर करती है कि कहानीकार चरित्रों और उनकी परिस्थितियों के विधान में कहाँ तक निस्संग रह पाता है।"

यह निस्संगता और उपयुक्तता किसी लेखक की पात्र-योजना और चरित्र-संरचना में तभी आती है जब वह जीवन की प्रत्येक स्थिति को, अपने आसपास के परिवेश को, अपने समकालीन साहित्य व सन्दर्भों को निष्पक्ष, गहन एवं चिन्तना भरी समग्र दृष्टि से देखे। जीवन को समस्त तिक्तता-मधुरता के साथ जिए, यथार्थ का ईमानदार अंकन करे।

राकेश की इस विशेषता के लिए धनंजय वर्मा ने लिखा है- "रचनात्मक जीवंतता और वैचारिक सक्रियता का जो सिलसिला नई कहानी से शुरू होता है, मोहन राकेश उसका हिस्सा ही नहीं निगहबान भी हैं।"

नाटक- यह वह युग था जब अनेकों प्रयोगधर्मी एवं नवीन चिन्तना-दृष्टि से सम्पन्न नाटककार इस क्षेत्र में थे। यह समय निश्चय ही नाटक का नवोन्मेष काल कहा जा सकता है, नवीन वैचारिकता, पुनर्दृष्टि एवं परख के साथ गढ़े इन पात्रों में परिवेश के प्रभाव, व्यक्ति-चेतना और अस्तित्व बोध प्रमुख हैं। ये पात्र अपनी इयत्ता में संघर्षशील हैं और अधिकांश पात्रों में यह भीतरी संघर्ष हैं जो बाहरी कारणों से उत्पन्न होता है।

बदलते परिवेश एवं यथा जीवन में नवीन मूल्यों की हिमायत करते और रूढ़ियों से जूझते पात्रों की संरचना में प्रयोग एवं प्रतीकात्मकता भी इस युग के नाटकों की विशेषता है।

डॉ. लक्ष्मीनारायण लाल इस युग के प्रख्यात रचनाकार हैं, जिन्होंने अपने चरित्रों की संरचना में आधुनिक-बोध व प्रतीकात्मकता को स्थान दिया। 'मादा कैक्टस' के पात्र प्रतीकाधारित हैं जो मन के चेतन एवं अवचेतन के बीच भटकती मनोवृतियों के वाहक हैं। नाटक के मुख्य पात्र- अरविन्द एवं आनन्दा दोनों कमरे में रखे मादा कैक्टस के प्रतीक प्रभाव के वाहक हैं। डॉ लाल लिखित 'दर्पण' समसामयिक नाटकों में महत्त्वपूर्ण स्थान रखता है

जिसमे मानव की अच्छी एवं बुरी वृतियों का चित्रण लेखक ने सामयिक पात्रों एवं परिवेश के यथा-जीवन के सन्दर्भ में बहुत सुन्दर ढंग से किया है।

चरित्र-सृष्टि के धरातल पर पात्रों के परम्परागत ढाँचे को तोड़ने का महत्त्वपूर्ण कार्य भी डॉ. लक्ष्मीनारायण लाल ने अपने नाटकों में किया। चर्चित नाटक 'सूर्यमुख' के चरित्र-कृष्ण, प्रद्युम्न, साम्ब, अर्जुन, रूक्मिनी आदि गरिमामंडित पौराणिक पात्र न होकर सहज मानवीय स्पृहाओं से भरे लोग हैं, इसीलिए नाटक के प्रमुख प्रसंगों को पुराण-कथाओं की लीक पर बैठाने और इसके पात्रों को बने बनाए साँचों में फिट करने का प्रयास करने वालों को विश्वास के स्तर पर सूर्यमुख गहरी ठेस पहुँचाता है। और यही बात सही अर्थों में लेखक के लेखन की सार्थक उपलब्धि होती है क्योंकि नाटक का मूल्यांकन वास्तव में नाटक में व्याप्त नाटकीय परिवेश और पात्रों के पारस्परिक सम्बन्धों के आधार पर ही होना चाहिये, किन्हीं बाह्य आरोपित आधारों पर नहीं। मूलत: ये पात्र धर्म, नैतिकता आदि को छोड़ते, नवजीवन को स्वीकारते सामयिक मानव के प्रतीक हैं और मिथकीय होकर भी अधुनातन हैं।

राकेश के समकालीन नाटककारों में उपेन्द्र नाथ 'अश्क' प्रमुख हैं जिन की रचनाओं पर पाश्चात्य विचार-प्रभाव स्पष्ट नज़र आता है। अश्क के पात्र-निर्माण में सामाजिक विडम्बनाओं, बन्धनों एवं वंचनाओं के बीच संकुल परिवेश-बोध में छटपटाता मानव प्रमुख स्थान रखता है। चरित्र की जो विविधवर्णी छवियाँ अश्क ने अपने पात्रों में भरी हैं, वे तत्कालीन गुण-दोष से भरे मानव के हैं। अंजो दीदी की 'अंजो' ऐसा ही चरित्र है जो परिवेश में व्याप्त बन्धनों के कारण कुंठित होकर एक 'वैक्यूम क्लीनर में बदल जाता है। अश्क के चरित्र नवचेतना से आप्लावित हैं अत: चरित्र के यथासत्य को उद्घाटित करने हेतु प्रतीकात्मकता एवं बिम्बात्मकता भी इनके पात्रों में दिखाई पड़ती है।

जगदीशचन्द्र माथुर लिखित 'कोणार्क' इस काल का प्रसिद्ध नाटक है। ऐतिहासिक परिप्रेक्ष्य में रचित इस नाटक का नायक 'विशु' अपनी अर्थवत्ता में नवीनतम प्रश्नों का वाहक है। साम्यवादी विचारधारा का पोषक यह पात्र श्लील-अश्लील की नैतिक मान्यताओं को फिर से परिभाषित करने की आवश्यकता समझने वाले चिन्तनशील आधुनिक युवा का प्रतीक है। इसी प्रकार डॉ. माथुर लिखित 'पहला राजा' की पात्र-संरचना भी पौराणिक प्रतीक द्वारा आधुनिक मनुष्य की व्यथा और द्वन्द्वों को प्रस्तुत करने वाली तथा जीवन में व्यर्थता-बोध से आशंकित अस्तित्ववादी मनुष्य की तलाश में भटकते मानव का चित्र प्रस्तुत करती है।

विनोद रस्तोगी राकेश-कालीन वह नाटककार हैं जिनके पात्र प्रगतिवादी दृष्टिकोण के साथ पारम्परिक भावना का निर्वाह भी करते चलते हैं। 'बँधे हाथ' नाटक के पात्र विविधता

लिए हुए हैं जहाँ रूढ़िवादी, प्रगतिवादी एवं प्रयोग-भीरू तीनों तरह के पात्र हैं। इन चरित्रों का वैचारिक मतभेद परिवेश की मान्यताओं, रूढ़ियों एवं आधुनिकता से भय के बीच का मतभेद है।

ज्ञानदेव अग्निहोत्री लिखित 'शुतुरमुर्ग' समकालीन नाट्य-साहित्य का एक चर्चित नाटक है जो राजनैतिक खोखलेपन पर प्रहार करता है। इस नाटक की चरित्र-कल्पना अपने गूढ़ार्थ में आधुनिक है। 'भाषणमंत्री', 'विरोधीलाल', 'मामूलीराम' और 'मरता हुआ आदमी' के नामों से स्पष्ट है कि नाटककार इनको युगीन प्रवृति बना कर प्रस्तुत कर रहा है। यहाँ 'राजा' शुतुरमुर्गी आत्मपलायन का प्रतीक है। तुक भरी बेतुकी बातें, आदर्शहीन आदर्श और तर्कहीन तर्क में जीते, छूँछे आदर्श बघारते राजनीतिकों, वाकचातुर्य से भरे बेशर्म, और जरूरत पर भगोड़े हो जाने वाले समर्थ वर्ग पर ये पात्र गहरा आक्षेप हैं। चरित्रांकन की दृष्टि से शुतुरमुर्ग की उपलब्धि है इसके पात्र, जो बिना मुखौटा पहने हुए भी मुखौटा बनाए रखने का भ्रम देते हैं। मानव-चेतना में गहरे तक धँसी शुतुरमुर्गी प्रवृति और केवल स्वार्थ के माध्यम से जुड़ने वाले व्यक्तियों के मनोविज्ञान का सुन्दर विश्लेषण इस नाटक में प्रस्तुत हुआ है।

ललित सहगल लिखित 'हत्या एक आकार की' एक आधुनिक एवं नवीन विचारधारा का नाटक है जहाँ चार पात्र चार अपूर्ण विचारों के वाहक हैं और चारों मिल कर एक का निर्माण करते हैं। चरित्र-संरचना की दृष्टि से विशेष और अनूठे इस नाटक के एक-एक पात्र को दोहरी-तिहरी भूमिका देकर नाटककार ने मनुष्य के उस रूप पर प्रकाश डाला है, जहाँ एक में कई मानव बैठे रहते हैं। डॉ. विष्णु प्रभाकर द्वारा लिखित बहुचर्चित नाटक 'डॉक्टर' भी चरित्र-संरचना की दृष्टि सें मनोवैज्ञानिक धरातल पर मानव-चरित्र की तहें खँगालता नाटक है जिसके पात्र संघर्ष, द्वन्द्व एवं मनोविश्लेषणात्मकता के तन्तु लेकर बुने हैं। अन्त में आदर्शमय हो गए इस नाटक के पात्र अपने द्वन्द्वों के साथ मानव के मूलभूत प्रश्नों के वाहक हैं।

उदयशंकर भट्ट लिखित 'नया समाज' पुरातन और आधुनिकता के संघर्ष को लेकर चलते पात्रों के द्वारा समाज के मूल्यगत वैषम्य का वाहक है, नाटक में विधर्मी नायिका से प्रेम सामाजिक क्रान्ति एवं युवाओं द्वारा रूढ़ि-भंजन को दर्शाता है।

इन नाटकीय पात्रों के परिप्रेक्ष्य में हम देखते हैं कि राकेश के नाटकीय पात्र अपने समकालीन पात्रों की भीड़ में अलग स्थान रखते हैं। वहाँ न आदर्शवाद है, न क्रान्ति का झंडा लेकर चलते पात्र, न विद्रोह और न ही किसी प्रकार का उपदेश। अपनी यथास्थिति में कमज़ोर पड़ते, अकेले पड़ते और अपनी यथास्थिति में डूबते इन पात्रों की मूल समस्या

है- परिवेश की विडम्बनाओं में डूबती उनकी इच्छाएँ और उनके बोध से व्यथित उनका अस्तित्व, जिसे अक्षुण्ण रखना सामयिक मानव की सबसे बड़ी चिंता है। वहाँ गरिमा-च्युत कालिदास है, बौराया सा नन्द और उसके बौराए पन में डूब कर, पूरी तरह बौराया श्यामांग है। यहाँ चार रूपों में टूटता-हारता पुरुष है और तथाकथित दुनियादार विलोम और सुन्दरी जैसे पात्र भी, जो जीत कर भी हार जाते हैं। और मल्लिका भी, जिसकी आस्था हारकर भी हारती तो नहीं ही है। किसी क्रान्तिकारी बदलाव अथवा आदर्श के वाहक न होते हुए भी राकेश के ये अति सामान्य से दीखते चरित्र अपने सामयिक सन्दर्भ में विशेष हैं, क्योंकि ये मनुष्य के संकट की समग्रता के वाहक हैं, परिवेश-बोध एवं उसमें डरे-विभ्रमित खड़े मनुष्य की यथास्थिति के वाहक हैं। यही कारण है कि मात्र तीन नाटकों की रचना से ही राकेश का स्थान समकालीन श्रेष्ठ लेखकों में गिना जाता है।

एकांकी- राकेश के समकालीन एकांकीकारों में भारतभूषण अग्रवाल, लक्ष्मीनारायण लाल, सिद्धकुमार नाथ, धर्मवीर भारती, अमृतलाल नागर, विष्णु प्रभाकर और जगदीश माथुर आदि हस्ताक्षर प्रमुख हैं। इस युग के एकांकियों पर पाश्चात्य नाट्य-परम्परा का प्रभाव प्रमुख रूप से देखा जाता है। आधुनिक जीवन-बोध के वाहक इन एकांकियों के पात्र जीवन की शाश्वत समस्या को काँधे पर ढोते मानव हैं। जो विवेच्य एकांकी युग के पूर्ववर्ती पात्रों के विपरीत यथार्थ-बोध को लेकर रचे पात्र हैं।

भारतभूषण अग्रवाल रचित 'महाभारत की एक साँझ' एकांकी पात्र-संरचना की दृष्टि से इस युग की महत्त्वपूर्ण एकांकी है, पौराणिक सन्दर्भों से उठाए इन पात्रों की मानसिकता एवं प्रश्न फिर सामयिक हैं। दुर्योधन के आकुल प्रश्न उसे अपने अधिकार छिनने के भय से डरे-बौखलाए उस सामान्य मानव के रूप में प्रस्तुत करते हैं जो अपने जीवन एवं अस्तित्व के प्रति शंकित होकर मानसिक विचलन का शिकार हो जाता है। उसकी हिंसा, आक्रामकता इसी भय-बोध और असुरक्षा-भाव की प्रतिक्रिया है।

'रीढ़ की हड्डी' (जगदीशचन्द्र माथुर) इस युग में लिखित प्रसिद्ध एकांकी है जिसमें पात्र उमा के विवाह-प्रकरण द्वारा समाज की रूढ़ियों के खोखलेपन को व्यंग्यात्मक रूप में प्रस्तुत किया गया है। उमा का चरित्र प्रतीक है परिवर्तित होते युग में विकसित होती नारी का, जिसे अपनी 'बिकती बकरी सी' हीन स्थितियों का बोध रूढ़ मान्यताओं एवं स्थितियों से विद्रोह करने को विवश करता है।

उपेन्द्रनाथ अश्क लिखित 'तौलिए' एकांकी के पात्र हल्के-फुल्के ढंग से रचित पात्र हैं जो समाज में पति-पत्नी के परिवर्तित होते व्यवहार एवं जीवन-मूल्यों को दर्शाता है। अपने चरित्रों में मनोवैज्ञानिक पुट देना अश्क की विशेषता है।

लक्ष्मीनारायण लाल मध्यम-वर्गीय जीवन की मनोस्थितियों को चरित्रों के द्वारा विविध कोणों के साथ प्रस्तुत करने वाले एकांकीकार हैं। आपके पात्र वे नवजागृत युवा हैं जो मध्यकालीन रूढ़ियों से परेशान हैं। आधुनिकता की अंधी दौड़ में कृत्रिम जीवन जीते और सामाजिक यथार्थ से हट कर अकेले पड़ते मानव का दुख लाल के पात्रों की संरचना में विशेष रूप से दीखता है। 'मम्मी ठकुराइन' के पात्र हमारी सामाजिक असमानता से जन्मे विद्रूप पर हास्यमय ढंग से तीखा प्रहार करते हैं और अपनी गढ़न में यथार्थ एवं सजीव हो गए हैं।

धर्मवीर भारती लिखित 'संगमरमर पर एक रात' एकांकी के पात्र मुगलकालीन पात्रों के प्रतीक में आधुनिक मनुष्य के द्वन्द्व एवं कुंठा को लेकर चलते महत्त्वाकांक्षी और व्यक्ति-चेतना से बने चरित्र हैं। भारती की ही 'नदी प्यासी थी' एकांकी में राजेश नामक पात्र के द्वन्द्व और कुंठा एक व्यक्तित्वहीन व्यक्ति के द्वन्द्व-कुंठा हैं जो अपनी नकारात्मकता में अपने ही अस्तित्व से भागना चाहता है और इसे अपनी नियति मान बैठा है। एकांकी के राजेश और कृष्णा दोनों पात्र सशंकित, ईर्ष्यालू, पलायनवादी और आक्रान्त होकर व्यामोह के क्रॉनिक रोगी हो गए पात्र हैं।

सत्येन्द्र शरत लिखित एकांकी 'एस्फोडिल' में मि. कपूर अपनी पत्नी के विवाह-पूर्व के सम्बन्धों के बारे में सोच कर असामान्य होता पात्र है जो तथाकथित आधुनिकता के भीतर सामन्ती पुरुष का नैतिक-बोध लिए हुए है।

स्पष्ट है कि विवेच्य युग के एकांकी-पात्रों में मनोवैज्ञानिकता एवं मनोविश्लेषणात्मकता का उद्घाटन होता है जो आरोपित न होकर परिस्थितियों, परिवेश, घटनाओं, पात्रों के वैयक्तिक मनोविज्ञान, उनके सामूहिक क्रियाकलापों में सकारात्मक एवं नकारात्मक रूपों में सहज रूप से व्यंजित हुए हैं।

राकेश कालीन सभी एकांकीकारों के एकांकी में परिवेश एवं जीवन के यथार्थ की अभिव्यक्ति मनुष्य के बोध के मनोवैज्ञानिक एवं यथार्थ-चित्रण के साथ हुई है। संबंधों के बदलाव एवं उनके कारणों की पड़ताल इस एकांकी युग की विशेषता है। बदलते सम्बन्धों में अहं कुंठा एवं द्वन्द्व इन एकांकी-पात्रों की संरचना में महत्त्वपूर्ण कारण हैं।

अपने समकालीन लेखकों के मध्य राकेश की विशेषता उनकी पात्रगत प्रयोगात्मक चिन्तना-दृष्टि है यही कारण है कि उनके पात्र रचना प्रकाशित होने के साथ ही चर्चित हो जाते थे। उनके एकांकी पात्र भी पाठक-समीक्षकों में चर्चित रहे हैं और हिंदी के विद्यार्थियों के लिए अब भी हैं।

'ह:' और 'शायद' बीज नाटक में दो पात्रों के माध्यम से लेखक ने आधुनिक दाम्पत्य में पसर गए एकांत और अपरिचित हो गए जीवन का पूरा शोर उत्पन्न किया है। ये नामहीन पात्र बिना संज्ञा के भी हमारे सुपरिचित हैं, सारे दम्पतियों के भीतर बसे हुए।

'छतरियाँ' एकांकी में तो आवाजों और निर्जीव उपादानों के साथ मात्र एक ही पात्र है जो परिवेश की घेराबन्दी में अकेले-जूझते मनुष्य की बेचैनी, भय, हड़बड़ाहट, अनिश्चय और असुरक्षा-बोध के तंतुओं से सिरजा गया है। यहाँ छतरी उसकी निजता का प्रतीक है जिसे बढ़ते दबावों में भी मानव किसी तरह बचा लेना चाहता है। एकांकी में सारा सामयिक यथार्थ संकेतों से ही आता है- 'संविधान, सभाएँ, सूदखोरी, प्रजातंत्रीय चुनाव, गोलियों की आवाजें और ढेर सारी गालियाँ।'

'अंडे के छिलके' में भिन्न-भिन्न प्रकृति के पात्र मनुष्य के बँटा होने को, और कई स्तरों पर चलते छद्म को दर्शाते हैं। वस्तुत: राकेश के एकांकी पात्र सामाजिक यथास्थिति में अकेले पड़ते उदास मानव हैं जो खुद पर व्यंग्य करने का माद्दा भी रखते हैं।

अनावश्यक आदर्शवादी परिस्थितियों से दूर ये पात्र यथार्थ एवं मनोवैज्ञानिकता के मिश्रण से सृजित हैं। प्रयोग के स्तर पर रचित एकांकी-पात्र भी न केवल अपनी नव्यता और प्रतीकात्मकता, अपितु गहन सम्वेदना व अर्थवत्ता में श्लाघ्य हैं।

अपने समसामयिक रचनाकारों की रचनाओं और उनकी पात्र-सृष्टि के बीच राकेश की रचनाएँ सर्वाधिक चर्चित हुईं है। राकेश ने अपने पात्रों की संरचना में सामयिक यथार्थ, वैश्विक मानव की त्रासदियों, स्थानीय सुख-दुखों और परिवेशगत दबावों में घुटती स्पृहाओं के साथ उसे आस्तित्विक सन्दर्भों में रचा है। राकेश के पात्रों में अपने बोध से उपजा 'यथौ न तस्थौ' में अपस्थापित होते चले जाने का भाव उसे सामयिक मानव की संकुल विश्वसनीयता प्रदान करता है। पात्रों की संरचना में हर बार नए प्रयोग और मनोवैज्ञानिक प्रतीकात्मकता का समावेश भी राकेश की लेखकीय उपलब्धि है। यही कारण है कि समकालीन साहित्य की विशिष्ट पात्र-संरचना की बात करते हुए अब भी 'आधे अधूरे, 'लहरों के राजहंस', 'छतरियाँ', 'ह:' 'अंधेरे बन्द कमरे', 'ग्लास टैंक', 'जीनियस' और 'मिस पाल' को उद्धृत किया जाता है।

पात्र-संरचना के मानदण्ड युगानुसार परिवर्तित होते रहते हैं जिसके साथ ही साहित्य-अध्ययन के मानदण्ड भी बदलते रहे हैं। पात्रों की संरचना में शास्त्रीय मान्यताओं के स्थान पर युगीन वास्तविकताओं की स्वीकृति समकालीन साहित्य की उपलब्धि रही है।

आधुनिक पात्र अपने परिवेश के प्रभावों के साथ जीता-संचालित होता हुआ अप्रासंगिक मान्यताओं को नकारता चलता है। इस परिर्वतन ने हिन्दी-साहित्य में पात्र-सृष्टि और तत्सम्बन्धी अध्ययन की परवर्ती दिशाएँ भी तय की है।

7

समाहार

क पात्र-सृष्टि की दृष्टि से साहित्य-अध्ययन की उपलब्धियाँ और मोहन राकेश के पात्र

पात्र कृति में सदैव ही महत्त्वपूर्ण रहा है इसीलिए संस्कृत काव्याचार्यो ने नाटक-रम्यता का मूल तत्व पात्र को ही माना है। यद्यपि 'वस्तु' एवं 'रस' तत्व को भी नाटक में अत्यधिक महत्त्व मिला है, किन्तु इन दोनों तत्वों में परोक्ष एवं प्रत्यक्ष दोनों रूपों में पात्र-सापेक्षता विद्यमान होती है। कोई भी 'वस्तु' पात्र के बिना नहीं घट सकती एवं रस-प्रक्रिया के प्रथम अंग 'विभाव' का मुख्य आलम्बन भी प्रायः नाटक का प्रमुख पात्र ही रहता है। स्पष्ट है कि रचना का मूल प्रवर्तक नेता अथवा नायक अथवा वर्तमान का प्रमुख पात्र ही स्वीकारा गया है।

आधुनिक हिन्दी-साहित्य के आरंभिक दौर की रचनाओं में पात्र-योजना पर शास्त्रीय नाट्यशास्त्र का पूर्ण प्रभाव है। पारम्परिक सहायक पात्रों की भीड़ के साथ आदर्शवाद के वाहक इन पात्रों में बाह्य-संघर्ष ही अधिक दिखाई पड़ता है। यद्यपि सामयिक समस्याओं एवं राष्ट्रीय भावना को इस युग के साहित्य में वस्तु बनाया गया है। आर्य समाज की सुधारवादी आदर्श-भावना भी इनमें है किन्तु पात्रों की संरचना में आदर्शवादी वर्ग पात्र ही प्रमुख हैं। इस कारण इस काल के पात्र एकांगी व कृत्रिम नजर आते हैं, चाहे वह भारतेन्दु हरिशचन्द्र लिखित 'भारत दुर्दशा' हो, तोताराम लिखित 'विवाह विडम्बना' या 'धनन्जय विजय' एकांकी हो।

उपन्यास एवं कहानी हिन्दी-साहित्य की नव विधाएँ हैं, इसके आरम्भिक स्वरूप पर पश्चिमी एवं बंगाली साहित्य का अत्यधिक प्रभाव दृष्टिगोचर होता है। इन विधाओं के प्रारंभिक पात्र भी उसकी आदर्शवादी अतिवादिता और पारसी रंगमंच की अतिरंजना भरी चमत्कारिता के मिश्रण से गढ़े वर्ग पात्र हैं। बाबू देवकी नन्दन खत्री लिखित 'चन्द्रकान्ता',

किशोरीलाल गोस्वामी लिखित 'सुखशर्वरी', श्रद्धाराम फिल्लोरी लिखित 'भाग्यवती' आदि उपन्यासों के पात्र, इंशाअल्ला खाँ लिखित 'रानी केतकी की कहानी', आचार्य रामचन्द्र शुक्ल लिखित 'ग्यारह वर्ष की कथा' आदि कहानियों के पात्र भी उक्त कोटि के हैं जो कृत्रिम बाह्य संघर्ष के धरातल पर जीते हैं।

प्रेमचन्द-प्रसाद के काल में भी पात्रों के स्वरूप में विशेष अन्तर नज़र नहीं आता, महती उद्देश्य की स्थापना-हेतु रचित इन रचनाओं के पात्रों में जो अन्तर आया है वो ये कि ये पात्र आदर्शवादी होते हुए भी मानवीय धरातल पर सहज मानवीय दुर्बलताओं को स्पर्श करते चलते हैं और पहले की तुलना में लौकिक व स्वाभाविक नज़र आते हैं।

कहानी व औपन्यासिक कथा में सामाजिकता को पौराणिकता के स्थान पर प्राथमिकता मिलने से पात्रों की मुख्य संरचना में यह अंतर आया कि वहाँ अनावश्यक भीड़-भाड़ कम हो गई तथा पात्र सामयिक समस्या पर दृष्टि डालते, जीवित और विश्वसनीय होने लगे। यद्यपि नाटकों, एकांकियों की मुख्य पात्र-योजना पारम्परिक भरतवाक्य, नट-नटी संवाद व सूत्रधार आदि के साथ ही हो रही थी।

प्रेमचंद-प्रसाद युग के सभी पात्र आदर्श-भूमि पर ही विचरते थे जैसे- विशाख, चन्द्रगुप्त, निर्मला, अलोपीदीन, धनिया, अलगू चौधरी, चारूमित्रा व पृथ्वीराज आदि। लेकिन पात्र-स्वरूप की दृष्टि से देखें तो पाएँगे कि अपनी सीमाओं के पश्चात् भी ये पात्र बदलने लगे हैं। इन पात्रों की संरचना पर सामाजिक बदलाव, जीवन की समस्याओं, यूरोपीय यथार्थवाद, बुद्धिवाद एवं भारतीय सन्दर्भों में गाँधीवादी दर्शन का स्पष्ट प्रभाव दृष्टिगत होता है।

साहित्य, विशेषकर उपन्यास एवं कहानी-साहित्य में ये पात्र भारतीय समाज के बदलते, गुलामी से त्रसित, औद्योगिकीकरण का दौर देखते आमजन एवं देहाती समाज का चित्र प्रस्तुत करते हैं। पात्रों का प्रकार 'वर्ग' ही है किन्तु ध्रुवस्वामिनी जैसे आत्मचेता, मौलिक प्रश्न उठाते 'व्यक्ति' पात्रों की सर्जना इस युग में की जाने लगी थी।

इसके बाद का समय समस्त विश्व के लिए महत्त्वपूर्ण रहा। सिकुड़ते विश्व, शिक्षा के प्रसार, महासमर की आक्रांति, आर्थिक अवसाद, बढ़ते नगरीकरण एवं उद्योग आदि ने जीवन को बहुत प्रभावित किया, जीवन-मूल्यों और मान्यताओं को प्रभावित किया तथा पूर्व धारणाओं के प्रति मनुष्य को सवालिया बना दिया। जिसने साहित्य की सभी विधाओं, धाराओं और प्रवृतियों को प्रभावित किया।

अब पात्रों की संरचना पूर्व-प्रचलित शास्त्रीय आधार एवं आदर्शवादी जीवन के नैतिक मूल्यों के स्थान पर जीवन एवं जीवन से जुड़े मूलभूत प्रश्नों को कारक बना कर होने लगी

थी। पूर्व प्रचलित पारम्परिक 'वर्ग' स्वरूप में परिवर्तन भी इस युग में क्रन्तिकारी रूप से बदल गया जो पात्र की बाह्य-योजना एवं अन्तर्संरचना दोनों पर स्पष्ट नजर आता है।

वर्गगत न रहकर व्यक्ति हो गए ये पात्र संरचना में स्थूल की अपेक्षा सूक्ष्म हैं। सरल से जटिलतर होते जा रहे इन पात्रों के चरित्रांकन में लेखक ने विभिन्न पद्धतियों का उपयोग किया जो नवीन प्रवृति थी। लेखक ने पात्रों की संख्या कम करने के साथ पूर्वदीप्ति शैली, स्वप्न शैली, डायरी शैली, पत्रात्मक शैली आदि द्वारा पात्र के चरित्र-प्राकट्य की नवीन शैली अपनाई। अज्ञेय के उपन्यास 'नदी के द्वीप' में इन शैलियों का प्रचुर उपयोग मिलता है।

निजी जीवन के अनुभवों एवं चिन्तन-दृष्टि के समावेश द्वारा पात्र गढ़ने का आरम्भ इसी युग से हुआ। यशपाल की साम्यवादी दृष्टि से बनी 'दिव्या' तथा अज्ञेय के निजी अनुभवों से जनमे 'शेखर' इसके उदाहरण हैं। शैली में नए प्रयोग एवं कथ्य में प्रतीकात्मकता द्वारा पात्र को नवीन सम्वेदना एवं अर्थवत्ता प्रदान करना इस युग की प्रमुख उपलब्धि है। सेठ गोविन्द दास द्वारा रचित 'नवरस' के पात्र 'नवरसों' पर आधारित हैं तो जैनेन्द्र की 'तत्सत् ' कहानी के पात्र मनुष्य न होकर वृक्ष हैं। पारम्परिक पात्रों की रचना कर उनका सामयिक सन्दर्भो में विश्लेषण भी इस युग की विशेषता रही है।

इस युग में नाटक एवं एकांकी के पात्र भी संरचना की दृष्टि से परिवर्तित हो गए। लक्ष्मीनारायण मिश्र के पात्र इब्सन से प्रभावित होकर जीवन के बौद्धिक, मनोवैज्ञानिक एवं अनिवार्य पक्ष यौन की समस्याओं को लेकर चलते यथार्थवादी पात्र हैं। एकांकी 'कावेरी में कमल' के पात्र साम्प्रत सामाजिक परिवेश में विचलित होते, समझौता करके जीने को विवश होते पात्र हैं। नाटक 'कैद और उड़ान' में उन्होंने पात्र के मन की अज्ञात इच्छाओं एवं विचारों का प्रतीकीकरण बन्दर तथा वनमानुष के प्रतीक से किया है तो नाटक 'छठा बेटा' के वसंतराम के चरित्र का मनोवैज्ञानिक विश्लेषण करने हेतु स्वप्न-माध्यम का प्रयोग किया है। एकांकी 'चिलमन' में चेतन-अवचेतन मन की कथा के विभिन्न आयामों के द्वारा पात्रों की यौन-कुंठाओं को प्रस्तुत किया है।

पूर्ववर्ती वर्ग-पात्र अपने आदर्शो से मुक्त होकर इस युग में सहज व्यक्ति चरित्र बन कर जीवन के चिन्त्य प्रश्नों को उठाने वाले ये पात्र पाश्चात्य बोध से भरे हैं। साथ ही यह भी सत्य है कि आधुनिकता-बोध के बावजूद इन में न चाहते हुए भी समाज-भय व बन्धनों के प्रति हिचक का भाव बच रहा था। ये विद्रोह-कामना रखकर भी पूरी तरह विद्रोह नहीं कर पाते। जैनेन्द्र के स्त्री-पात्र छुपकर प्रेम फरमाते हैं तो 'नदी के द्वीप' की रेखा स्वतंत्र यौन-संबंध तो बना लेती है पर बच्चे को जन्म देने की हिम्मत नहीं जुटा पाती।

स्वातंत्र्योत्तर साहित्य हमारे जीवन के आमूल बदलावों का सूचक साहित्य है। महायुद्धों के बाद बचे जीवन में आई चेतना पूर्णत: नई दृष्टि, नए शिल्प-प्रयोग एवं नवीन संरचना लिए थी। सारे वादों से ऊपर मनुष्य की अस्तित्व-पीड़ा और उससे उपजे भय ने उसे एक तरफ तो शंकालु, भयभीत, असहयोगी एवं प्रतिक्रियावादी बना दिया; दूसरी तरफ वह समस्त वादों को भूलकर सिर्फ मानव के लिए मानव, समाज और जनवाद जैसी बात में विश्वास करते लगा। परिणामस्वरूप इस युग के साहित्य की पात्र-योजना में भारी परिवर्तन आया। इस युग के पात्र अपने परिवेश, नियति एवं अस्तित्व-बोध के संकट में कसमसाते मानव के दर्पण हैं। इस संकट-बोध से उत्पन्न स्वच्छंदतावादी जीवन-मूल्यों का स्वीकार, नैतिकता-बोध के ढीले पड़ते बन्धन और अपनी यथास्थिति के संत्रास को ढोता पात्र अपनी परम्परा और आधुनिकता के बीच डगमगाता राह खोजता नज़र आता है।

इस युग में पात्र-सृष्टि की दृष्टि से प्रमुख उपलब्धियाँ रहीं किसी आदर्श अथवा वाद विशेष से हट कर मानव की यथास्थिति को, उसके व्यक्तित्व को, व्यक्तित्व संकट एवं अस्तित्व-भय और बोध में उपजी उसकी प्रतिक्रियाओं को प्रस्तुत करना। उसकी दुर्बलताओं को पूर्वाग्रह-मुक्त होकर तटस्थ भाव से प्रस्तुत करना एवं परिवर्तित होते समाज में उसके संघर्षों एवं सपनों को यथावत रूप में प्रस्तुत करना। इस के लिए समकालीन लेखकों ने न केवल पात्र में संरचनागत एवं शिल्पगत नव्य प्रयोग किए अपितु पौराणिक एवं दैवीय पात्रों को प्रतीक रूप में नवीन वैचारिकता के साथ, नवीन सन्दर्भों में नए प्रश्न उठा कर किया।

डॉ. लक्ष्मीनारायण लाल के नाटक 'सूर्यमुख' में कृष्ण की अंतिम पत्नी वेणुरति और कृष्ण के पुत्र प्रद्युम्न का का प्रेम-प्रसंग चाहे तथाकथित शुचितावादियों को हकबका गया हो, यह नवचेतना की दृष्टि से रचित एक विस्फोटक नाटक है। फायड की इडीपस ग्रंथि से संचालित सहज मानवीय भूमि पर खड़े दो हम उम्र लोगों के विपरीत-लिंगी आकर्षण को वहन करते ये पात्र तथाकथित माँ-पुत्र सम्बन्ध को मानने से इन्कार कर देते हैं क्योंकि उनका मन नहीं मानता। इसी प्रकार ज्ञानदेव अग्निहोत्री लिखित 'शुतुरमुर्ग' नाटक की चरित्रांकन की दृष्टि से विशेषता है कि इसके पात्र बिना मुखौटे पहने ही पहने होने का आभास देते हैं क्योंकि उनके वास्तविक चेहरे उनके पहने हुए चेहरे हैं और अन्त में ओढ़े हुए चेहरे ही उनके वास्तविक चेहरे हैं। मानव-मन में बैठे आत्मपलायनवादी शुतुरमुर्ग और स्वार्थवश सम्बन्ध रखने वाले पात्रों के माध्यम से लेखक ने सुन्दर नाटक लिखा है। इसी प्रकार भारतभूषण अग्रवाल कृत 'महाभारत की एक साँझ' एकांकी में लेखक ने पारम्परिक पौराणिक पात्रों के माध्यम से उस आधुनिक युवक के भय एवं कुंठा को व्यक्त किया है जो अपना अधिकार छिन जाने के भय से हिंसक हो उठा है।

इस युग के एकांकी पात्र मनोविश्लेषणवादी एवं विकृतियों के वाहक पात्र भी हैं, 'आवाज़ का नीलाम' एकांकी (धर्मवीर भारती) में अपनी पत्नी की बीमारी में पात्र दिवाकर भी असामान्य हो उठता है और विष्णु प्रभाकर लिखित 'मीना कहाँ है?' के मुख्य पात्र नरेश की बर्बरता उसके व्यक्तित्व के उस भय को दर्शाती है जो उसकी गरीबी से उपजता है एवं उसे अपराधी बना देता है।

इस युग में धर्मवीर भारती, निर्मल वर्मा, राजेन्द्र यादव, कमलेश्वर, मन्नू भंडारी, शैलेष मटियानी, राजकमल चौधरी आदि ने भाव एवं शिल्प दोनों की दृष्टि से नव्य भूमि पर पात्रों की रचना की है। पात्रों का परिवेश-बोध एवं तदजन्य एकाकी-बोध में जीते जीवन का खालीपन एवं भोगे हुए यथार्थ को ईमानदारी से प्रस्तुत करना ही उन्हें विश्वसनीय बनाता है। राजेन्द्र यादव के उपन्यास 'अनदेखे-अनजाने पुल' और रजनी पनिक्कर के उपन्यास 'काली लड़की' की नायिका हीनता के बोध में कुंठित होकर यौन-स्वच्छंद हो उठी है तो राजकमल चौधरी के उपन्यास 'मछली मरी हुई' के पात्र कामेच्छा के दमन से समलिंगी हो गए हैं। राजेन्द्र यादव के 'सारा आकाश' का समर और नरेश मेहता के 'यह पथबन्धु था' के श्रीधर का असंतुलन अपने जीवन में असफलता से कुठित अहं के परिणामस्वरूप है।

नई कहानी-धारा में ज्ञानरंजन के कहानी-पात्र इसी कुंठित हो गए अहं के परिणामस्वरूप प्रतिक्रियावादी हो गए हैं। 'पिता' कहानी का चिड़चिड़ा पिता एवं 'छलाँग' कहानी का यौन-उत्कंठित किशोर ऐसे ही पात्र हैं। शिल्प की दृष्टि से प्रतीकात्मकता का प्रचुर प्रयोग इस युग के लेखकों ने किया है, राजेन्द्र यादव का 'छोटे-छोटे ताजमहल' तथा कमलेश्वर की 'राजा निरबंसिया' ऐसी ही कहानियाँ हैं।

इन सब के बीच मोहन राकेश ने अपने समय के लेखकों में जो प्रतिष्ठा प्राप्त की उसका मुख्य श्रेय उनकी नवाचारी पात्र-संरचना को ही है जो भाव एवं शिल्प दोनों दृष्टि से आधुनिक या कहें कि उत्तर आधुनिक-बोध से बने हैं। ये पात्र न तो प्रेमचन्द के आदर्श के वाहक हैं न यशपाल के साम्यवाद से प्रभावित, न जैनेन्द्र के मनोविज्ञान के परिपोषक हैं और न ही अज्ञेय के मान्य सन्दर्भों में व्यक्तिवादी। ये समाज में अपने आप को बनाए रखने के इच्छुक मानव के रूप हैं जो अपने खंडित अस्तित्व और विसंगत परिवेश के बोध से भरे गझिन हो रहे हैं। समस्त संत्रास, पीड़ा एवं अलगाव की स्थिति के बीच उनके साहित्य को जीवन की तलाश है, क्योंकि वे जीवन से जुड़े हैं। स्वयं राकेश इस जुड़ाव को स्वीकारते हुए कहते हैं- "मैं वैयक्तिक और साहित्यिक दोनों स्तरों पर अपने को ज़िन्दगी से जुड़ा हुआ पाता हूँ।" यद्यपि यथास्थिति-बोध से पात्रों में असम्पृक्ति भी जागती है।

विभाजन-पश्चात के संक्रमणकालीन समय के ये पात्र समाज की मध्यवर्गीय इकाई के प्रतिनिधि हैं जो एक संकुल जीवन जीते हुए अपने मन में ढेरों सुख, स्थायित्व और स्वतंत्रता की कामना रखते हैं लेकिन परिवेश की विसंगतियों और तंगियों से त्रस्त जीवन की यथास्थिति में खुद की सामर्थ्य और सीमाओं का बोध उनमें उदासी, हताशा और असंपृक्ति जगाता है। यही अन्तर्विरोध उन्हें प्रयत्नों के प्रति उदासीन बनाते हुए आत्मपलायन को विवश कर देता है। यह स्थिति उनके तमाम पात्रों की है, वे स्वतंत्रता के लिए जूझते हैं, हथियार उठाते हैं किन्तु डाल देते हैं। बन्धन-मुक्त होना चाहते हैं, घर भी छोड़ देते हैं किन्तु लौट आते हैं।

पात्रों की संरचना में इस 'यथौ न तस्थौ' का कारण तत्कालीन सामाजिक स्थिति में लेखक का प्रगतिशीलता व पारम्परिकता के लिए निजी द्वन्द्व भी रहा है जिसके लिए राजेन्द्र यादव ने स्वीकारा है- "हम लोग परम्पराओं से बँधे थे पर उन्हें छोड़ना चाहते थे। एक द्वन्द्व हमारे भीतर था, हम हमेशा संशय और धर्मसंकट की स्थिति में जीते थे। कोई संकल्प नहीं था, केवल द्वन्द्वात्मकता थी। द्वन्द्व यह नहीं था कि पुराने को छोड़ें, बल्कि पुराने को त्यागने की प्रक्रिया में जो अनिश्चितता या भविष्यहीनता थी उसको लेकर भय था। सारी नई कहानी का द्वन्द्व उस पुराने को छोड़ने और नए के साथ समीकरण बिठाने में था, चाहे वह स्त्री-पुरूष के सम्बन्ध को लेकर हो या परिवार को लेकर हो।"

यह 'हम लोग' राकेश ने सारे समाज के भीतर देखा, इस द्वन्द्व को अपने पात्रों में डाला क्योंकि राकेश का मानना है कि "लेखक का वास्तविक कमिटमेंट किसी विशेष विचारधारा से न होकर अपने से, अपने समय से और समाज के साथ होता है।"

कालिदास के निर्माण में राकेश ने तत्कालीन युवा-वर्ग के इस संकल्पहीन धर्मसंकट को प्रमुखता दी है तो नन्द के लौटने में भी यही धर्मसंकट कारण रहा। महेन्द्रनाथ के घर लौटने में और मनोज श्रीवास्तव के टिकट फाड़ने में भी यही भविष्यहीनता का बोध कारक है।

राकेश के चिन्तन पर युगीन संकटों से उपजे अस्तित्ववाद का गहरा प्रभाव है जो भारतीय सन्दर्भों में पात्रों के निर्माण में मुख्य कारक है। यह बोध उन्हें क्षण की अन्तिम बूँद का भी उपभोग कर जीने वाला क्षणवादी न बनाकर अपनी अस्मि-चिंता में व्यथित मानव के रूप में प्रस्तुत करता है जिसके अस्तित्व की पहचान परिवेश की तानाशाही में छिनती जा रही है। 'मिस पाल', जख्म का 'नायक', 'श्यामा' और 'मनोज श्रीवास्तव' ऐसे ही पात्र हैं। बीज नाटक 'छतरियाँ' का अकेला पात्र भी परिवेश में डूबती सी अपनी अस्मि को लेकर हकबकाए मानव का ही प्रतिनिधि है।

परिवेश के असहयोग में अपनी ऊर्जा को धीरे-धीरे बुझते देखते बुद्धिजीवी युवा की कुंठा को राकेश ने अपने पात्रों की संरचना में मुख्य कारक बनाया है (जीनियस, आषाढ़ का एक दिन), तो आधुनिक समाज की सम्वेदनहीनता में मर रहे एकाकी वृद्धों की कुंठा को भी (ह:)। राकेश के साहित्य में महानगरीय परिवेश में डूबते युवा की कुंठा का अंकन है (पाँचवे माले का फ़्लैट), तो पुरुष-सत्ता प्रधान परिवेश के बीच मन मारकर जीने को विवश भारतीय स्त्री की नियति का भी (हकहलाल)। इन पात्रों की विद्रोह-कामना को उनका नियति-बोध प्रयत्न-शैथिल्य में बदल देता है (उर्मिल जीवन, खाली)।

मानव-व्यक्तित्व पर उसके जीवन के अभावों और तद्जन्य घटनाओं का प्रभाव एवं उससे उत्पन्न उसके व्यक्तित्व-परिवर्तन को भी राकेश ने पात्र की संरचना में कारक बनाया है, विलोम का खलनायकत्व अपने जीवन में पाए अस्वीकार की पीड़ा से उपजता है तो नन्द का व्याघ्र से उलझ पड़ना अपनी विवश कायरता की परोक्ष प्रतिक्रिया है। 'गुनाह बेलज़्ज़त' का बूढ़ा नायक बार-बार वेश्या के पास जाने की बात स्वीकारता है क्योंकि वह अपनी नपुंसकता को नकारना चाहता है। 'पहचान' का शिवजीत टूटे परिवार के दुखों में पल रहे बालक के विचलन का मनोविश्लेषणात्मक चित्र प्रस्तुत करता है।

लेखक के निजी चिन्तन एवं बौद्धिक प्रभावों का उसके पात्रों की सरंचना में जितना योगदान होता है, उतना ही योगदान उसके निजी जीवन का भी होता है- चाहे वह प्रत्यक्ष हो अथवा परोक्ष। राकेश इसे स्वीकारते हुए कहते हैं- "एक लेखक की शैली के निर्माण में परम्परा और व्यक्तित्व दोनों का योगदान रहता है। यदि परम्परा व्यक्तित्व को दबा ले तो रचना में वह गुण नहीं आएगा जो साहित्य में उसे एक विशिष्ट स्थान दे सकता है। व्यक्तित्व का प्रभाव ही उसमें वह गुण ला सकता है और अनुभूति में तीव्रता होने पर यह प्रभाव स्वत: पैदा हो सकता है।" राकेश का साहित्य भी इसका अपवाद नहीं है, राकेश ने निजी जीवन में जो कटुताएँ, यंत्रणाएँ भोगी वह उनके साहित्य के पात्रों मे स्थान-स्थान पर दृष्टिगोचर होती हैं। ये अनुभव उनके निजी जीवन के भी हैं और वैवाहिक जीवन के भी।

बचपन में आर्थिक बदहाली के चलते जो जीवन राकेश ने जिया और जिस प्रकार अपनी सम्वेदनशीलता को दबाते हुए नौकरियाँ कीं, उसने उनके सम्वेदनशील मन और व्यक्तित्व को गहरी ठेस दी थी। अस्तित्व-बोध में उपजी यही पीड़ा आपके पात्रों में भी है। 'न आने वाला कल' का मनोज श्रीवास्तव कई अर्थों में राकेश ने शिमला के बिशप-काटन स्कूल में जिया है। हरबन्स का उचाटपन राकेश का ही है और केसरी की आवारगी भी। एकरसता राकेश को कभी नहीं भाई- "बहुत कोफ्त होती है इस ज़िन्दगी से, वही रोज की ज़िन्दगी... अनचाही... अनमने ढंग से किया काम। ...जैसे यह ज़िन्दगी नहीं, ज़िन्दगीनुमा खेल है।"

राकेश के पात्रों में स्वतंत्रता की जो छटपटाहट बार-बार दिखाई देती है वो राकेश के व्यक्तित्व की छटपटाहट है, स्वयं राकेश ने आधे अधूरे की भूमिका में स्वीकारा है कि मुक्ति की जो छटपटाहट उनके प्रत्येक नाटक में अन्त:सलिला के रूप में प्रवाहित दिखाई देती है, वो वातावरण की देन है।

राकेश के जीवन में रोमानी अथवा दाम्पत्य-सम्बन्ध के नाम पर जो एक के बाद दूसरी त्रासदी घटित हुई उसका प्रभाव आपके पात्रों पर एवं पात्रों के आपसी सम्बन्धों पर स्पष्ट नजर आता है। राकेश जीवन भर सम्बन्धहीनता की त्रासदी से गुजरते रहे, कैशोर्य का प्रेम प्रेयसी की मृत्यु के कारण अपूर्ण रहा जिसकी भव्य और आदर्श छवि शायद मल्लिका में उभरी क्योंकि राकेश के समस्त नारी-पात्रों में वही नारी है जिसमें स्त्रियोचित सम्वेदनशीलता, समर्पण, कोमलता एवं आस्था की गहरी जड़े हैं। यह मल्लिका राकेश के साहित्य में फिर कभी नही बनी।

राकेश ने दो विवाह किये। पहला असफल रहा कि सुशिक्षित, नौकरीपेशा पत्नी और खुद के अहं टकराते थे। दूसरा असफल रहा कि धोखे से विक्षिप्त स्त्री से सम्बन्ध जोड़ बैठे, जो देवी का रूप धारण कर शाप देने लगती। 'एक और ज़िन्दगी' कहानी के पात्र हूबहू राकेश एवं उनकी दोनों पत्नियों के रूप हैं जो राकेश की दाम्पत्य-त्रासदी को दर्शाते हैं।

राकेश की नारियों का प्रबल अहंवादी, जिद्दी एवं स्वातंत्र्य-बोध से उपजा संघर्ष राकेश की निजी जिन्दगी के अनुभवों से बना है क्योंकि स्त्री-सम्बन्धों ने उन्हें सदा ही ठगा है। 'सुन्दरी' की प्रचंडता, 'श्यामा' का अन्तर्संघर्ष, 'स्त्री' का चंचल चरित्र एवं 'नीलिमा' के असहिष्णु स्वभाव के भोक्ता किसी स्तर पर स्वयं राकेश रहे हैं। यही कारण है कि रीतते-दरकते, असह्य होते और एक-दूसरे को चोट पहुँचाते दम्पति राकेश के पात्रों में विशेष स्थान रखते हैं। सम्बन्धहीन सम्बन्ध में जीते पात्रों के चित्रण में राकेश के निजी अनुभव के साथ आधुनिक समाज में स्त्री-पुरूष सम्बन्धों की बदलती अस्मिता भी कारक है, हरबन्स-नीलिमा, शोभा-मनोज, कुन्तल-चन्दर, तारा-मदन, श्यामा-देव आदि ऐसे ही पात्र हैं।

राकेश के अधिकांश पात्र अपनी उदासी में डूबे हैं, इन पर राकेश की उदासी का प्रभाव है, इसका स्वीकार स्वयं राकेश ने डॉ. कार्लो कपोला से एक साक्षात्कार में किया है- "मैं जानता हूँ कहीं भीतर से मैं सच ही एक उदास व्यक्ति हूँ ....पिछले बीस वर्षो से मैंने जो अपने आस-पास होते देखा, उसने मुझे अन्दर से काफी उदास कर दिया है। जैसा कि मैंने आपको पहले भी कहा था कि केवल मेरा अपना चरित्र ही मेरे पात्रों की अनिश्चितता या उदासी के रूप में झलका है।" स्पष्ट है कि राकेश के पात्रों की संरचना में उनके चिन्तन व लेखकीय दर्शन के साथ ही उनके निजी जीवन का भी गहरा प्रभाव है।

एक लेखक के पात्रों के आन्तरिक निर्माण में जहाँ लेखक के निजी चिन्तन एवं जीवन का प्रभाव होता है वहीं बाह्य शिल्प में लेखक का लेखकीय कौशल। राकेश के पात्र शिल्प-संरचना में प्रयोग की दृष्टि से भी अत्यधिक चर्चित रहे हैं। कई पात्रों को लेखक ने नव्य चेतना एवं प्रतीकात्मकता के साथ प्रस्तुत किया है। इसका एक कारण राकेश की नाटक के मुहावरे पर पकड़ और रंगमंच की गहरी समझ भी है। 'आधे अधूरे' की पात्र-योजना राकेश ने पूर्णतया रंगमंच को ध्यान में रखकर की है। एक पात्र के विवश मन की आकुलता दर्शाने हेतु दूसरे पात्र की रचना करना राकेश की प्रयोगात्मक स्पना-कौशल को दर्शाता है जो आज भी हिन्दी-साहित्य में बेजोड़ माना जाता है।

अपनी गढ़न में वर्तुलाकार कहा जाने वाला नाटक 'आधे अधूरे' पात्रों की शिल्पगत संरचना की दृष्टि से एक उत्तर आधुनिक नाटक माना जाता है। इस नाटक में नाम विहीन पात्र हैं, और एक ही पात्र में चार चरित्रों की संयोजना द्वारा राकेश ने आधुनिक समाज के सुविधानुसार रूप बदलते मानव को चित्रित किया है। यही पात्र सूत्रधार भी है जो कहता है कि 'वह स्वयं एवं नाटक के स्वरूप दोनों से अनजान है, किसी निश्चय पर ही नहीं पहुँच पाया है।' वस्तुतः यह अनिश्चितता समसामयिक प्रतीकात्मकता में मानव की अनिश्चित 'अस्मि' है जिसे राकेश ने इस प्रतीकात्मक पात्र में प्रयोगधर्मी कौशल के साथ संयोजित किया है।

'छतरियाँ' एकांकी में अकेले पात्र की योजना के द्वारा राकेश ने संवेदना एवं शिल्प दोनों की दृष्टियों से चमत्कारी प्रभाव उत्पन्न किया है जो आपकी पात्र-सम्बन्धी प्रयोगधर्मी सर्जक दृष्टि का द्योतक है। ढेरों आवाजों के बीच अकेला यह पात्र 'स्व' और 'संस्कृति' दोनों को बचाने हेतु परिवेश के कोलाहल में उलझी आम आदमी की अस्मि का प्रतीक है। इसी प्रकार 'शायद' और 'हः' एकांकी में केवल दो पात्रों की योजना भी लेखक के कथ्य को प्रभावपूर्ण ढंग से उभार सकी है।

समय के साथ बदलती लेखकीय प्रतिबद्धता और नवाचारी कथ्य-शिल्प से स्वयं को पूरी तरह समायोजित करते हुए राकेश ने इन पात्रों की आन्तरिक संरचना में न केवल मानव के सामयिक एवं शाश्वत सन्दर्भों को अपनी चिन्तना, दर्शन एवं निजी अनुभवों के साथ कुशल सम्वेदनशीलता के साथ प्रस्तुत किया है अपितु उनकी बाह्य संरचना में भी प्रतीक-प्रयोग के सहारे उन्हें आधुनिक सम्वेदना का वाहक मनुष्य बना कर प्रस्तुत किया है। राकेश के पात्र न केवल समकालीन साहित्य में चर्चित-प्रतिष्ठित हुए अपितु रंगमंच व अभिनेयता की दृष्टि से भी नवीन संभावनाओं के द्वार खोलते ये पात्र अत्यंत सफल एवं चर्चित हुए।

ख. मोहन राकेश के परवर्ती हिन्दी-साहित्य के पात्रों की संरचना

राकेश के परवर्ती साहित्य में पात्र-संरचना के नवीन विकास पर दृष्टि डालें तो स्पष्ट होता है कि समय के परिवर्तन, विकास के साथ पात्रों की संरचना में भी परिवर्तन हुआ, बदलते समय एवं नित्य नवीन होती मानव की आधुनिक चेतना-दृष्टि इन पात्रों के स्वरूप-निर्धारण में बहुमुखी रूप से उभरी है।

मोहन राकेश के युग तक पात्रों की संरचना में परम्परा को छोड़ने एवं आधुनिकता को स्वीकारने में जो द्वन्द्व दिखाई पड़ता है इस युग के पात्रों की संरचना में वह द्वन्द्वात्मकता और भी कम है तथा ये पात्र स्पष्ट यथार्थ-बोध के वाहक हैं। यह समय इस दृष्टि से हिन्दी-साहित्य में एक नवारम्भ माना जा सकता है क्योंकि व्यक्ति-चेतना इन पात्रों में अपने समग्र रूप में देखी जा सकती है। यह व्यक्ति-चेतना समाज के उन पूर्व निर्धारित नियमों को मानने से इन्कार करती है जो अब तक उन्हें विचलित, कुंठित एवं द्वन्द्वग्रस्त करते हैं। मनोवैज्ञानिक अवसाद इन पात्रों की संरचना में भी है लेकिन उससे उपजी एकांतिकता नहीं परिवेश उन्हें प्रभावित करता है लेकिन वह प्रतिक्रिया में उदास न होकर उपेक्षा-भाव दर्शाते हैं, समाज से कटाव की कोई इच्छा इन पात्रों में नहीं है।

वस्तुतः राकेश के परवर्ती साहित्य में जिस विचार ने साहित्य पर सर्वाधिक प्रभाव डाला व पात्रों को प्रभावित किया वह विचार है- जनवाद। वैसे तो यह दृष्टि स्वातंत्र्योत्तर युग से ही साहित्य पर अपना प्रभाव डालती दिखाई पड़ती है किन्तु सत्तर के दशक से यह पूरी समग्रता से साहित्य के पात्रों की संरचना में दृष्टिगत होती है। यह जनवादी चेतना किसी भी विचार विशेष से अलग मानव समाज में मानव, उसकी चेतना, उसकी निजता का महत्त्व स्वीकारती है, चाहे वह मूल्यगत स्तर पर हो, आदर्शगत, पारिवारिक अथवा राजनैतिक स्तर पर हो। इस स्वीकार में समाज के प्रति भी स्वीकार-भाव है, समाज को त्यागने की यहाँ न इच्छा है न प्रयत्न।

अपने यथाजीवन के अनुभवों से बने ये पात्र अपनी संरचना में विद्रोही नज़र आते हैं। ईश्वर के प्रति ये पात्र शंकालु नहीं नास्तिक हैं। मोहन राकेश के समकालीन पात्रों की संरचना में जो डगमगाता सा आधिभौतिक मोह है, इस युग में समाप्तप्राय सा हो गया है। जयप्रकाश सिन्हा लिखित एकांकी 'साँझ और सवेरा' का नायक स्पष्ट कहता है- 'धर्म आदमी को निकम्मा और आलसी बना देता है।' वहीं गिरिराज किशोर लिखित 'एक ईश्वर की मौत' भी ऐसे ही पात्रों की कथा है। ईश्वर और धर्म इन के लिए बासी हैं, संस्कृति के झंझट में ये पड़ते नहीं और सम्बन्धों के रूहानी पक्ष पर अथवा कोमलता में इस युग के मानव का जो अविश्वास है वह इन पात्रों की संरचना में स्पष्ट दिखाई पड़ता है, ये स्पष्ट कहते हैं-

'प्यार शब्द घिसते-घिसते चपटा हो गया है,

अब हमारी समझ में केवल सहवास आता है।'

परम्परागत मूल्यों के प्रति विद्रोह इन पात्रों का मुख्य स्वभाव है और इसका कारण है- क्योंकि वह भविष्य को बदलना चाहता है इसीलिए वर्तमान के विद्रोह को आवश्यक मानता है। भगवतीचरण वाजपेई के उपन्यास 'टूटा टी सेट' का नायक कहता है- "हमें ऐसा समाज बनाना है जो पुरानी व्यवस्था के पैर काट डाले।"

निजता की भावना इन पात्रों में इस सीमा तक है कि निकटस्थ सम्बन्ध का हस्तक्षेप भी इन्हें सह्य नहीं। इसका कारण समाज में बढ़ रहे स्वार्थों से सम्बन्धों की कलई उतर जाना भी है और 'स्व' का विस्तार भी। शान्ति जोशी के उपन्यास 'राजुल' की नायिका स्पष्ट कहती है कि वह, सीमा, अहल्या की तरह पति की छाया बनकर नहीं रह सकती। वहीं मृदुला गर्ग लिखित 'कठगुलाब' की नायिका स्वनिर्णय को ही महत्त्व देती है कि उसे बच्चा चाहिये अथवा नहीं चाहिये। विवाह तो इस स्त्री के लिए वह शब्द है जिस पर बातचीत तक की गुँजाइश नहीं।

इन सबके पीछे मूल्यगत संकटों को भोगते और यथार्थ को स्वीकार कर चुके मानव की प्रतिक्रिया है जो विवाह और पारिवारिक संस्था के प्रति अनिच्छुक है। गिरिराज किशोर की कहानी 'रिश्ता' में माँ और पुत्र के वात्सल्य की मिथ सिरे से नदारद है जबकि विवाह के पश्चात भी यौन-स्वातंत्र्य की माँग करती, रमेश बक्षी के नाटक 'देवयानी' की मुख्य पात्र देवयानी स्पष्ट कहती है- 'वन एपल इज नॉट इनफ फार द होल ऑव द लाइफ, टैस्ट् मोर।'

आलोच्य समय धारा में यौन-चेतना की नई अवधारणा ने पात्रों को सर्वाधिक प्रभावित किया है। पूर्ववर्ती समस्त वर्जनाओं, उनके लिहाज, हिचक से सर्वथा मुक्त ये पात्र अपनी दैहिक आवश्यकताओं को मात्र जैविक आवश्यकता ही मानते है। विश्व में फैलता यौन-स्वातंत्र्य, हिप्पीवाद आदि इसके मुख्य कारण माने जा सकते हैं जिसके पीछे मुख्य कारण बढ़ती असुरक्षा में घटता नैतिकता-भाव ही प्रमुख है। इन पात्रों की संरचना में विवाहेतर सम्बन्ध, आत्मरति व वर्जित लैंगिकता कुछ भी निषिद्ध नहीं, दैहिक असन्तुष्टियों से उपजी परेशानियों को कहने में कोई हिचक नहीं। मृदुला गर्ग के उपन्यास 'चितकोबरा' की नायिका अपने संतुष्ट दाम्पत्य के बाद भी पर-पुरूष से सम्बन्ध बनाती है कि उससे प्रेम करती है। सम्वेदना के स्तर पर बने इस सम्बन्ध में कहीं नैतिकता आड़े नहीं आती। कृष्णा सोबती के उपन्यास 'मित्रो मरजानी' की मित्रों को भी कोई हिचक नहीं तो कुसम अंसल के उपन्यास 'उसकी पंचवटी' की नायिका साध्वी अपने पति के बड़े भाई के साथ दैहिक सम्बन्ध जोड़ कर उसके बच्चों को जन्म देती है। वहीं

गिरिराज किशोर के उपन्यास 'चिड़ियाघर' का एक पात्र पशु के साथ अपनी शारीरिक आवश्यकता पूरी करता है।

इस युग में व्यक्ति-चेतना एक नहीं कई स्तरों पर पात्रों में अभिव्यंजित होती है। कृष्णा सोबती के उपन्यास 'समय सरगम' के मुख्य पात्र दो वृद्ध स्त्री-पुरूष हैं जो उम्र के वानप्रस्थी पड़ाव पर भावात्मक रूप से आपस में जुड़ जाते हैं और बिना किसी नैतिक भय के साथ रहने लगते हैं। पात्र-चेतना की दृष्टि से ये इस युग का महत्त्वपूर्ण उपन्यास है।

स्त्री-चेतना के मज़बूत एवं मुखर होते स्वर 'निजता-बोध' को इस युग के पात्रों की संरचना में प्रबलता के साथ सुना जा सकता है। आधुनिक स्त्री की नव अस्मिता, स्वतंत्र व्यक्तित्व एवं उसके संघर्षशील स्वरूप को महिला लेखकों ने अपने पात्रों के द्वारा बखूबी चित्रित किया है। मृदुला गर्ग, उषा प्रियम्वदा, राजी सेठ, चित्रा मुद्‌गल, कुसुम अंसल, मैत्रेयी पुष्पा, मेहरून्निसा परवेज़, कृष्णा सोबती जैसे महिला हस्ताक्षरों के स्त्री पात्र अपने अस्मि-प्रबोध से हिन्दी-सहित्य के पात्रों में विशेष महत्त्व के साथ उभरे हैं जो स्वयं के प्रति महत्वाकांक्षी हैं।

दूर्वा सहाय की कहानी 'ज़िरह' में बलात्कारी की माँ का बलत्कृत लड़की के प्रति सम्वेदना भरा सोच मानवीय आधार पर स्त्री-विमर्श को दर्शाता है। बलात्कारी से लड़ने की हिम्मत एवं दृढ़ता को दर्शाती लड़की के द्वारा भी समाज की परिवर्तित दृष्टि एवं स्त्री-सोच को देखा जा सकता है।

राजेन्द्र शर्मा कृत नाटक 'नीलामघर' की वैश्या चन्दा विवाह-प्रस्ताव को ठुकरा देती है क्योंकि वह शादी करके एक बँधी नौकरानी नहीं बनना चाहती। अपनी मर्जी से कपड़े उतारना उसे स्वीकार है, अन्य की मर्जी से नहीं, चाहे वह पति ही हो।

सुरेन्द्र शर्मा के उपन्यास 'मुझे चाँद चाहिये' की नायिका वर्षा वशिष्ठ अपने कैरियर के लिए कुछ भी कर सकती है तो चित्रा मुद्‌गल का उपन्यास 'एक ज़मीन अपनी' भी इसी त्रासदी को प्रस्तुत करता है कि मार्केट और मीडिया की नई अवधारणा ने स्त्री को देह बनाकर प्रस्तुत किया है; और इसके लिए कुछ हद तक स्त्री भी ज़िम्मेदार है कि बाज़ार में अपनी देह की कीमत वह पूरी भुना लेना चाहती है। उसने अपनी देह की कीमत भी समझ ली है और पुरूषों की लार टपकाती मानसिकता भी। लता शर्मा लिखित कहानी 'खुल जा सिमसिम' की नायिका सुनीता एक तेजतर्रार मॉडल है जो विवाह नहीं करना चाहती क्योंकि वह जानती है कि विवाह करते ही उसका बैंक-बेलैंस और खुद-मुख्तारी दोनों बँट जाएँगे। अपने काम का भी उसे कोई संकोच नहीं है "कुछ पहन कर बात करूँ, क्यों? हमारी तो रोजी-रोटी ही औरत की नग्नता कलात्मक ढंग से परोस कर चलती है,

फिर इस नग्नता से आमना-सामना होते ही तुम मर्दों को ये बिजली का झटका सा क्यों लगता है।"

जीवन के अति महत्त्वपूर्ण तत्व अर्थ ने भी, या कहें कि ने ही, इन पात्रों को नवीन स्वरूप दिया है, ये पात्र अर्थ को सर्वोपरि महत्त्व देते हैं क्योंकि ये गरीब देश की गरीबी में जीते मानव हैं। मृणाल पाण्डे के नाटक 'जो राम रचि राखा' की सावित्री बाई वो माँ है जो पुत्र की मृत्यु का मुआवजा मिलते ही मारने वाले को आशीषें देने लगती है। विनोद रस्तोगी लिखित 'काले कौए, गोरे हंस' के पात्र तीर्थ यात्रा पर गई माँ को मृत मानकर स्वार्थ-सिद्धि की सोचने लगते हैं।

आलोच्य युग के जनवाद से प्रभावित पात्रों की संरचना में वर्ग-संघर्ष में जूझते सर्वहारा मानव के संघर्ष को प्रमुखता मिली है। राकेश के परवर्ती पात्रों की संरचना में एक महत्त्वपूर्ण वस्तुगत कारक है- वर्गगत वैभिन्य का आधार अर्थात् दलित साहित्य व दलित पात्र। भारतीय समाज की वर्णाश्रम की अवधारणा में करवटें बदलते तथाकथित दलित पात्रों का विद्रोही एवं चैतन्य स्वरूप इस युग के पात्रों में स्पष्ट दिखाई देता है, इसे जनवादिता का ही एक रूप कह सकते हैं। जयनन्दन की कहानी 'बिन पानी सब सून' के पात्र इसी प्रगतिवादी जनचेतना को लेकर चलते हैं। परित्यक्त मुस्लिम नायिका एवं दलित हिन्दू नायक द्वारा क्रान्ति एवं प्रणय इसका सक्षम उदाहरण है। मैत्रेयी पुष्पा रचित उपन्यास 'अल्मा कबूतरी' की अल्मा भी पिछड़े वर्ग की प्रतिनिधि नायिका है जो नारी-अस्मिता में मज़बूत पात्र है। सूरजपाल सिंह लिखित कहानी 'कुए से ताँगें तक' के पात्रों के द्वारा वर्तमान के दोगले मानदण्डों का बेबाक चित्रण है जहाँ 'पिछड़ों' में भी 'अगड़े' लोग जाति के आधार पर उनसे पिछड़ों को हाय दृष्टि से देखते हैं। जातियों की तथाकथित श्रेष्ठता-हीनता और उसमें अपमानित होते मानव की विडम्बना इस कहानी में देखी जा सकती है।

स्वातंत्र्योत्तर साहित्य के पात्रों की संरचना में राजनैतिक चेतना व तदजन्य बोध इस सीमा तक नही मिलता जितना साठोत्तरी युग के पात्रों में है। इस युग के पात्रों पर राजनीति के विभिन्न क्षेत्रों के प्रभाव स्पष्ट नजर आते हैं। सत्ताधीशों एवं राजनीतिज्ञों ने राजनीति का जो अवमूल्यन किया वह साहित्य के पात्र अभिव्यक्त करते हैं। मणि मधुकर के नाटक 'खेला पोलमपुर' में पोलमपुर का राजा अपने प्रतिद्वन्द्वी राजा से गुप्त समझौता कर लेता है ताकि उसका छत्र सुरक्षित रह सके।

परिवेश के खरे असहयोग और उसकी समझ से भरे यथार्थ-बोध के वाहक इस युग के पात्रों में मानसिक विचलन-विकृति न आए, ये असम्भव है क्योंकि बौद्धिकता बाहरी भय, संशय एवं दबाव को चाहे रोके, वह आन्तरिक विचलन पैदा करती ही है। धर्मवीर भारती लिखित एकांकी 'नदी प्यासी थी' के डॉ. कृष्णा और राजेश दोनों ही एक दूसरे के प्रति सशंकित, ईर्ष्यालु

पात्र हैं जो व्यामोह के रोगी हैं और पलायनवादी मानव की त्रासदी के वाहक हैं। बलि के लिए ले जाए जाते बकरे को देख राजेश का क्रन्दन आधुनिक मानव के भयों को व्यक्त करता है।

इन पात्रों की संरचना में एक महत्त्वपर्ण तथ्य नवीन है, वह है- इन पात्रों की भाषा। जो कुछ ये महसूस करते हैं, जैसा देखते-भोगते हैं, बेझिझक कह देते हैं। च्युतसंस्कृति का, भदेसता का, अश्लीलता का एवं भोंडेपन का इन्हें कतई लिहाज नहीं है क्योकि लेखक को मालूम है कि वह इस समय में प्रांजल, प्रसाद, परिष्कृत भाषा अगर पात्र को देता है तो विश्वसनीयता खत्म करता है। आम व्यवहार में न ऐसे लोग बचे हैं न जुबान। काशीनाथ सिंह की कहानी 'पाँडे कौन कुमति तोहे लागी' के पात्र बनारस की ठेठ गलियों में पले खाँटी पंडे हैं और वैसी ही भाषा में बातें करते हैं। भोंडेपन या भाषा की परिष्कृति का इन्हें बोध ही नहीं क्योंकि उनके आसपास यही परिवेश व भाषा है। इसलिए उनके सम्वाद भी सहज व पात्रानुकूल लगते हैं- "नाम मत लो भोंसड़ी वालों का, बड़े हरामी हैं साले, दिल्ली से ही अपना फिट-फाट करके आते हैं भोंसड़ी के। वे क्या जाने बनारस को।"

स्पष्ट है कि राकेश के परवर्ती साहित्य की पात्र-संरचना में जो विकास एवं परिवर्तन दृष्टिगत होते हैं उनमें लेखकीय एवं परिवेश के बदलाव के अनुरूप वैचारिक दृष्टि से आए बदलाव ही प्रमुख हैं। समाज में समय के साथ जो विचारगत एवं मूल्यगत परिवर्तन आए, साहित्य में जो नवीन चिन्तनाधाराएँ आई, उसने पात्रों की सोच को परिवर्तित किया। इस युग की सभी विधा के पात्रों में जनवाद-समर्थक व्यक्तिवादी दृष्टि पात्र-निर्माण का मुख्य तत्व है।

परम्परा, मूल्य, सामाजिक बन्धनों एवं परिवेश के असहयोग के बोध से मोहन राकेश एवं उनके समकालीन लेखकों के पात्रों में जो द्वन्द्व था इस युग के पात्रों में कमतर है। जीवन के प्रत्येक क्षेत्र में जनवादी व्यक्तिवादिता ने अपना प्रभाव छोड़ा है अतः ये पात्र भी प्रत्येक दृष्टि से स्वचेता पात्र हैं जो अपने लिए स्पष्ट कटिबद्ध हैं; पर समाज से कटने जैसी कोई बात उनमें नहीं, वे इसी समाज में रहना चाहते हैं और अपनी शर्तो पर, अपनी खुशी से अपनी मर्जी-मुताबिक रहना चाहते हैं। परिवेश की बेईमानियों को भाँपने में ये कुशल हैं और यह बोध इन्हें पूरी तरह सजग बनाता है। ये पात्र अपनी इच्छाओं की सीमा व प्रयत्नों को सामर्थ्य जान कर ही प्रयत्न करते हैं, इसी कारण असफलता-बोध भी इनमें कम है। अति व्यावहारिकता अपनाने की मुश्किलें इन पात्रों के विचलन का मुख्य कारण है। सबसे निपटते ये पात्र अपने आप से, अपने मन के भयों व विचलनों से हारते हैं, अपने अकेले आभ्यंतर से हारते हैं।

विमर्श एवं वैचारिकता की दृष्टि से राकेश की परवर्ती पात्र-संरचना को जहाँ हम एक उल्लेखनीय रेखा के तौर पर अंकित कर सकते हैं, पात्र के बाह्य शिल्प-प्रयोग की दृष्टि

से किसी भी विधा में उल्लेखनीय प्रगति अंकित नहीं की जा सकी है। यद्यपि नाग बोडस लिखित एकांकी 'कट्टस', जिसमें अकेली स्त्री सूने मंच पर सभी लोगों की उपस्थिति का एहसास और स्वयं के भूतकाल की त्रासद झाँकी सजीव कर देती है, जैसे प्रयोग लगातार होते रहे हैं।

वस्तुत: राकेश और उनके समकालीन युग के पात्र-शिल्प में प्रायोगिकता की दृष्टि से इतना विकास हो चुका था कि उससे आगे रेखा खींचना थोड़ा मुश्किल काम है। विशेषतया विलोम, श्यामांग, पुरूष जैसे पात्रों की संरचना कर राकेश ने पात्र-शिल्प की दृष्टि से जो कार्य किया है वह अनुपम है। यद्यपि पात्र-प्रतीक की दृष्टि से विवेच्य युग में भी अभिनव प्रयोग होते रहे हैं लेकिन उन्हें राकेश के समय से आधुनिक नहीं आँका जा सकता। और यह इस युग की कमजोरी भी नही हैं क्योंकि बाहरी रूपबन्ध का मोह त्याग कर पूर्ण सादगी एवं प्रभावान्विति से अपनी कहनी पर इस कथा-धारा के लेखकों का आग्रह रहा है। सपाट, दो टूक शैली में, दो और दो चार की तरह सीधी बात कहना इस युग के पात्रों की संरचना की विशेषता है। जिनकी परिवेश, समाज एवं मानव से सम्पृक्ति और उसके बीच रहकर स्वयं की निजता एवं जीवन के लिए प्रतिबद्धता सर्वाधिक महत्त्वपूर्ण है। न ये पात्र परिवेश को नकारते हैं न ही परिवेश के प्रति कोई भय इनमें बचा है। अपनी साम्प्रत स्थिति को स्वीकारते इन पात्रों को पूरी स्पष्टता से यथार्थ का बोध है और ये उसी को ध्यान में रखकर अपनी इच्छाओं का निर्धारण भी करते है। और इनके प्रयत्न भी अपनी सीमा व सामर्थ्य को जानकर तय होते हैं।

इस युग के लेखक की दृष्टि अपने समग्र परिवेश, जिसमें अर्थ, राजनीति व बदलती मूल्य-चेतना भी है, को चीह्न कर बनी है और अपने नितान्त निजी अनुभवों व बोध को प्रस्तुत करने में भी इन्हें कोई संशय नहीं है। अपनी बात कहने के लिए जैसे पात्र की आवश्यकता हो लेखक वैसी ही रचना करता है और सपाटबयानी से करता है। यही कारण है कि शिल्पगत वक्रताएँ इस युग में कम दृष्टिगत होती हैं।

परिवेश से यह गहनतम जुड़ाव, बदलते समय की नब्ज़ पकड़कर वैश्विक परिवर्तनों और बदलते मूल्यों को स्वीकारते लेखक का बोध एवं उसका यह अभिव्यक्ति कौशल ही चरित्र-संरचना का शिल्पकार होता है। यही साहित्य में पात्र-सृष्टि के भावी स्वरूप का निर्धारण भी करता है और साहित्य-सर्जना की निरन्तरता और परिवर्तनशीलता की क्रोड़ से साहित्य-अध्ययन की भावी उपलब्धियाँ तथा नवीन सम्भावनाएँ जन्म लेती रहती हैं।

अस्तु।